교육사 및 교육철학

History and Philosophy of Education

교육사 및 교육철학

고경화 김정임 하경표 공저

dm 동문사

머리말

코로나 19 상황이 지속되면서 한동안 뵙지 못했던 교수님을 최근 우연히 만나게 되었다. 반가운 마음에 차 한잔 하면서 서로의 학교에 관한 이야기며, 정치 이야기, 사회 이야기 등등 이런저런 이야기를 나누게 되었다. 그 교수님은 교육대학에서 오랫동안 후학을 양성하신 교수님으로 최근 문제가 되었던 교대 학생들의 단톡방 이야기가 나오면서 교원양성 대학의 역할과 중요성에 관한 이야기를 하게 되었다.

현재 우리나라에서 교사가 되기 위해서는 교직과정을 반드시 거쳐야 한다. 교직과정의 과목은 교직 이론, 교직 소양, 교육실습 등의 다양한 영역으로 구성되고 이수 절차도 자격증 취득에 엄격하게 적용되고 있다. 이번에 출판하게 된 [교육사 및 교육철학] 과목은 교직 이론 과목 중 가장 기본적인 과목이다.

[교육사 및 교육철학] 과목을 20년 가까이 가르치고 있지만 매년 교직과목을 수강하는 학생들은 이 과목을 다른 교직과목보다 어렵게 생각하는 것 같다. 이유를 한번 살펴보면 첫 번째는 대체적으로 역사에 대한 관심이 없다는 것이다. 두 번째는 철학이라는 단어 자체에 대한 거리감인 것 같다.

에드워드 카(E. H. 카 1892-1982)는 역사는 무엇인가에서 역사를 배우는 이유를 과거의 사실에 비추어 현재의 상황을 이해하고 보다 발전적인 미래를 준비하기 위해서라고 하였다. 교육의 역사 또한 마찬가지라고 생각한다. 예비교사로서 교육의 역사를 배우는 이유는 당연한 것이 아닐까? 또한 교육에 관한 철학은 예비교사가 교육의 현장에서 한 사람의 어엿한 교사가 되고 교직에 몸 담고 있는 시간을 풍요롭게 해주는 원동력이라고 생각한다.

이 책은 크게 3부분으로 나누어져 있다. 교육의 역사에 관하여 먼저 서양 교육의 역사를 소개하였고, 다음으로 한국 교육의 역사를 소개하였다. 서양 교육사에서는 원시, 고대, 중세, 근대, 현대 순으로 시대적 배경과 함께 시대별 교육적 특징과 교육사상가를 소개하였다. 한국 교육사에서는 고대, 삼국, 고려, 조선, 근대, 현대의 순으로 시대별 교육상황을 소개하고 현대사회의 진단과 교육의 과제를 제시하였다. 마지막 교육철학 부분에서는 개념과 유형, 그리고 몇 가지 개념에 대한 교육철학의 접근을 제시하였다. 교육의 관념론적 관점, 실재론적 관점, 그리고 인식론적 관점에 이어 자연주의 교육, 실용주의 교육, 변증법의 교육, 그리고 인문주의 교육 등의 유형을 살펴보았다. 마지막 장에서는 자연, 도덕, 인간발달, 미메시스, 평등성과 수월성 등 교육에서 중요하게 회자되는 몇 가지 개념에 대한 교육철학관점이 전개되었다.

본 교재는 교사가 되기를 원하는 예비교사에게 교육에 관한 역사를 조금이나마 이해하고 미래의 교육에 대한 준비를 할 수 있는 기회를 주고, 거창하게 교육에 관한 철학이 아니라도 자신만의 교육관을 가질 기회를 줄 수 있을 것으로 생각한다.

어려운 출판업계의 사정에도 불구하고 이 책이 나오기까지 도와주신 동문사 관계자분께 감사의 말씀을 전한다.

2022년 2월
저자 일동

차 례

Contents

차 례

01 PART

서양 교육사

CHAPTER 01 원시시대 및 고대의 교육

교육이라는 것이 언제부터 있었는가. 이는 교육사를 본격적으로 공부하기에 앞서 우선 살펴볼 사항이다. 인류의 역사가 시작될 때부터 삶을 영위하기 위한 기술이나 언어, 그리고 의식 등이 통용되었고, 후대에 전수되었다. 문자화된 기록이나 형식을 갖춘 교육제도가 없던 원시시대에도 기성세대와 성장세대 간에 인간의 삶에 필요한 양식과 기술들을 가르치고 배우는 행위가 있었다.

고대 그리스인들은 자유와 독립정신을 가지고 주체적으로 사회에 참여할 수 있는 폴리스 사회를 구성하였다. 민주적 정치제도의 기반을 구축하여 시민으로서 개성과 소질을 발휘할 수 있었다. 로마시대에는 그리스의 전통을 잇고 그들을 모방하여 나름대로 필요한 부분을 응용하였다.

이 장에서는 원시시대의 문화유산에서 사냥, 의사소통과 같은 생존기술이나 마을의 의식행사 등 교육에 관련된 내용에 대해 살펴본다. 또한, 고대 그리스, 로마 교육의 역사적 배경과 특징, 그리고 교육사상가들에 대해 알아본다.

01 원시시대의 교육

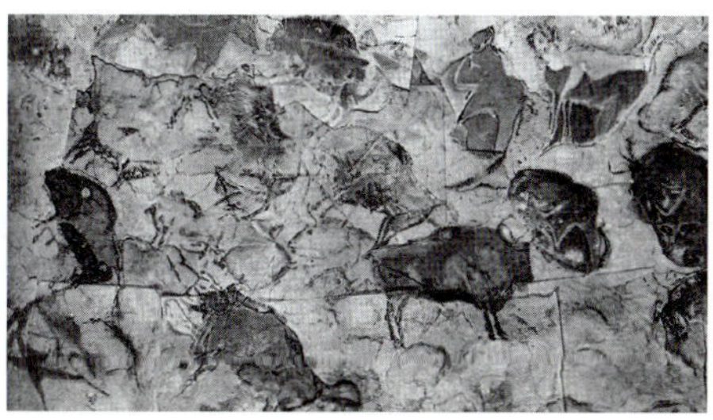

프랑스 알타미라에서 발굴된 선사시대 동굴벽화

02 그리스의 교육

고대시대는 철기문화가 발달하고, 농작기술을 이용하면서 수렵과 채집 위주의 유목생활은 점차 농업생활로 전환되었다. 농사의 필수 여건인 기후의 변화가 최대의 관심사였다. 태양, 홍수, 맹수 등 자연현상의 위협에 대응하기 위해 씨족사회가 형성되었고 토테미즘 형태의 종교의식이 행해졌다. B.C. 4~3천 년경부터 고대국가가 등장하면서 사회현상은 훨씬 복잡해졌다. 고대국가 그리스는 정치, 경제, 철학, 예술, 교육 등 다양한 분야에서 독특한 문화를 형성하였다.

1) 그리스 사회의 특징

그리스 사회는 서양 역사에서 중대한 변화의 시기마다 새로운 길을 안내하는 길잡이로 공헌하였다. 중세의 기독교 지도자들은 그리스 문화를 이교적인 것으로 배척하기도 하였지만, 르네상스시대에 근대문화를 창출한 인문주의자들은 고대 그리스와 로마 문화를 재생하여 인문적 교양을 추구하기도 하였다. 그리스 사회 특징을 구체적으로 살펴보면 다음과 같다.

아테네의 아크로폴리스

그리스 벨베데레의 「토르소」

첫째, 그리스인들은 내세보다 현실에서 구체적인 행복을 추구하는 인본주의(Humanism) 신봉자들이었다. 그리스 사회는 지중해 인근에 위치한 지리적인 조건의 영향을 받았다. 따라서 다양한 문화와 사상을 접하고 교류하였다. 즉, 그리스는 유럽과 아시아의 각 사회적 교량적 역할 속에 열린 정신과 합리적인 사고를 형성하면서 현실적인 가치관이 구축되었다.

둘째, 그리스는 폴리스라는 도시국가에서 직접민주주의 정치를 실행하였다. 그리스는 귀족과 정치인으로 구성된 소수의 통치계급과 경제적 생산기능을 담당하는 다수의 피지배 계급으로 구분된 계급 사회였다.

시민들은 자유와 독립정신을 가지고 주체적으로 사회에 참여할 수 있는 폴리스를 구성하였다. 그 안에서 시민의식이 배양되었고, 민주적 정치제도의 기반이 구축되어 시민들은 각자 개성과 소질을 발휘할 수 있었다. 그러나 그리스 시대에 공동체적 합의와 토론의 절차를 수반하는 정치적 의사결정에 참여할 수 있는 시민은 소수였다. 결국, 전체적인 지배체제는 군주나 귀족이 중심이 된 계급주의적 특징을 지닌다고 보아야 한다.

셋째, 그리스 시대는 인간을 우선적으로 가치 있는 존재로 바라보았다. 이는 그리스 신화를 통해 인간 중심사회임을 살펴볼 수 있다. 그리스 신화에서 그려지는 신의 모습은 마치 인간처럼 사랑하고 미워하며, 때로는 질투하는 감정을 표현 하는 등 다양한 감정을 묘사하고 있다. 즉, 그리스 신화에 묘사된 다양한 신의 모습은 인간 삶을 묘사한 것이라고 볼 수 있으며, 이를 '신인동형설(神人同形說, anthropomophism)'이라 한다.

넷째, 그리스 사회는 이성적 사고와 신체적 건강 및 미의 가치를 균형과 조화를 통해 발달하였다. 이처럼 이성적인 사고 능력과 건강한 신체를 교육적 인간상으로 삼았다. 조화와 균형은 교육에도 적용된 덕목이었다. 인간의 발달은 정신과 신체의 조화로운 균형에 목적이 있고, 이를 위해 음악과 체육교육이 주요 교과과정으로 시행되었다. 체육은 육체의 단련을 위해, 음악은 인간의 정신 순화를 위해 필수적인 교육이다. 이 교육의 주요 교재는 호머의 서사시 『일리아드』와 『오디세이』였다. 서사시에 담겨 있는 내용을 생동감 있게, 그리고 가능한 한 기억을 지속하도록 음악교육을 활용하였다. 어떤 이야기를 알기 쉽게 이해할 수 있고 오랫동안 기억하는 방법은 눈으로 조용히 읽고 단순히 암기하는 것보다 이야기를 리듬과 멜로디로 표현하는 방법이 효과적이다. 이야기 내용을 읊조리면 이는 이미 언어가 아니라 음악적인 것이 된다. 또한, 노래하거나 리듬에 따라 춤을 추면 더욱 생동감 있게 자신의 영혼의 세계를 표현하는 것이 된다. 그리스시대 교육은 이처럼 텍스트가 리듬과 박자에 어울려 조화롭게 작용하여 정신적인 발달에 기여하는 역할을 하였다.

다섯째, 고대 그리스 사회는 사상적 자유와 함께 토론문화가 발달하였다. 그리스 사회에 발달된 토론문화는 논리적으로 자신의 생각을 주장할 수 있는 웅변술과 수사법이 널리 통용되었다.

그리스 사회의 인간 중심적, 전인적, 신분사회, 문화적 특징이 그리스 교육에 반영되었다. 따라서 그리스 시대의 교육은 그리스 정신을 가장 잘 실현할 수 있도록 역할을 수행하였다.

2) 그리스의 교육

(1) 스파르타 교육

스파르타는 도리아족이 라코니아 지방을 정복하여 세운 폴리스 국가이다. 기원전 5세기경에 여러 폴리스를 점령하면서 그리스의 최강국이 되었다. 스파르타의 사회구조는 3계급으로 구분되었다. 첫째, 스파르티아타이는 정치적 권력을 가진 계급이다. 둘째, 페리오이코이(perioecoe)는 도시주변의 반자유민으로서 농업이나 상공업에 종사하며 정치권은 없었다. 셋째, 헬로타이(heliotai)는 국가에 속한 노예들이었다.

스파르타의 교육은 철저하게 국가가 관리하고 통제하는 교육이었다. 즉, 군국주의적인 정치체제에 맞춰 교육도 체제를 대변하는 형식을 띠었다. 스파르타의 교육목적은 이상적인 군인의 양성에 있었다. 스파르타의 아동들은 출생 후 6년간 가정에서 양육되다가 국가에서 시행하는 혹독한 신체검사를 통과해야 군인교육에 입문할 수 있다.이 때부터 형식적 교육이 시작되는 것이다. 읽기와 음악 등도 배우지만, 주된 교육 내용은 강한 신체단련과 군사훈련이었다.

여자 아이들도 남자들과 별로 다름없는 훈련을 받았지만, 가정에서 가사교육을 받았다. 20세가 되면 군인으로서 모든 교육을 마치고 시민이 되지만, 30세까지 군인생활을 해야 한다. 30세가 되어서야 비로소 결혼도 할 수 있으며 참정권이 주어진다.

이러한 엄격한 군사교육제도 속에서 학문이나 예술이 발전할 수가 없었다. 스파르타 교육은 오직 군사훈련에 중점을 두고 용맹한 군인을 만들고자 했지만, 근본적인 인격 형성과 개성을 살리는 데에는 소홀하게 되는 결과를 가져왔다.

(2) 아테네 교육

아테네는 그리스의 전형적인 폴리스 국가이다. 인본주의를 표방하는 그리스 문화는 아테네 국가에서 만개하였다. 아테네 교육의 기초는 기원전 6~7세기경의 솔론법에 의하여 확립되었다. 아테네의 교육목적은 인간의 다양한 능력을 조화롭게 발달시키는 것을 지향하였다. 즉, 아테네 교육은 개인의 개성발달을 도모하면서 개인의 교양교육을 통해 자유시민으로서 책임감을 길러내고자 하였다.

교육의 단계는 출생 후 6세까지 가정에서 교육을 받다가 7세가 되면 학교에 다닌다. 아테네 교육은 무릎학교에서 유아기에 중요한 아동의 정서적 교감의 중요성을 강조하였다. 또한 아동에게 가장 좋은 교육방법은 놀이로 간주하면서 일산적인 사물을 활용한 다양한 놀이를 중요한 교육방법으로 활용하였다.

아테네 교육은 민주시민을 양성하고자 교육을 통하여 기본적인 소양을 길렀다.

아테네 신전

그리스의 학교(schloe)

(3) 스파르타와 아테네 교육의 차이

고대 그리스에서 쌍벽을 이루었던 스파르타와 아테네의 정치와 교육은 여러 가지 점에서 대조를 이루고 있었다. 스파르타는 국가의 통제가 모든 것에 우선시되었다. 따라서, 교육목적은 각 개인에게 이상적인 군인에 필요한 강한 신체와 절대적인 복종을 습득하게 하고자 하였다. 즉, 이는 국가 전체에 봉사하기 위한 강인한 신체와 강인한 의지를 기르고자 하였다. 힘, 용기, 인내, 기교, 애국심 및 군사적 능력을 개발시키는 것이 스파르타 교육의 이상이었다. 즉, 국가에 대한 군사적 봉사를 위해서 시민을 훈련하는 스파르타의 교육목적은 시민은 국가를 위해서 존재한다는 이상에서 나온 것이다.

이에 반해 아테네는 국가의 조직이 스파르타보다는 훨씬 민주적이어서, 교육도 개인의 조화로운 완성에 그 목표를 두었다. 아테네 교육은 스파르타와는 달리 군사적으로 행동하는 인간보다 지혜로운 인간을 강조하였다. 따라서 아테네의 교육은 그 목적, 내용, 방법 등에 걸쳐 스파르타와는 서로 다른 점이 많았다. 스파르타 교육의 전폭적인 국가적 통제와 달리 아테네의 교육은 학생들에게 민주적 시민으로서 신체와 정신의 조화로운 발달을 도모하여 궁극적으로 지혜롭고 착하고 아름다운 인간을 형성하고자 하였다.

03 로마시대 사회와 교육

1) 로마 사회의 특징

로마시대는 정치사적으로 공화정시대와 제정시대로 구분한다. 전자는 교육이 순수하게 로마적인 시대이고, 후자는 그리스의 영향을 현저히 받았던 시대이다. 공화정시대를 다시 전기·후기로 나누는데, 전기는 순수 로마적 교육시대이고, 후기는 이른바 과도기이다. 다른 나라들과 교류가 확대되었고, 특히 그리스에서 발달했던 문화가 유입되면서 정치제도와 언어, 예술, 교육체계들이 세워졌다. 그리고 제정시대에 들어와서 이 경향은 더욱 더 현저해졌고 교육기관이 정비되었다.

(1) 공화정 시대

로마의 건국, 즉 기원전 753년에서 27년까지가 공화정시대이다. 이것은 물론 정치상의 구분이며, 교육사적으로는 그와 같이 엄밀하게 구분할 수 없다. 대체로 건국에서 기원전 반세기까지를 공화정시대라고 하는데, 기원전 250년을 경계선으로 해서 전후 2기로 구분한다. 전기는 순전히 로마적 교육이 시행된 시대이다. 당시 실용인, 웅변인의 양성이라는 교육목적에 따라 초등학교(Ludus), 문법학교, 수사학교 등의 학교제도가 설립되었고 3R's, 십이동판법 등을 기초로 하는 교육이 시행되었다.

후기, 즉 기원전 3세기 중반경부터 1세기 중반에 이르는 기간은 과도기이다. 이때까지 로마는 단지 작은 나라에 불과하였으나, 점차 제국으로서 세계주의적 문화를 표방하게 되었다. 이 시기에 초등학교가 다수 있었으며, 중등학교는 그리스 방식대로 모방하였다.

(2) 제정시대

옥타비아누스가 황제가 되면서 실질적으로 로마의 제정이 시작되었다. 제정시대는 로마의 황금기로서 의정과 내치에 위대한 업적을 남겼는데, 이 전성기에 타락의 요인도 함께 싹터 갔다. 아우구스투스제 시대에는 검객의 투기가 유행하였고, 인간과 맹수와의 싸움, 맹수와 맹수와의 싸움 등 향락적인 분위기가 만연하였다. 거대한 제국의 말기에는 가정이나 사회적으로 부패와 혼란이 심해지면서 교육의 역할이 가정교육보다는 학교교육에 가중되었다.

2) 로마의 문화양상

그리스에 대해 동경을 가지고 있던 로마인들은 그리스를 정복한 후 그리스 문화를 모방하였다. 그리스와 로마의 문화예술 작품들이 유사하게 보이는 것은 예술가나 철학가들이 대부분 그리스 출신이거나 그리스에서 교육을 받은 사람들이었기 때문이다. 로마 예술의 한 예로 콜로세움은 로마 건축 중 가장 유명한데, 계단식 관람석을 받쳐 주는 세 개의 층에는 그리스의 세 가지 건축 양식을 사용하였다. 로마식 구조와 그리스 형식의 결합을 보여주는 가장 좋은 경우이다.

로마인들은 그리스의 전통을 잇고 모방하여 나름대로 필요한 부분을 응용하여 작품화하였음을 알 수 있다. 로마 예술은 또한 유럽 각 식민지의 종교나 관습 등과 어울려 특유의 양식을 지니게 되며, 서양 문화의 모태가 되기도 했다.

고대 로마의 유적

3) 로마의 교육

그리스인은 학문과 예술에 뛰어나고 심미적이었다. 군사적·정치적 조직을 발달시킨 로마인들은 그리스의 문화를 모방하여 나름대로 필요한 부분을 응용하였다.

로마는 기원전 146년 그리스 정복을 기점으로 하여 그 이전 시대를 공화정, 그 이후를 제정시대라고 일컫는다. 초기 공화정시대에는 루두스와 같은 초등학교 기관에서 3R's(읽기, 쓰기, 셈하기)를 중점적으로 가르쳤다. 또한, 조각이나 건축 분야에서 재능 있는 제자를 도제로 양성하는 개별적, 전문적 교육이 부분적으로 이루어졌다. 제정시대의 학교교육은 형식을 갖추고 발전했다. 초등교육은 공화정시대보다 교과목이 다양해졌고 내용도 풍부해졌으며, 중등단계의 학교인 문법학교의 교육내용도 매우 풍부해졌다. 고등단계의 학교로서는 수사학교와 철학학교가 발달하였는데, 수사학교를 마치고서 철학학교에 입학하여 그리스로부터 전해 내려온 다양한 분야의 학문을 하였다. 교육방법으로 주목할 만한 것은 교과서가 아직 충분히 보급되어 있지 못한 시대였기 때문에 교사 자신이 필기하여 놓고 그것을 학생들에게 암송하도록 하였다.

이와 같은 로마 교육의 전반적 특징을 정리하면 첫째, 그리스 교육방식을 모방하였다. 둘째, 국민성이 실용적이고 실천적이었으며 법이 발달하였다. 셋째, 통치자 교육 가운데 웅변교육이 중시되었다. 키케로, 퀸틸리아누스 등 탁월한 교육가들이 학생들에게 웅변술 교육을 역설하여 고전문학의 읽기, 문장 쓰기, 발표하기 등의 교육을 강조했다.

04 교육사상가

1) 소크라테스(B.C. 470?~B.C. 399년)

소크라테스

아테네의 중앙에 넓게 위치한 아고라 광장 거리에서 소크라테스는 청년들과 유쾌한 대화를 나누었다. 평생 어디서 특별히 배운 적도 없었고 한 줄의 글도 쓰지 않았던 소크라테스는 "너 자신을 알라"라든가 "악법도 법이다" 등의 명언으로 후대에까지 널리 알려졌다. 그는 『대화편』에서 치졸한 현학에서 벗어나 참된 지식을 스스로 찾게 해주는 교수법을 실행했다.

소크라테스는 평소에 시장이나 아고라 광장에서나 사람들과 대화하기를 좋아했다. 거리의 청년들과 대화를 나누고 고르기아스 등 당대 철학가들과 논쟁하느라 시간 가는 줄 몰랐다. 청년들이 그에게 강연해 달라고 하면 그의 유일한 답은 "내가 뭘 아는 게 있어야지. 자네들이 더 똑똑하네. 내가 마침 잘 담근 술을 가져왔네. 둘러앉아 얘기나 하세"였다. 이렇게 자연스럽게 둘러앉아 대화를 나누면서 선에 대해, 진리에 대해, 덕에 관해 토론하고 반론하고 조언하는 시간을 보냈다.

소크라테스는 대화를 통해 누군가를 가르치지 않고 질문을 통해 자신의 무지를 깨닫게 해주었다. 그는 스스로 산파 역할을 자처하며 제자들이 진리를 깨달을 수 있도록 대화를 하였다. 교사와 학생들이 대화하고 토론하는 방식이 좋은 줄 알면서도 실행하기 힘든 교육방법이다. 교사와 학생 간의 수직적인 관계 구조에서는 토론이 잘 안 되고 학습량을 토론하며 단시간에 모두 전달하기에도 효과적이지 않기 때문이다. 선생의 산파술은 아테네 거리에서 많은 청년을 상대로 대화하는 동안 그들이 알고 있는 것들에 모순이 있음을 자각시키는 과정을 거쳤다. 무지의 자각을 거쳐 삶의 문제를 스스로 해결하는 방법을 터득하도록 도와주는 산파술로 아테네의 철학은 인간의 본질을 규명하는 학문으로 발전되었다.

소크라테스에 관해 얘기할 때에 "너 자신을 알라"는 격언은 빠질 수 없다. 선생을 가장 유명한 철학자로 만든 이 어록은 원래 델타이 신전 모퉁이 돌에 쓰여 있는 말이었다. 이 격언은 소피스트들이 일삼던 진리의 왜곡을 비판하면서 자신의 무지에 대한 인식부터 하라는 경고성 발언이었다. 그는 소피스트들처럼 진리를 주관적으로 해석하는 궤변을 배격하고 객관적이고 보편타당한 진리를 찾기 위해 당대의 철학가들과 논쟁을 그치지 않았다.

제자들의 후기에 따르면 소크라테스는 늘 똑같은 옷을 걸쳤고, 먹을 것이 없으면 굶는 철학자였다. 처음부터 빈궁하지는 않았는데, 철학자의 길을 가기로 한 이후에는 일절 지식으로 돈을 구하는 행위를 하지 않았다. 부인 크산티페가 악처라는 설이 있지만, 『변명』에 잠시 등장한 크산티페는 감옥에서 사형선고를 받은 남편을 보고 통곡하였다는 언급 외에 어떤 책에도 악처라는 내용은 없다. 그녀는 가난한 철학자 남편 대신 가업을 이어가며 자식을 키웠던 부인이었을 뿐이다.

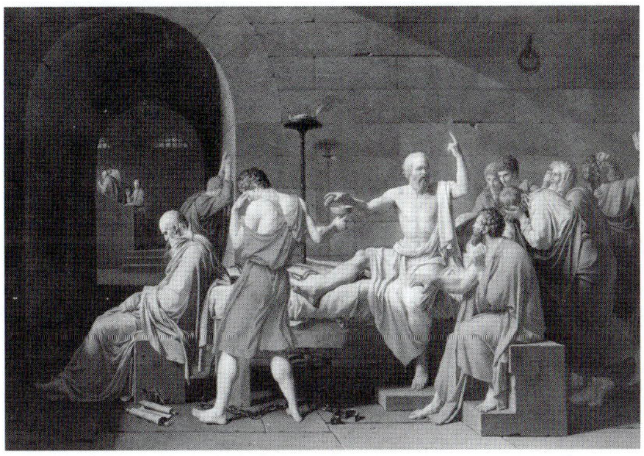
소크라테스의 죽음

소크라테스의 죽음은 억울하고 비참했다. 법 없이도 살 수 있는 분이 극형으로 죽임을 당하다니. 도대체 민주주의가 태동한 나라에서 사형선고가 나올 수 있었을까. 재판은 미리 짜인 극본처럼 벌어졌다. 정치가들과 종교 지도자의 눈 밖에 난 선생은 '청년을 부패시키고 국가의 여러 신을 믿지 않는 자'라는 죄명으로 고소당했다. 배심원 501명의 투표 결과, 찬성 281 대 반대 220으로 사형이 판결되었다.

소크라테스는 무죄를 입증하기 위한 변명을 했지만, 결국 정치가들과 종교 지도자의 의도대로 다수결로 결정이 단행되었다. 크리톤과 많은 제자는 구명을 위한 여러 가지 방법을 고안해 소크라테스에게 권유했지만, 그는 국가에서 정한 판결을 어길 수 없다며 마다했다. 소크라테스가 "악법도 법이다"라는 격언을 실제 말했는지는 불분명하다. 『변명』의 재판관과의 대화 부분을 보면, "나라에서 정한 사항은 어기지 않아야 한다"고 언급하였던 기록은 있다.

사형선고 이후 커다란 바위를 깎아 만든 협소한 감옥에서 소크라테스는 독배를 마시고 천천히 말초신경부터 마비되는 고통을 맞았다. 독배의 약효가 말초에서 심장에까지 퍼지자 소크라테스는 거친 숨을 몰아쉬며 주변의 제자들에게 "아스클레오피스에게서 닭 한 마리를 꿨는데, 대신 갚아 달라"는 마지막 말을 남기고 눈을 감았다.

소크라테스가 철학 하는 방식은 스스로 언급했던 산파술로 대표된다. 대화술은 단순한 잡담을 늘어놓는 것에 그치는 것이 아니라, 정확한 사고를 전개하여 진리에 도달하는 기술이었다. 학문의 궁극적인 목적은 진리의 발견인데, 참다운 지식을 얻기 위해서는 고립된 사고과정이 아닌, 서로 상대적인 개념과 의견들이 대립하고 종합되는 과정을 거쳐 통일된 논리를 정립해야 한다. 플라톤의 『대화』편에서 소크라테스는 '정의', '용기', '절제', '아름다움'에 대한 진리를 찾기 위해 동료와 제자들과 계속 질문과 대답을 이어갔다. 질문과 대답을 통해 소크라테스가 얻고자 했던 것은 경험적이거나 상식적인 사례의 나열이 아니라 사상의 본질에 대한 명확한 밝힘이었다.

어떤 유명한 이론이라도 정확한 이해와 비판적 입장을 통해 고유한 영역을 만들어 가는 방법이 토론이다. 그리스시대부터 전통적으로 내려온 토론식 대화법은 동양에서도 공자의 문답식 논리 전개과정과 일맥상통하는 면이 있다. 동서고금을 막론하고 토론식 대화방법은 어릴 때부터 자연스럽게 익숙한 수준으로 훈련되어야 할 교육방법이다.

2) 플라톤(Platon, B.C. 428?~B.C. 347?)

플라톤

플라톤 사상의 실마리가 되는 개념은 이데아(idea)이다. 세계에 대한 인식은 이데아계와 현상계로 구분하는 이원론적 접근을 말한다. 이데아는 참되고 영원하며, 현상계는 단지 그림자에 불과하다고 주장함으로써 플라톤은 철저하게 관념론을 고수하였다. 인간의 개별적 경험으로는 결코 보편적 지식에 도달할 수 없다. 완전한 선은 이데아 세계의 선의 원형에만 존재한다. 개별자에 앞서 보편자로서 이미 존재하는 이데아를 개별자들은 모방하는 관계에 있다. 일체의 예술행위들은 이데아의 세계를 모방한 현상세계를 또다시 모방하는 것에 불과하다.

『국가론』에서 플라톤은 이상국가를 형성하는 3계급에서 수호계급이 거쳐야 하는 교육과정으로 음악과 체육을 제시했다. 음악은 지혜와 사랑을 키워주는 교육이고, 체육은 신체의 발달과 기개를 키워주는 교육이다. 플라톤에 따르면, 수호계급에 속한 사람들은 모방에 능한 사람으로 교육받아야 하며, 네 가지 덕 가운데 용기의 덕을 익혀야 한다고 하였다. 비방이나 조롱, 술 취함, 비속한 것은 모방하면 안 된다는 것이다. 공화국 수호계급에 해당하는 교육의 대상은 십대 청소년들이다. 청소년들은 앞으로 나라의 질서를 지키고 영토를 방어할 사람이기 때문에 절제의 덕을 갖추고 사물과 자연에 대한 분별력을 갖추어야 한다. 이들에게 체육교육이 물론 필수적이지만, 신체훈련 쪽으로만 치우치면 균형 있는 발달에 지장이 되기 때문에 영혼을 정화하는 데 효과적인 음악을 들려주어야 한다. 청소년들에게 음악을 교육하는 주된 목적은 음악에서 박자와 음정의 정확성을 익힘으로써 질서의식을 훈련하는 것이다. 그리스의 음악은 영웅의 전기 또는 역사적 사건을 서사시적으로 읊는 것이어서 멜로디가 단순하고 획일적인 형식에 따르고 있다. 역사적 교훈이 되는 가사 내용에 중점을 두다 보니 화음은 거의 고려하지 않았다.

> "리듬과 선율은 영혼의 가장 깊숙한 곳에 스며들며, 우아함을 갖춤으로써 혼을 가장 강력하게 사로잡고, 또한 어떤 사람이 옳게 교육받는다면 고상한 사람으로 만들 것이다. 그렇지 못한 경우에는 그 반대로 만든다. 그리고 음악에서 마땅히 받아야 할 교육받은 이는 빠져서 없는 것들과 훌륭하게 만들어지지 못한 것들, 또는 훌륭하게 자라지 못한 것들에 대해 가장 민감하게 알아볼 것이며, 그야말로 옳게 하기 싫어할 줄 알아서 아름다운 것을 칭찬하고 즐거워하며 영혼에 받아들임으로써 이것들에 교육받아 스스로 훌륭한 사람으로 되는데, 일찍이 어려서부터 그 근거도 알 수 있기 전에 추한 것을 비난하고 미워하기를 옳게 하다가 이렇게 교육받은 사람인지라 그 근거를 접하게 되면 그 친근감 덕에 알아보고 반길 것이기 때문이다."

이상의 내용에서 볼 수 있듯이, 수호계급에 적용되는 음악교육은 음악은 눈과 귀를 매개로 하여 영혼의 정화작용을 함으로써 질서의 정신을 심어준다. 아름다운 것에 대한 참된 사랑과 영혼의 고귀함을 불어넣어 주고, 정신을 맑고 깨끗하게, 정서를 세련되고 균형 있게 해주는 교과목이 음악이다. 플라톤에 의하면 음악은 바로 영혼의 순화과정을 거쳐 한 인간이 국가에서 자신의 맡은 바 임무를 수행할 수 있게 하는 교육의 중요한 역할로 보았다.

3) 아리스토텔레스(Aristoteles, B.C. 384~B.C. 322)

아리스토텔레스

플라톤의 제자로서 플라톤의 아카데미에서 수학하였다. 아리스토텔레스는 사상적인 면에서는 스승과 비교될 만한 특징을 가지고 있다. 그는 플라톤의 이상주의적 관념론과는 달리 현실적 존재에 대한 인식 규명에 힘썼다. 교육에 대한 시각에서도 플라톤은 이데아를 추구하는 교육학적 이상론을 내세웠던 것에 반해, 아리스토텔레스는 교육의 목적을 행복에 두고 인간의 현실적 성장에 관심이 깊었다. 결국, 아리스토텔레스의 교육목적은 인간의 행복에 있었다. 그리스 철학가들이 추구하는 최고선은 저마다 차이가 있어서 어떤 이는 덕이라 하였고, 어떤 이는 아파테이아라고 하는 등 많은 종류가 있었다. 아리스토텔레스의 가치체계에서 나오는 최고선은 현실적인 행복이었다. 최고의 선으로서의 행복을 실천하기 위하여 그는 중요의 덕을 지키는 이성적 삶을 강조하였다. 이성적 삶은 과학과 철학을 통한 이성의 훈련을 통하여 가능하다고 보았다. 그의 교육방법은 논리학을 기초로 하고 있다. 사물을 다루는 데 있어서 귀납적인 방법은 사물을 객관적이고 과학적으로 결론을 도출하게 해준다.

플라톤과 달리 아리스토텔레스는 시는 인간을 즐겁게 해주고 행복에 기여하는 것이라고 보았다. 비극은 보는 이들에게 카타르시스를 준다. 카타르시스는 감정을 순화시키는데, 여기서 시는 감정과 관계하며, 그를 통해 인간 감정의 정화에 기여한다. 시는 감정을 격하게 만드는 것이 아니라 카타르시스를 통해 오히려 감정을 해방한다. 이러한 카타르시스가 교육적으로 어떠한 의미로 작용하는지에 대해 살펴보자.

아리스토텔레스가 언급한 카타르시스는 두 가지로 해석된다. 하나는 정화이고, 다른 하나는 배설이다. 정화는 죄를 씻고 영혼을 정갈하게 한다는 의미로서 마음속에 있는 부정적이고 비극적인 감정들이 깨끗이 씻어짐을 뜻한다. 배설은 말 그대로 체내의 온갖 불순물들이 밖으로 배출되는 것이다. 카타르시스는 희극보다는 비극을 볼 때 눈물을 흘리기도 하면서 내면에 쌓여 있는 찌꺼기들을 배출하면서 느끼는 시원한 쾌감이다. 카타르시스의 작용을 교육적으로 실현하기 위해서 연극실기 수업, 시 짓기 교육, 악기 수업 등을 통해 학생들은 마음에 쌓인 스트레스를 해소할 수 있다.

라파엘로의 「아테네 학당」

아리스토텔레스의 교육은 모방을 통해 실행된다. 플라톤이 모방을 이데아를 무조건 따라 하는 복사로 취급했음에 반해, 아리스토텔레스는 모방을 인간의 기본적인 행위로 보았다. 그에 따르면, "모방은 인간이 태어나면서부터 인간 본성에 내재하는 것으로서 인간이 다른 동물들과 구별되는 특징이다. 인간은 날 때부터 모방된 것에 대하여 쾌감을 느낀다." 인간이 대상을 모방하고 싶은 충동을 느낄 때, 그리고 모방하면서 즐거움을 얻는 것은 그것을 통해 만족을 느끼고 인지하기 때문이다. 따라서 모방은 단순한 복사가 아니라 표현작용이고 지적인 형성이기도 하다. 교육의 목적과 기능이 표현능력과 지적인 능력의 획득에 있고, 감정의 쾌감을 느낄 수 있는 데에 있는 것이라면 예술의 모방행위를 통해 이러한 교육적 기능과 효과를 얻을 수 있다.

4) 키케로(Cicero, M. T., B.C. 106~B.C. 43)

키케로는 공화정 후기에 활약한 웅변가이며 정치가이다. 또한 로마의 대표적인 교육사상가이기도 하다. 그의 교육사상은 대표적 저서인 『웅변가론』에 잘 나타나 있다. 키케로는 성선설의 인간관을 바탕으로 하여, 인간의 천부적인

키케로

소질을 완성하는 것이 교육의 본질이라고 생각했다. 그에 따르면, 인간정신의 최고 기능은 이성에 있으며, 이성을 완전히 실현할 때 인간의 덕을 갖추게 된다. 그리고 이 덕을 갖춤으로써 인생의 최고 목적인 행복한 생활을 할 수 있다. 교육의 목적은 바로 인간의 덕을 갖추고 행복한 생활을 하게 하는 데 있다. 이러한 행복한 생활과 인간의 덕스러움을 관련짓는 이론은 그리스 사회의 기본 사상이었다.

키케로는 스토아학파의 영향을 받아 수신에서 치국에 이르는 윤리사상을 설파하였다. 저서 『의무론』 내용에 보통 사람의 의무로부터 정치가의 경륜까지 담고 있다. 그에 따르면, 유일의 선인 명예는 4주덕인 지·의·용·인에 근거하는데, 이러한 명예를 추구해야 행복하다는 것이다. 명예는 상대개념인 공리와 상충하는 경우가 있는데, 이럴 때는 이익이나 편의를 버리고 선한 도덕과 윤리를 택해야 한다고 주장했다. 키케로의 저서에는 국가에 대한 의무, 일상생활, 재산 관리까지 청소년 교육에 유용한 윤리사상이 제시되었다.

그 자신이 뛰어난 정치가이자 수사학자였던 키케로는 정치에 참여하는 것을 인간에게 가장 의미 있는 생활로 평가하였으며, 그는 인문학 중에서도 수사학을 가장 중시하였다. 그에게 웅변 없는 지혜는 무익하며, 지혜 없는 웅변은 공허한 메아리에 지나지 않았다. 한 마디로 키케로가 추구한 이상적 인간상은 수사학뿐만 아니라 인문학을 두루 섭렵하고, 도덕과 지혜를 겸비한 정치에 참여하는 것이었다. 그는 이를 로마인들의 지표로 제시했으며, 이러한 이상을 구현하기 위해 인문학을 그의 교육관의 전면에 내세웠다. 수사와 지혜의 결합을 최대 목표로 내걸며 인문학의 금자탑을 쌓았던 르네상스 휴머니스트들이 키케로에게 아낌없는 찬사를 보낸 것은 당연한 일이었다.

수사학 중심의 인문주의가 로마에서 뿌리를 내릴 수 있었던 것은 그리스의 경우와 아주 흡사하다. 로마인들이 그리스 문화와 본격적으로 접촉을 시작할 당시 로마는 공화정이라는 정치체제를 유지하고 있었고, 아테네의 민주정치에서와 마찬가지로 로마의 정치가들은 무엇보다도 탁월한 연설능력이 필요했다. 이러한 정치 생활에 필수적이었던 그리스의 수사학 전통은 로마사회에 쉽게 수용될 수 있었다. 정치 현장 또는 법정에서의 변론을 하거나, 출정하는 군인들을 위한 연설을 효과적으로 실시하기 위해 수사학 기술은 정치가의 필수 조건이었다. 말이 대중적 의사전달의 유일한 수단이었고, 정치 중심의 현실주의적 세계관이 팽배했던 로마사회에서 수사학은 최고의 학문으로 군림할 수 있었다. 2세기부터 '후마니타스(Humanitas)'라는 용어는 수사학을 비롯한 인문학의 연마를 통해 형성된 교양 형태를 의미하게 되었다.

5) 퀸틸리아누스(Quintilanus, M. F. 35?~96?)

퀸틸리아누스는 세계 최초의 공립학교 교사로서 『웅변 교수론』을 저술한 교육자이다. 로마에서 교육을 받고 고향에 돌아와 수사학을 가르치다가 얼마 되지 않아 로마에 와서 20년간 수사학교의 교사로서 성공하여 당시 로마 제일의 수사학 교사라는 영광된 칭호를 받았다.

그는 대표적인 저서 『웅변 교수론』에서 변론가의 자질을 언급하였다. 첫째, 완전한 변론가는 선한 사람이 아니면 안 된다. 둘째, 변론에 탁월할 뿐 아니라 정신적으로도 뛰어난 사람이 아니면 안 된다. 셋째, 고결한 생활의 기초를 주장하는 원리나 철학자는 될 수 없다.

퀸틸리아누스는 학생의 체벌을 금지하는 교육 신조를 가지고 있었다. 아동들은 체벌과 같은 강압적 수단으로 신체적 고통을 받을 수 있고 열등감과 불안에 빠질 수 있기 때문이다. 그리고 무엇보다 아동의 개성 존중을 위한 교육관으로 교사는 아동의 개별적 특성부터 파악하고 가르쳐야 한다고 역설했다. 학습에서 아동의 흥미와 유희를 권장하는 방법을 강조했다. 이러한 교육을 위해 교사는 아동을 존중하고 사랑하는 자세로 스스로 모범이 되어야 한다. 교사의 태도가 너무 엄격하면 안 되고 아동에게 친근하게 대해야 한다. 교육내용에 대해 쉬운 교수방법을 동원하여 이해도를 높이고 질문을 받았을 때는 적절하게 대답해야 한다.

이 장을 요약하면, 고대 그리스 교육은 인본주의 정신에 따라 그리스 시민으로서 신체와 정신의 균형 있는 발달을 도모하는 교육이다. 로마시대는 그리스의 문화를 모방하여 정치, 예술, 교육제도를 확립했다. 또한, 실용적인 국민성이 반영되어 법이 제정되었다. 고대 서양 교육에서 전개된 휴머니즘과 민주주의 교육은 지속해서 중요한 교육요소로서, 학생들이 민주시민으로서 성장하기 위한 교육의 역할에 시사점을 준다.

토론 및 심화과제

1. 그리스와 로마의 교육에 대한 특징을 비교하고, 고찰하시오.

2. 소크라테스, 플라톤, 아리스토텔레스, 키케로, 퀸틸리아누스 등 교육 사상가에 대한 저서를 읽고 토론하시오.
   - 플라톤. 『소크라테스의 변명』, 『크리톤』, 『파이돈』, 『향연』. 황문수 역(2006). 서울: 문예출판사.
   - 플라톤. 『국가론』. 박종현 역(2005). 서울: 서광사.
   - 키케로. 『의무론 : 그의 아들에게 보낸 편지』. 허승일 역(1989). 서울: 서광사.
   - 아리스토텔레스. 『니코마코스 윤리학』. 천병희 역(2013). 고양: 숲.
   - 아리스토텔레스. 『시학』. 김재홍 역(2009). 서울: 고려대학교 출판부.

CHAPTER 02

중세기의 교육

중세기에는 기독교적인 전통과 권위가 사회의 중심이었기 때문에 인간의 이성 및 감정이 교리에 의해 통제되어야 했다. 현실보다는 내세의 가치를 존중했던 시대, 금욕주의적 생활이 추구되었던 사회에서 교육의 역할은 영혼의 순화를 위한 목적에 충실했다.

중세 말 교황의 권위가 위축되면서 시민들의 자치적인 활동이 활발해졌고, 대학이 점차 학문의 요람지로 자리 잡기 시작했다. 대학에서 간헐적으로 이루어졌던 인문학 연구는 다음에 르네상스를 일으키게 한 요인이 되었다.

01 시대적 배경

중세기는 시기적으로 서로마제국이 멸망한 A.D 476년부터 동로마제국이 멸망한 1453년까지 약 1천 년간의 기간을 말한다. 로마제국이 멸망한 후 유럽의 국가들과 동로마제국이 분할되어 독자적인 문화를 전개하였다. 중세사회의 가장 큰 특징은 기독교가 지배적 위치를 차지했다는 점이다. 엄격한 교황의 권위에 의한 기독교가 정치뿐 아니라 문화와 교육에까지 광범위한 영향을 주었다. 그리스와 로마 시대와는 달리 세속 국가의 세력은 점차 약화되고, 대신 교회의 세력이 강화되어 사회조직이나 형태도 바뀌게 되었다. 그리스와 로마의 사상이 전혀 차단된 것은 아니지만, 기독교 신앙과 배치되는 측면이 있었다. 그 결과 고전교육을 가르치는 학교는 신앙에 대립된다는 이유로 점차 감소되어 문을 닫기 시작하였다.

중세의 교육은 신앙적 인간의 형성에 목적을 두었고 자연적인 것보다는 초자연적인 것을, 인간 중심보다는 신 중심의 것을 추구하였다. 배운 삶의 전형적인 모습도 교육받은 성직자였으며, 사회의 모든 세속적 직분도 성직자 손으로 넘어갔다. 그러므로 학문의 범위는 교회의 이해와 교설에 의해 위축되었다.

중세인들은 모든 신체는 실제로 일을 위한 훈련이 필요하다는 것을 받아들이면서, 학교란 오로지 성직자를 위한 것이라고 받아들이게 되었다. 즉, 성직자만이 책을 읽고 쓸 필요가 있었다. 이 시기에 설정된 7개 자유교양교과는 논리학과 수사학, 문법, 산술, 기하, 천문학, 그리고 음악이었다. 7개 인문과목은 내세를 준비하기 위한 수단으로서 교과로 인정하였다.

1) 중세사회

중세사회는 기독교 중심으로 중세전기에 해당하는 5세기부터 11세기는 암흑시대라고 일컫는다. 중세시대 문화는 기독교의 영향이 절대적으로 큰 가운데 인문학적 특징을 보였다. 따라서 교회와 대학에서 사람들은 라틴어를 익히면서 고대 로마의 문학들을 공부하다 보니, 문학가들은 라틴어로 된 시나 서사적 소설 등의 걸출한 작품을 썼다. 중세 문학에서 가장 대표적인 작품은 단테(1265~1321)의 『신곡』이다. 그는 성경과 철학·문학에 대한 조예가 깊었다.

중세사회에서 11세기까지 교황의 세력은 지속적으로 확대되는 경향을 보이다가, 12세기에 들어서면서 그 기세가 점점 수그러들었는데, 이는 십자군이 실패하면서 절대적인 종교적 권위가 실추되었기 때문이다. 그러면서 전쟁을 통해 이슬람 문화의 이국적이면서도 화려한 것들이 유럽으로 속속 들어와 생활에 반영되기도 했다. 종래 종교음악 중심 분위기에서 과감히 벗어나 세속 음악이 점차 대중화되는 면을 보였다. 대부분의 세속 음악은 인간사의 애환을 그대로 가사에 표현하고 노래로 불렀던 형식이었다. 즉, 사랑을 직·간접적으로 표현한 노래에는 낭만적인 내용이 대부분이고, 자연을 아름답게 묘사한 음악도 사람들이 즐겨 불렀다.

또한, 중세 말기에서부터 라틴어 문학보다는 자국어 문학작품들이 점차적으로 등장했다. 십자군 전쟁 이후 실추된 교황의 권위로 유럽의 여러 나라에서는 자국에 대한 독립심이 점차로 증가하게 되면서 자국어 사용이 점차 생활화되기 시작했다. 예를 들어 프랑스, 영국 등에서 여러 작가의 시가 자국어로 지어졌고, 영웅적 서사시나 소설도 선을 보였다.

2) 기술의 발달

중세기에 들어와서는 특히 기술이 발달하기 시작하였는데, 기술의 발달은 곧 사회발전에 크게 기여하였다. 1300년경 항해용 나침반이 발명되어 해상 진출의 기폭제가 되었고, 1455년에는 서양 최초의 금속활자가 구텐베르크에 의해 발명되었다. 그 후 인쇄술이 계속 발달하여 나중에 마틴 루터가 종교개혁을 일으킬 당시 라틴어 성경을 독일어로 번역하여 인쇄함으로써 온 나라에 보급할 수 있었다. 십자군 전쟁은 결국 교황의 패배로 끝났지만, 전쟁을 통해 동방의 물자들이 서양으로 들어가게 되었고, 아울러 동양의 선진기술도 전해지게 되었다. 예를 들어 시계와 책의 발명 및 보급은 당시 유럽세계에 파급효과가 컸다.

02 중세의 교육

1) 중세 기독교 교육의 특징

중세기 동안 시행되었던 교육은 기독교 교육을 중심으로 실행되었다. 인간은 죄의 세계에서 구원받아야 할 존재이고, 이를 위해서 예수 그리스도의 뜻에 순종하는 신앙을 키우는 것이 중요한 사항이었다. 교육에서도 인간들이 죄에서 벗어나 하나님의 자녀로 거듭나는 진리를 가르치는 데에 주력했다. 즉, 중세 교육은 신앙적인 인간 형성에 목적을 두었고, 자연적인 것보다는 초자연적인 것을, 인간 중심보다는 신 중심으로 이루어졌다. 7개 자유학과인 인문과목은 내세를 준비하기 위한 수단으로서만 인정되어 겨우 교과에 포함되었고, 예술교육과 같은 분야는 음악에 한정되어 교회학교와 같은 교육기관에서 시행되었다.

중세 기독교 교육기관으로는 기독교의 기본교리들을 문답식으로 풀이하는 교육과정으로 구성된 문답학교, 교회의 성직자를 양성하기 위한 사원학교, 귀족계급의 자녀들을 위한 특별교육기관으로서 궁정학교, 수도사들이 기거하는 수도원에 있던 수도원학교 등이 있었다. 기독교 교육기관의 교육과정은 성경 해석과 신학, 라틴어 등이었고, 예배를 위해 사용되는 음악의 숙련 과정이 부분적으로 실행되었다.

중세기에 시행된 기사도 교육은 봉건국가의 수호자계급을 양성하기 위한 제도이다. 당시 기사들은 영토 방위 및 질서 유지를 위한 임무를 담당하였다. 기사양성교육에는 군사훈련과 함께 신앙과 용기의 덕을 함양하는 과정이 포함되었다. 기사계급은 세습적으로 이어지며 일련의 교육과정을 거쳐야 한다. 21세가 되면 정식기사가 되어 국가의 기강을 유지하는 역할을 하였다.

중세 학교 교실

중세의 성과 기사들

2) 교육기관

(1) 기독교 교육기관

문답학교는 2세기경부터 작은 규모로 세워진 교육기관인데, 이교도를 복음화하기 위한 목적으로 설치하였다. 처음에는 성인들이 주된 대상이었는데, 나중에는 아동들도 입학했다. 교육기간은 단기 과정이었고, 전성기에는 교육과정이 2~3년으로 늘어났다.

문답교사학교는 문답학교의 교사 및 교회의 지도자를 양성하는 목적으로 운영되었다. 주요 교과는 철학, 수사학, 물리학, 천문학, 문학, 역사, 과학 등이 포함되었다.

사원학교는 본산학교라고도 불리는데, 교회의 감독이 주재하는 교회 안에 설립되어 있어서 감독학교라고도 하였다. 이 학교는 성직자를 양성하는 교육기관으로 주요 교육내용은 읽기, 쓰기, 셈하기 등 기초과목과 성경, 찬송가 등이고, 고등단계에서는 성경, 철학, 그리스 문학 등이었다.

수도원은 6세기경부터 수도사 양성기관으로서, 그리고 중세기의 문화재와 서적들의 수장고로서 유지되었다. 수도원 생활의 수행규칙은 정결, 청빈, 복종이다. 정결이란 성욕의 근절을 뜻하며, 청빈이란 일체 물적 재산의 소유권과 상속권을 버리는 것이며, 복종은 수도원장에게 복종하라는 것이다.

수도원학교는 수도원 사상을 양성하고, 이를 전파하기 위한 것과, 중세에 군림한 기독교가 타락해 가는 것을 바로 잡기 위하여 수도원 내에 설립한 학교로서 수도사 양성을 목적으로 하였다. 수도원학교의 학생들은 엄격한 규율을 지키면서 영성을 함양한다. 철저하게 금욕적인 생활을 규칙적으로 해야 하고, 내세를 준비하는 교육을 받았다. 교육과정은 초등 단계에서 성서와 읽기, 쓰기, 셈하기 등 기초과목을, 고등단계에서는 성서와 7개 자유교양교과를 이수하도록 하였다.

(2) 기사교육

중세 교육의 또 다른 형태로 기사교육이 있다. 기사교육은 봉건국가제도 아래 기사계급을 양성하기 위해 시행되었다. 기사들은 국토방위 및 질서유지를 위한 임무를 가진 수호자들이었지만, 단지 군인들이 아니었고 국가의 기강을 지키는 정신적인 역할도 담당하였다. 군인이 되기 위해서는 군사훈련이나 칼·창 다루기, 말타기 등의 무인교육도 필요했지만, 야만적인 군인으로 훈련하지 않고 기독교 정신에 따라 신앙, 용기, 겸손의 덕목을 함께 교육한 것이 기사도 교육의 특징이다. 이 같은 교육을 통해 배출된 기사들은 전쟁 수행능력이 있으면서도 영주와 성직자에 대한 충성과 존경심을 갖추고 있었다.

기사의 신분자격은 일단 세습적으로 주어지는 것이 원칙이고, 기사교육과정을 거쳐야 한다. 출생 후 7세까지는 가정에서 부모의 양육을 받고, 이후에는 가정을 떠나 영주가 있는 성에서 기거하면서 기본적인 무술을 익힌다. 14세부터 본격적인 기사훈련을 받는데, 주요 교육과정은 승마, 투창, 검술, 수영, 사냥, 장기 등 무술뿐 아니라 정서훈련을 위해 시를 쓰는 과정도 있었다. 시 짓기는 영내의 귀족부인들을 대상으로 날마다 낭만적인 분위기의 문장을 지어 바치는 과정이다. 영주에 대한 충성심과 아울러, 교회에서의 예배를 통한 신앙심을 함양하는 과정도 시행되었다. 21세가 되면 정식기사가 되어 국가의 기강을 유지하는 역할을 했다.

(3) 시민교육

중세 후기에 교황의 명령하에 감행된 십자군 전쟁의 여파는 매우 컸다. 10차에 걸친 전쟁의 패배로 교황의 권위가 실추되었고, 봉건국가들은 기사계급의 몰락으로 급격히 쇠퇴하였다. 반면, 사라센제국과 교역이 빈번해지면서 사람과 돈이 모이는 곳에 새로운 도시가 생겼다. 신흥 시민계급이 상공업에 종사하면서 막대한 부를 축적하였다. 실생활에 필요한 지식을 배워야 할 현실적인 교육 요구로 길드조합에서 조합학교(guild school)를 설립하여 자치적으로 운영하였다.

조합학교는 대부분 독자적인 운영체제와 학칙을 갖추고 교사를 채용하였다. 주요 교육내용은 초등단계에 읽기, 쓰기, 셈하기 등 3'Rs 과목과 실생활에 유용한 교과였다. 이후 부유한 신흥시민의 자녀들을 위한 고등단계로 라틴어 학교가 설립되었다.

또 다른 중세기 시민교육기관으로 도시학교(town school)가 있다. 영국의 문법학교(grammar school)와 공립학교(public school), 독일의 라틴어 학교의 형태로 시민계급의 자녀들을 위한 학교가 운영되었다.

한편, 중세기에 걸쳐 지속적으로 시행된 시민교육으로 도제교육이 있다. 수공업자들과 예술가들이 전문적인 기술과 지식을 단계적으로 시행하였다. 수공예품, 예술작품, 기계 등 생활을 위한 실제적인 기술을 연마하는 교육으로, 근대 직업교육과 기술교육에 영향을 주었다.

도제제도의 교육단계는 도제, 직인, 장인의 순서대로 이행된다. 도제단계에서는 최고의 기능이나 기술을 보유한 장인의 집에서 온갖 잡일을 하면서 장인으로부터 기술을 배우고 익히는 과정이다. 직인단계에서는 장인 집에서 벗어나 출퇴근하면서 높은 수준의 기술과 기능을 익힌다. 장인단계에서는 해당 길드조합에서 시행하는 시험에서 심사를 받아야 하고, 합격하면 장인자격을 취득하고 정식조합원이 된다. 도제교육을 통해 양성되는 장인은 직업의 전문가로서 자신감을 가지고 스스로 생산활동을 할 뿐만 아니라, 책임을 지고 도제들을 교육하는 역할을 하였다. 시민교육제도인 도제제도는 수많은 전문직업인들을 배출하였고, 레오나르도 다 빈치 같은 르네상스 예술가들도 수공예 공방에서 장인의 교육을 받았다.

3) 대학의 설립과 발달

중세기 역사에서 중요한 사건은 대학이 설립되어 발전한 것이다. 십자군 원정의 여파로 동서 간의 교류가 빈번해지고 상공업이 발달하면서 이슬람국가인 사라센제국으로부터 과학, 의학 등의 학문이 도입되면서부터 학문교육에 대한 필요성이 절실히 요구되었고 학생들의 길드조합에서 교수를 초빙하여 대학의 규모를 갖춘 것이다.

중세 대학(크라이스트처치 대학)

수업 광경

1088년 이탈리아 볼로냐의 법학을 중심으로 대학이 세워진 것을 시작으로 1231년 살레르노 대학, 1109년 파리 대학, 1167년 옥스퍼드 대학, 1348년 프라하 대학, 1409년 라이프치히 대학 등 대학의 잇따른 건립이 이루어졌다. 이는 국가나 교황의 간섭에서 벗어나 신흥도시시민들의 경제적인 뒷받침과 교수—학생의 자치적인 학교운영, 선진 학문의 적극적인 도입과 의학, 법학 등 실용적인 교육 등이 실행되었다. 즉, 11세기부터 유럽은 대학이라는 자유와 지성의 터전 위에 많은 인재가 양성되기 시작하였다.

대학은 중세기사회의 발전에 중요한 역할을 했다. 초기의 대학 형태는 학생들이 자신들의 이익과 권리를 보호하기 위해 조직한 학생길드조합이었다. 점차 대학의 면모를 갖추기 위해 법·의학·신학의 전공분야 중 하나 이상의 학부조직을 갖춘 교육기관으로 모습을 갖추었는데, 볼로냐 대학과 파리 대학이 법학과, 신학과, 의학과로 구성된 대학의 형태를 갖추었다. 학생조합에서는 교수를 채용하고 봉급을 지급하는 자치적인 역할을 하였다.

중세 대학은 시간이 갈수록 규모가 계속적으로 확대되었다. 대표적인 예가 기숙사(collegium)이다. 기숙사는 교수와 학생들이 함께 지내는 생활공간으로서 대학의 지식연마와 자치보장의 산실역할을 하였다. 1500년경에는 유럽의 대학에 60개 정도가 운영되었고, 영국의 옥스퍼드와 케임브리지 대학은 전통적 칼리지(college)의 형태가 학교체제로 전환된 경우이다.

대학의 학위과정은 교양과정인 7개 자유학과목의 이수와 동시에 전공과목 이수과정이 있다. 학사과정을 마치면 학사(B.A)학위를 받게 되고, 계속 학위과정을 밟은 후 석사(M.A)학위를 받는다. 철학, 법학, 의학, 신학 등의 분야에서 박사학위를 받기 위해서는 좀 더 전문적인 교과과정을 이수한다. 중세의 대학은 신학뿐 아니라 인문학, 역사학, 문학 등의 분야에 대한 연구에 전념하며 사람들의 지적 관심을 불러일으키면서 이후 문예부흥의 터전을 마련하였다.

03 교육사상가

1) 아우구스티누스(Augustinus, A., 354~430)

아우구스티누스는 초대 교회시대에 혼란스러웠던 기독교 교리를 정립한 교부철학자이며 중세에 가장 많은 영향을 준 인물이다. 플라톤의 영향을 받아 신학과 철학, 기독교와 이교도를 사상적으로 통합하고 포괄적인 기독교관을 강조한 학자이다. 그의 사상을 바탕으로 7자유교과와 철학을 중세 수도원교육의 주요 교육내용으로 정착되었다. 그는 카르타고, 로마, 밀라노 등에서 수사학과 철학을 가르쳤다.

아우구스티누스

교육에 관해서는 『교사론(De Magistro)』이 참고된다. 그의 교육관은 인간이 선천적으로 갖고 태어난 내적 지식을 상기시키도록 하는 것에서 찾아볼 수 있다. 그의 내재적 관점은 이후 기독교의 교리문답 교육의 토대가 되었다.

아우구스티누스에게 진정한 인간의 삶은 행복을 찾아 누리는 것이다. 행복의 조건은 사람마다 다를 수 있다. 그에 따르면 하나님의 내재에서 진리를 깨닫고 자유를 누릴 수 있는데, 여기에 인간의 행복이 있다. 인간은 진리를 추구하기 위해 이성능력을 발휘하여야 하고 교리의 논리적 과정을 익혀야 한다. 이 과정에 교사가 개입하게 되는데, 아우구스티누스는 하나님이 인간을 가르칠 참된 교사라고 언급하였다. 교사는 학생이 이성적 능력을 갖추고 진리 추구의 과정을 논리적이고 명확하게 이행할 수 있도록 지도하는 역할을 한다. 그런데 진리를 깨닫는 방법은 은총을 통해서만 가능하므로 궁극적으로 교육은 하나님에 의해서만 실현될 수 있다는 것이다.

2) 토마스 아퀴나스(Thomas Aquinas, 1225?~1274)

토마스 아퀴나스

토마스 아퀴나스는 기독교 교리와 아리스토텔레스의 철학을 종합하여 스콜라 철학을 대성한 중세기 최대의 신학자이다. 그리스시대부터 전승된 철학과 신학의 관계 규정이 중세기 학자들의 최대 난제였다. 아퀴나스는 두 학문의 엄연한 구별을 지었고, 이들 간의 대립이 아닌, 유기적인 조화관계를 규명했다.

아퀴나스는 몬테카시노 수도원에서 수도자 수업을 받은 후 나폴리 대학교에서 수학하였다. 대학에서 7개의 자유교양학문인 문법, 논리학, 수사학, 대수학, 기하학, 음악, 천문학을 접하였고, 특히 아리스토텔레스의 철학을 섭렵하였다.

아퀴나스는 『신학대전』에서 스콜라 철학을 집대성하였다. 아리스토텔레스의 이원론에 근거하여 인간을 육체와 영혼의 복합체로 간주하였지만, 영적인 차원이 최고의 상태라는 점을 강조하였다. 인간은 죄의 상태에서 구원에 이르도록 하나님께 헌신하는 것을 근본 목적으로 하였다. 아퀴나스는 진정한 교사는 신뿐이고, 완전한 교육 역시 신에 의한 교육이라고 주장하였다. 그의 『진리에 관하여』에서 언급된 내용은 교육에 대한 중요한 의미를 준다. 지식관에서 두 가지 유형의 지식이 제시되었다. 한 가지는 자연적 사실에 기인한 것으로 인간의 이성으로 이해할 수 있다. 반면, 자연을 초월한 지식은 위로부터 내려오는 계시의 빛으로만 밝혀진다는 것이다. 교육의 원리와 과정은 하나님의 계시를 따르는 성화과정으로서 하나님의 지식인 진리를 구하는 지적 도야에 있다. 즉, 초자연적인 진리를 획득하기 위해서 위로부터 계시의 빛은 신앙으로 깨달을 수 있고, 자연의 사실을 알기위해서는 아래로부터 비쳐지는 이성의 작용으로 가능하다. 이렇듯 지식의 도야에는 신앙의 교육과 이성적 인간 교육이 조화롭게 이행된다.

아퀴나스의 사상은 중세시대에서 지적 훈련과 논리적 사고를 위한 사상적 토대가 제공되었으며, 이후 문예부흥운동과 항존주의에 영향을 미쳤다.

토론 및 심화과제

1. 중세 기독교 교육기관의 특징과 역할을 논의하시오.

2. 중세 대학의 발단 전개과정을 고려하여 대학교육의 의미를 찾아보시오.

3. 아우구스투스, 아퀴나스 등에 대한 저서를 읽고 심화토론 하시오.
   - St. Augustine.『참회록』. 조은화 역(2007). 서울: 생명의 말씀사.
   - St. Aquinas, Th.『신학대전』. 윤종국 역(2010). 서울: 바오로딸.

CHAPTER 03

르네상스와 종교개혁기의 교육

교육사적으로 근대 르네상스시대에 등장한 교육을 인문주의 교육이라고 한다. 르네상스의 영향으로 교육에서도 고대 그리스의 문화유산들을 익혀야 한다는 필요 때문에 그리스, 로마의 고전이 학교에서의 교과과정에 필수적으로 포함되었다. 로마의 문장가이자 웅변가인 키케로와 퀸틸리아누스의 사상이 고전의 모범으로 인정되었는데, 특히 키케로의 문장을 그대로 암송하고 해석하는 데 집중하는 교육이 진행되었다. 아울러 중세 대학에서부터 시행되었던 7가지 자유교양과목이 계속 이어졌다. 독일의 인문주의 교육은 개인보다는 국가의 질서와 도덕적 규범을 강조하는 특징이 있었다. 김나지움에서 시행된 교육은 그리스, 로마 문학을 주로 다뤘던 이탈리아의 경우와 달리 사회에 기여하는 도덕적 교육이 기본과정이었다. 교육내용은 라틴어와 성서가 주된 과목이었고, 역사와 기독교 교리를 중요시하였다.

01 시대적 배경

14세기경부터 이미 중세사회의 경제적 기반은 흔들리고 중세적 세계관마저 붕괴되기 시작하였다. 르네상스는 14~15세기에 걸쳐 이탈리아에서 출발하여 유럽 전역에 파급된 미술과 문학의 눈부신 발전을 보편적으로 르네상스(renaissance) 또는 문예부흥이라고 일컫는다. 중세를 이끌던 교황 중심의 질서가 기울어지면서 봉건제도가 무너지고, 새로운 제도들이 유럽 각국에서 세워졌다. 중세의 구습을 하루빨리 벗겨내고 시대의 흐름을 개혁하려는 움직임이 절실하게 요구되는 근대 초기에 특히 두각을 나타낸 분야는 르네상스였다. 고대 문화의 부활 또는 재생이라는 의미로 부상한 르네상스 운동은 휴머니즘의 재창출이라는 주제를 가지고 기존의 제도에 대한 전반적인 개혁을 이끌어 가는 역할까지 하였다. 르네상스로부터 출발한 사회는 종교개혁, 과학의 발달, 시민계급의 상승 등 굵직한 현상들을 바탕으로 근대사회의 발판을 마련하였다. 즉, 중세 봉건제도가 몰락하고 새로운 시민계급이 형성되면서 중세의 신 중심의 학풍에서 인간 중심으로 변모하였다.

02 르네상스와 교육

하나의 시대상으로서 르네상스는 19세기에 와서 미슐레, 부르크하르트 등 역사가들에 의해 역사적으로 규정되었다. 르네상스는 단순히 고대미술과 문학의 부활만을 의미하는 것이 아니라 고대문화 전체의 부활과 그것을 바탕으로 한 새로운 근대문화의 창조로 파악하고 이를 하나의 시대개념으로 받아들이게 되었다. 즉, 예술에서는 거대한 유물들이 발견되어 건축·회화·조각 등에 영향을 끼친 혁명이고, 문학에서는 고전에 관한 정확한 해석, 문헌학 발전 및 새로운 사상체계 확립의 시기였다. 과학에서는 코페르니쿠스, 갈릴레오에 의한 태양계 발견, 베살리우스의 해부학으로 발전하였고, 법학에서는 로마법 진본 획득, 근대 법학 이론을 도입한 시기였다. 즉, 르네상스는 단지 예술의 역사가 아니며, 과학, 문학의 역사도 아니다. 중세적인 통제와 억압으로 우리 인간의 자율성을 확보하기 위한 시도였다.

03 인문주의 교육

1) 인문주의 교육의 발단(개인적 인문주의)

르네상스의 휴머니스트들은 그리스, 로마시대의 고전을 발굴하고 복원하는 일에 집중했다. 그들은 주로 로마의 키케로 저서 수집과 해석 작업을 하면서 해독을 위한 그리스어, 라틴어 교육을 집중적으로 시행하였다. 그러나 인문주의 교육은 시간이 흐름에 따라 형식적 인문주의로 변질되었다. 고전의 내용과 정신을 이어받고자 했지만, 고전의 암송과 모방에 급급하게 되었다. 초기에 휴머니스트들은 교육과정을 개편한 바, 키케로와 같은 고대 로마 및 그리스 고전을 학교에서의 교과과정에 필수적으로 포함하였다. 로마의 문장가이자 웅변가인 키케로와 퀸틸리아누스의 사상이 고전의 모범으로 인정되었는데, 특히 키케로의 문장을 그대로 암송하고 해석하는 교육이 성행하였다.

원래 고전에 담겨져 있는 내용과 정신을 이어받고자 했던 인문주의 교육이 고전의 형식에 치중하다 보니 단순히 고전 문장을 암송하거나 모방에 치중하게 되었다. 인본주의자들은 중세와의 단절을 꾀하고 새로운 것을 찾기 위해 로마 및 그리스 고전의 발굴과 해독을 집중적으로 실시하였다. 그들의 초기 교육단계는 시인 페트라르카와 그를 이은 소설가 보카치오와 같은 문학가들이 주로 키케로 저서의 수집과 독해작업으로 이루어졌다. 이러한 형식 위주의 고전어 교육에 국한된 인문주의적 경향을 일반적으로 키케로주의라고 말한다. 인문학(studia humanitatis) 과목인 문법, 수사학, 도덕, 시, 역사는 키케로 사상과 저서를 익히기 위한 세부과목이었다. 로마의 정치가이자 웅변가였던 키케로 저서를 해독하고 웅변술과 윤리를 익히는 교육이 르네상스기의 전반적인 특징이다.

2) 북유럽 인문주의 교육(사회적 인문주의)

이탈리아의 인문주의가 심미적, 개인적 특성을 띠었다면, 북유럽의 인문주의는 종교적이고 사회 제도적인 경향이 강했다. 독일을 비롯한 북유럽의 인문주의 교육은 개인보다는 국가의 질서와 도덕적 규범을 강조하는 특징이 있었다. 김나지움(인문계고등학교)에서 시행된 교육은 그리스, 로마 문학을 주로 다뤘던 이탈리아의 경우와 달리, 라틴어와 성서가 주된 과목이었고, 역사와 기독교 윤리 교과를 중요시하였다. 이 인문주의 교육은 종교와 도덕 교육을 중시하여 교육내용에도 고전문학과 성서문학 키케로 작품의 강독, 라틴어·그리스어 문법·쓰기 등이 편성되었다.

근대 초기 인문주의 교육에는 키케로 학파도 있었지만, 이탈리아 및 네덜란드, 스페인, 독일 등 여러 나라에서 학자들과 교사들이 인문주의 이론적인 체계를 세우거나 학교를 건립하는 일, 그리고 고전의 수집과 해독작업을 계속하는 등 다양한 활동을 전개하였다.

04 종교개혁과 교육

종교개혁은 16세기 유럽에서 일어났던 기독교 혁신운동이다. 15세기 말 16세기 초 유럽은 르네상스가 무르익어 가던 시기였고, 과학기술의 발달, 콜럼버스의 아메리카 신대륙 발견 등 새로운 변화를 하고 있었다. 그러나 종교 쪽에서는 아무런 움직임이 없었다. 중세기에 십자군 전쟁에서 패배하자 교황은 권위가 실추되는 것을 만회하기 위해 성례, 고해성사를 더욱 철저하게 의무화하였다. 면죄부 판매는 재정을 막강하게 하는 유력한 사업이었다.

신성로마제국(독일)은 중앙집권적 국가 체제를 갖지 못했던지라 교황의 간섭이 심했다. 교황의 면죄부 판매 강요에 불만을 품었던 차에 루터는 1517년 10월 31일에 95개 조항의 항의문을 비텐베르크 성당 목조 대문에 붙였다. 즉, 그는 가톨릭교회의 권위에 의한 교권적 통일세계에 반항하고, 양심의 권위에 서서 개인을 내면적으로 구원하는 복음에 가치를 두고자 하였다. 종교개혁은 마틴 루터를 중심으로 일어난 운동이다.

마틴 루터는 종교개혁가일 뿐 아니라 위대한 교육가였다. 그의 교육사상은 독일 여러 도시의 시장 및 시의원에 고함과 아동을 학교에 입학시키는 데 대한 설교 등의 글 속에 나타나 있다. 그에 의하면, 학교는 교육의 목적이나 범위를 종교나 교회에 예속시켜서는 안 되며, 학교는 오히려 세속적 사항을 위하여 필요하다고 했다. 그는 특히 공교육 제도, 즉 교육의 국가책임론을 주장했고, 취학의 의무, 즉 의무교육의 시행을 제안했다. 여성에 대한 학교교육을 주장한 여성교육의 개척자이기도 했다.

05 교육사상가

1) 에라스무스(Erasmus, D., 1466~1536)

에라스무스는 16세기를 대표하는 사회적 인문주의자이다. 그는 이탈리아의 인본주의 교육이 단순한 고전을 흉내 내는 경향으로 치우치는 것을 비판하는 입장에서 기독교 인문주의를 제시하였다. 그는 이탈리아를 방문하여 키케로 저서의 암기와 문법교육에 열중하는 모습을 보고, 1528년 『키케로주의(Ciceronianus)』라는 저술에서 "키케로파를 비판하는 내용을 실었다." 키케로주의자들에 대해 "그 모방은 그의 유쾌한 감흥과 제재에 대한 총명한 취급법과 인간과 사물에 대한 광범한 지식과 독자를 감동케 하는 그의 재능 등 키케로를 유명하게 만든 모든 특징을 발견하지 못한 원숭이의 모방이었다."라고 평했다. 에라스무스의 눈에 비친 이탈리아의 인문주의 교육은 표현의 독창성을 저해하는 단순한 모방과 맹목적인 문법교육에 치중하는 키케로주의였다. 에라스무스는 키케로에 치중하는 학파에 대해 경계하면서 고전, 성서, 문학을 기본 교과목으로 하는 인문주의 교육을 전개하였다.

에라스무스는 당시는 물론 후대 교육에 큰 영향을 끼쳤다. 그는 인간을 이성의 동물로 보았고, 인간의 자유를 주장하였다. 그에 따르면, 교육의 중심은 아동이고, 교육은 아동의 자발적인 능력이 발달하는 데에 주력하며, 각각의 흥미에 따라 학습의 내용도 융통성 있게 고려해야 한다는 것이다. 네덜란드에서 활약한 에라스무스를 비롯하여 영국, 독일 등 여러 나라에서 인문주의 학자들과 교사들이 이론적인 체계를 세우거나 학교를 건립하는 일, 그리고 고전의 수집과 해독작업을 계속하는 등 다양한 활동을 하였다. 근대의 사회적 변화에 따라 인문주의 교육의 제도 및 교과의 개편이 다양하게 전개되었다.

교육가로서 에라스무스를 이해하는 일은 어렵지 않다. 평소 그는 교육에 대한 분명한 소신이 있었다. 교육의 목적은 경건한 믿음 생활이다. 어릴 때부터 경건하고 선한 행동지침에 숙달하는 교육 과정이 필요하고, 그러한 과정을 통해 인간이 참된 인격을 갖춘다. 하나님께서 다른 동물과는 달리 인간에게 이성이라는 특권을 주었는데, 인간이 이성적 능력을 잘 발휘하기 위해서 올바른 교육이 필요하다. 교육학자들은 나중에 에라스무스를 인문주의 교육가라고 지칭하였다. 인문주의 교육은 르네상스시대에 등장한 교육으로 에라스무스는 그 대표적 위치에 있다.

에라스무스의 교육 이론은 『올바른 교수법』, 『아동의 자유교육』에 정립되어 있다. 그의 교육론에는 인간이란 이성적 존재이며, 올바른 훈육이 곧 교육이라는 기본 입장에서 자유교양 교육과 기독교 교육의 규범 내용이 포함되어 있다. 그러나 그는 당시의 인문교육이라는 것이 단순한 고전을 흉내 내어 형식화하는 경향으로 치우치는 것을 비판하였다. 학생들을 가르치는 그의 인본주의적 교수법은 보편성의 바탕 위에서 각자의 특질을 지닌 학생들에게 흥미를 유발하고, 점진적인 교육을 지향한다. 그가 마련한 인문주의 교육의 구체적인 목표는 첫째, 사랑의 정신교육으로 경건의 근원을 얻고, 둘째, 문학 작품에서 정신적인 교양과 사랑을 함양하고, 셋째, 인간으로서 마땅히 해야 할 의무를 충실히 이행하고, 넷째, 어려서부터 어른에 대한 겸손한 자세를 익혀야 한다.

인문주의 교육의 내용으로 고전, 성서, 문학이 기본 교과목으로 선정되었고, 가능한 자유로운 분위기에서 교육을 받는 원칙이 세워졌다. 교육에서 중심은 교육받는 아동이다. 아동을 잘 가르치기 위해서는 개별적으로 아동에 대한 관찰과 조사를 해야 하고, 수업 시간에는 아동의 자발적인 능력을 전개하는 데에 주력하며, 각각의 흥미에 따라 학습의 내용도 융통성 있게 정하며, 놀이와 체육 지도에도 교육적 의미를 살려 아동의 발달에 기여해야 한다는 것이다. 특히 체벌 대신에 애정의 교육을 시행할 것을 강조한 바, "자유인에게는 자유로운 교육이 적절하다. 태어나면서부터 자유인인 인간을 교육하는 데 어떻게 노예 다루듯 할 수 있는가?"라고 역설하였다. 교사는 체벌 대신 학습에 흥미를 갖도록 유희적 방법을 고안하여야 한다고 주장했다.

2) 마틴 루터(Luther, M., 1483~1546)

1483년 독일 작센주에서 태어난 루터는 부친의 뜻에 따라 에어푸르트 대학

마틴 루터

에서 법학을 전공하였다. 변호사가 되려던 그가 사제의 길로 돌아서게 된 것은 번개 치는 벌판에서 살아난 특별한 체험을 했기 때문이었다. 그는 모범적으로 수도생활을 하면서 교리에 대한 의심이 들기 시작했다. 그럴수록 내면의 고행을 통해 구원을 받으려고 수도원의 규율을 철저하게 지키고 단식기도도 하였다. 1507년 4월에 사제 서품을 받은 그는 계속되는 수도 생활에도 구원의 확신을 얻지 못했고, 오히려 규율과 의무에 묶여 있는 자신을 발견했다. 그러던 어느 날 로마서를 읽다가 1장 17절에서 숨이 멈췄다. "의인은 믿음으로 살리라"는 구절이 새로운 구원의 세계를 열어 주었다.

루터는 1508년 비텐베르크 대학에서 강의하면서 경건주의 신앙을 강조한 설교를 했다. 1510년 로마에 가서 단식기도와 고행을 감행하느라고 성 베드로 성당의 계단을 무릎으로 올라가기도 했다. 루터는 교황청 신부들과 추기경들의 부도덕한 생활을 목격했지만, 1517년 이전까지 교황에 저항하는 언행을 하지 않았다.

루터의 종교개혁의 불씨를 당긴 것은 교황의 면죄부 판매였다. 교황 레오 10세는 마인츠 대주교 알베르트와 면죄부에 대해 타협을 했다. 판매액의 절반은 성 베드로 성당 건축에, 절반은 알베르트의 빚을 갚는 데 쓰기로 한 것이다. 그러나 면죄부 판매는 성경의 본질적 회개와 전혀 다른 행위이었다. 루터는 교황의 면죄부 판매에 의분을 참지 못하고 분연히 나섰다. 1517년 10월 31일, 그는 95개조 논제문을 제시했다. "면죄부의 효력에 대한 해명에 대하여"라는 부제가 달린 논제문을 마인츠의 대주교에게 보냈고, 대주교는 사본을 교황에게 전달했다. 교황은 시골 성당의 정신 나간 젊은 신부의 하찮은 소리로 여겨 무시했다. 그러나 상황은 교황의 생각대로 되어 주지 않았다. 당황하기는 루터도 마찬가지였다. 의분에 못 이겨 제기한 논제문이 종교개혁으로 이어지리라고 예상하지 못했다. 논제문 사건은 걷잡을 수 없이 큰 파문을 일으켰다. 하루속히 해결하려는 교황의 위협에 루터는 굴하지 않고 담대하게 대응했다. 1519년

라이프치히에서 신학자 에크와의 토론에서 교황도 과실을 범할 수 있다는 주장을 굽히지 않았다. 교황청은 1520년 6월 15일 "주여 일어나소서"라는 교서로 루터를 다시 위협했다. 교황청에 출두하여 자신의 잘못을 인정하라는 지시를 받았으나, 루터는 교서를 불태워 버렸다. 결국, 1521년 1월 3일에 루터는 파문당했다.

사면초가 신세가 된 루터에게 도움의 손길을 뻗친 이가 있었으니, 독일 남부 바르트부르크 성의 프리드리히 제후였다. 그는 교황과 독일 황제의 전횡을 반대했는데, 루터가 용감하게 나섰다가 위기에 처하자 본인의 성에 은신처를 제공했다. 지방 제후의 도움으로 피신하는 동안 루터는 라틴어 성경을 독일어로 번역하는 데에 힘썼다. 성직자들만 볼 수 있었던 성경을 자국어로 번역한 끝에 1534년에 세계 최초의 번역 성경인 "비텐베르크성경"이 세상에 나왔다. 마침 그즈음 구텐베르크의 인쇄기가 발명되어 번역된 성경책들이 널리 보급되었다. 자국어 성경을 읽을 수 있는 물꼬가 터지자 다른 나라에서도 자국어로 성경을 번역하는 운동이 활발해졌다. 루터는 평신도가 성직자와 구분이 없고 성경도 얼마든지 읽고 해석할 수 있다는 주장을 했다. 성직자의 독신은 성경에 근거한 것이 아니고, 단지 교회법에 있는 것이라는 입장에서 1525년에 수녀였던 타리카나 폰 보라와 결혼했다.

비텐베르크의 루터하우스

가톨릭교회의 비성경적 전통을 과감하게 깨고 “오직 성경으로, 오직 은혜로, 오직 믿음으로, 오직 그리스도로, 오직 하나님께 영광”을 외치며 종교개혁을 주도한 마틴 루터. 그의 일생은 1546년에 설교를 하며 주유하던 중 지병이 악화되자 출생지인 아이슬레벤(Eisleben)에서 마쳤다.

루터는 교회의 개혁과 함께 교육의 중요성을 인식하였다. 기독교 정신의 교육적 실현을 위해 의무교육 제도, 공교육 제도의 확립, 직업교육과 가정교육의 중요성 등 교육 전반에 걸쳐 개혁적 계획을 시도하였다. 계획을 실제로 이행하기 위해 그는 1524년에 시장과 시의회 의원들에게 “기독교 학교의 설립을 촉구하는 서한”을 보냈다. 학교에서 기독교 이념에 입각한 교육을 이행하여 학생들이 성경을 이해하고 실천하는 인격을 기르고, 동시에 사회적으로 유용한 시민이 되기 위한 전문능력이 필요하다는 것이다.

루터에 따르면, 개별적인 인격 함양과 사회적으로 유용한 시민 양성이라는 두 가지 영역이 교육의 지향점이다. 첫째, 개별적인 인격 함양을 위해 어려서부터 어린이들을 올바르게 양육해야 한다. 단순히 하나님의 지식을 주입하는 방식으로는 의미가 없고, 학생 스스로 기독교인으로 성숙하도록 도와주는 교육이 바람직하다. 이를 위해 교사는 자연스럽게 신앙의 모범이 되어 학생들이 순응하게 하는 방법과 과정을 모색해야 한다. 교육과정에는 기독교 교육과 아울러, 고전어, 역사, 수학, 자연과학, 그리고 음악과 신체 활동 교육이 포함되어야 한다. 둘째, 루터는 시민 양성교육과 관련해서 직업교육을 구체적으로 거론하였다. 모든 직업이 하나님 앞에서 거룩하다는 기본 취지 아래 직업을 위한 과목과 가정생활에 필요한 기술 등이 교육과정에 포함되어야 한다는 것이다. 이처럼 루터는 기존의 교육 체제에서 벗어나 개별적으로 신앙적 인격을 형성하고, 사회적으로 유용한 시민으로서 직업생활을 영위하는 교육의 길을 열었다.

토론 및 심화과제

1. 인문주의 교육의 특징과 전개 과정을 논의하시오.

2. 르네상스와 종교개혁이 현대교육에 주는 영향에 대해 토론하시오.

3. 마틴 루터, 에라스무스 등에 대한 저서를 읽고 심화 토론하시오.
   - Luther, M. 『크리스천의 자유』. 김광채 역(2013). 서울: 좋은땅.
   - Luther, M. 『독일 기독교 귀족에게 고함』. 원당희 역(2010). 서울: 세창미디어.
   - Erasmus, D. 『우신예찬 : 로테르담의 에라스무스가 쓴 어리석음 예찬 연설』. 김남우 역(2011). 파주: 열린책들.

CHAPTER 04

근대 실학주의와 계몽주의 교육

실학주의는 전통적 언어주의와 형식주의 경향을 탈피하고, 실제 생활에 유용한 능력을 중시하는 사조이다. 초기 인문주의 방식인 고전의 암기나 어법과 문법에 치중하는 교육은 현실성이 떨어지기 때문에 좀 더 실제 생활에 필요한 덕목을 함양하는 교육을 시도한 것이다. 즉, '언어 이전에 사물', 모든 지식은 감각으로부터라는 표어로 형식주의 교육을 배제하고, 현실성과 실용성을 중요시한 교육내용과 교육방법을 제시하였다.

계몽주의는 르네상스 이후 16세기부터 등장했던 서양 사조의 대표적인 사상적 주류이다. 계몽주의 교육은 중세 암흑의 어두운 시대를 탈피하려는 노력이 계속되는 가운데 신화적인 잔재를 없애려는 시도가 주목을 받게 되었다. 다시 계몽주의 시대 과제는 그동안 억눌렸던 인간의 자율성이 회복되어야 한다는 명분이 당위성을 얻게 되었다. 이 시기에는 무엇보다도 인간의 이성이 최고의 가치를 지녔고, 상대적으로 인간의 감정이나 본능과 같은 것은 별다른 의미가 부여되지 않았다. 계몽주의자들은 모든 문제를 이성으로 해결할 수 있는 이론적 근거를 제공하고자 하였다.

01 실학주의 교육

1) 실학주의의 개요

17세기에 들어서면서 자연과학의 발달과 함께 교육에서는 이전 시대와는 다른 변화를 추구하게 되었다. 인문주의가 치중하였던 고전과 언어로부터 탈피하여 인간의 능력과 이성 및 경험을 중시하는 실학주의 교육으로 변화를 맞이하였다. 사물자체를 공부하고 사물에 대한 감각을 통해서 배우는 것을 중요시하는 사상이 실학주의이다. 실학주의는 당시 자연과학의 발달에 영향을 받았다. 자연과학은 근대 초기부터 발달의 속도가 빨라졌으며, 실학주의 성격을 갖춘 과학사상과 경험주의 철학은 17세기에 이르러서 전성기를 맞았다. 실학주의에 대한 철학적 배경은 베이컨의 경험론이었다. 베이컨은 경험론에 따라 기존의 연역적 연구방법을 지양하고, 경험주의의 원리인 귀납적 방법을 제시하였다. 연역법은 대전제가 되는 일반적인 원리를 근거로 구체적, 개별적 문제를 이끌어 내는 방법이다. 귀납법은 여러 구체적인 사실에서 공통적으로 나타난 현상을 통하여 일반적인 원리를 이끌어 내는 방법이다.

철학과 자연과학 방법의 융합은 과학과 철학뿐만 아니라 교육에도 많은 영향을 주었다. 실학주의 교육은 특징과 방법에 따라 인문적 실학주의, 사회적 실학주의, 그리고 구체적인 사물의 관찰과 직관적 경험을 중시하는 감각적 실학주의 교육의 세 가지 유형으로 구분된다.

2) 실학주의의 유형

(1) 인문적 실학주의

르네상스시대의 초기 인문주의의 교육관을 재생하여 편협한 인문주의 교육을 비판하고 나타난 것이 인문적 실학주의이다. 인문적 실학주의와 초기 인문주의와는 고전어와 고전문학의 학습에는 일치하지만, 고전의 실제생활에 적용하는 점에서는 차이가 있다. 인문적 실학주의자들은 고전의 언어적 해석에 그치지 않고, 그 속에 들어 있는 실제적이고 사회적인 맥락을 찾아 실생활에 적용하는 교육을 강조하였다. 비베스(Vives, J. L.), 라블레(Rabelais, F.), 밀턴(Milton, J.) 등이 대표적 인물이다.

인문적 실학주의의 교육내용은 고대 그리스와 로마의 고전을 비롯하여 라틴어, 그리스어 등 언어과목이 필수과정이다. 비베스는 고전과목 이외에 수학, 물리, 역사, 철학 등 다양한 교과를 포함하였다. 그는 교수방법에도 종래의 방식에서 벗어나 교사는 학생의 개별적인 흥미와 능력 수준을 고려하는 교육방법을 개발해야 한다고 강조하였다.

밀턴은 『교육론』에서 인간의 진리인 덕과 자유를 추구하여 인간성을 형성하는 것이 교육목적이라고 하였다. 자유롭고 도덕적인 품성을 키우고 신의 형상대로 자신을 도야하는 과정은 자연질서에 따르는 교육과정이고, 이에 부응하는 학습경험은 자발적이고 즐거운 것이어야 한다. 기존의 형식적인 수업을 탈피하여 학습내용을 심도 있게 이해하기 위해 교사와 학생들이 함께 토론하는 방법이 바람직하다는 것이다.

(2) 사회적 실학주의

사회적 실학주의는 고전 중심 인문주의적 교육과 사회생활의 구체적인 경험을 중시하는 점에 차이가 있다. 로크는 고전의 해독에 치우친 키케로주의에 대한 반기를 들고, 되도록이면 실제적인 경험을 주요 교육방법으로 강조하였는데, 이러한 경향을 교육학적으로는 사회적 실학주의 교육이라고 한다. 로크(Locke, J.)는 경험주의 철학의 실천적인 적용으로서 교육이 추상적인 관념의 둘레에서 맴돌지 않고, 생동적인 경험을 바탕으로 올바른 사고력을 키우는 실제적인 작용임을 역설하였다. 로크는 교육을 신체적·도덕적·지적으로 조화로운 인간 양성을 목표로 삼아야 한다고 주장하였다.

로크와 몽테뉴 등 사회적 실학주의자들은 구체적인 인간상으로서 신사를 제시하였고, 신사가 되기 위해 어려서부터 닦아야 할 품성을 교육을 통해 실행해야 한다고 하였다. 신사를 양성하는 데는 신체 교육, 덕성 교육 및 외국어 교육이 필요한데, 고전, 현대어, 역사, 철학, 여행, 체육 교과들이 구체적인 교육과정이다.

교육방법에서는 단순한 기억보다 이해와 판단을 위한 방법이 동원되었다. 학생들에게 사회적 현상에 대한 실제적인 판단력을 길러주는 것이 효과적이고, 이러한 과정을 통해 사회적으로 유용한 생활을 영위할 수 있게 하는 것이다.

대표적인 사상가의 한 사람인 몽테뉴(Montaigne, M. E. de)는 생활경험과 관계없는 관념적인 지식은 불필요하다고 하면서, 암기교육보다는 이해중심의 교육을 실행할 것을 강조하였다. 또한 그는 로크와 같이 공교육 기관보다 가정교사의 교육을 강조하였다. 당시 가정교사제도는 영국과 프랑스의 귀족가문에서 선호하였는데, 이 때문에 몽테뉴와 로크가 귀족적인 교육에 치우쳤다는 지적도 받는다.

(3) 감각적 실학주의

감각적 실학주의는 실학주의의 가장 대표적인 형태이다. 근대 과학의 발달과 함께 자연과학의 연구방법이 교육에도 영향을 미치게 되었다. 실물이나 표본을 직접 관찰함으로써 지식을 획득하는 과정 그대로 교육에서 감각적 지각을 장려하는 방법이 시도되었다. 즉, 고전이나 사회적 생활경험을 통하여 실생활에 필요한 지식을 얻는 것이 아니라 감각적 직관을 기초적 교육방법이나 과정으로 도입하는 것이다. 이러한 감각적 실학주의는 과학 정신을 가장 잘 반영하고 있기 때문에 과학적 실학주의라고도 부른다. 베이컨(Bacon, F.), 라트케(Ratke, W.), 코메니우스(Comenius, J. A.) 등이 대표 학자이다.

베이컨은 "아는 것이 힘이다"라는 어록에서 나타나듯이, 자연은 더는 경배나 위협이 대상이 아닌, 지배의 대상이기 때문에 자연에 대한 지식을 통해 자연을 지배하는 능력을 키우도록 하였다. 자연의 법칙을 찾기 위해 감각의 훈련이 필요한데, 교육에서 사물을 정확하게 관찰할 수 있는 감각경험 능력을 단련하여야 한다. 따라서 교육방법은 감각을 통한 학습법에 중점을 두었다. 감각경험을 통해 지식을 터득하는 교육과정은 코메니우스에 의해 완성도를 높였다. 그는 직관의 원리에 충실한 그림을 삽입하여 세계 최초의 그림책인 『세계도회』를 저술하였다.

감각적 실학주의의 교육은 중세 스콜라 철학이나 고전 중심 인문주의 교육의 잔재가 있던 당시 교육풍토에서 비과학적인 지식과 비실제적인 교과를 답습하는 경향을 탈피하여 자연과학과 교육의 새로운 길을 시도했다. 자연의 질서에 따르는 '합자연의 원리'에 따라 교육을 하고자 했으며, 감각적 직관을 중시했다. '말보다 사물'이라는 말에서 제시하듯이 구체적 사물에 대한 감각적 지각을 학습의 출발점으로 삼았다. 학습법에서 자연적 사물에 대한 직관적 관찰과 실험을 적용한 귀납법적 탐구를 강조하였다.

02 계몽주의시대의 교육

1) 계몽주의 교육

계몽주의 사상은 17세기 후반기에서 시작되어 18세기에 이르러 그 전성기를 이루었으며, 프랑스, 영국, 독일을 중심으로 활발하게 전개된 사회사상이다.

'계몽'이라는 말은 본래 '빛이 들게 하는 것'이라는 뜻을 갖고 있다. 계몽은 인간을 무지라는 암흑으로부터 이끌어 내어, 지식이라는 밝은 세계로 안내한다는 의미이다. 계몽주의는 인간의 자율성을 회복하는 과제를 이행하기 위해 무엇보다도 인간의 이성능력에 최고의 가치를 두었다. 계몽사상은 신, 이성, 자연, 인간 등의 개념을 하나의 세계관으로 통합한 사상운동이었다.

사회가 계몽주의 사조에 휩싸이면서 이성의 능력으로 신화의 베일 속에서 벗어나면서 과학이 급속도로 발달되었다. 코페르니쿠스(1473~1543), 티코 부라에(1546~1601), 갈릴레이(1564~1642), 케플러(1571~1630) 등 과학사에 획기적인 공헌을 한 인물들이 이 시기에 배출되었다. 이러한 과학 연구는 무역의 활성화와 식민지 개척에 성공하면서 축적된 상업 자본의 투자로 기술의 발전을 일으켰다. 당시의 기술을 대표하는 것으로는 원양 항해술, 화약, 그리고 나침반이었다. 항해술은 천문학의 발달을 토대로 하여 실행되었으며, 화약과 나침반 역시 기초과학인 화학과 물리학 이론을 응용하여 만들어졌다. 이러한 기술을 이용하여 서구의 열강들은 앞다투어 아시아, 아프리카, 아메리카 대륙으로 뻗어나가 식민지 개척을 활발히 하였다.

17세기 말부터 18세기 초기에 절대왕권시대가 약화되면서 등장하기 시작한 것이 계몽주의 사조이다. 영국의 명예혁명(1688)을 위시해서 프랑스 혁명(1789)에까지 정치적인 변혁이 이루어졌고, 이 시기에 근대사회의 중추 역할을 한 시민계급이 자유와 권리를 확보하는 성과가 있었다. 계몽주의 사조는 인간의 자율성을 확립하려 했던 시대적 요청에 따라 사상적인 기반을 수립하였다. 혁명을 통해 전근대적 구습에서 벗어나 근대의 행보를 촉진해야 한다는 명분 아래 인간 계몽주의 사상은 확산되었다.

인간의 자율성을 확보하기 위해 계몽 사상가들이 강조했던 것은 인간의 이성이다. 이성은 다른 동물과 구별된 타고난 인식능력으로서 삶의 선택과 결정의 판단이 이성에 의해 이루어진다. 근대 초기 르네상스를 통해 인간에 대한 새로운 가치가 세워졌고, 16세기에 일어난 종교개혁에서 인간 개개인의 신앙 함양을 중시했던 점, 그리고 후기에 일어난 시민혁명에서 인간의 천부적 자유와 권리의 확보 등은 인간 존중의 역사를 이루려는 노력의 일환이었다. 이러한 근대화 과정은 18세기에 와서 계몽주의 사조가 정립되는 배경이 되었다.

계몽주의시대의 교육은 인간의 이성을 발현하기 위해 모든 속박으로부터 해방되는 것을 우선시하였다. 사람들이 이성적으로 사고하고 판단할 수 있는 능력을 키우는 것이 목적이었다. 이 시기에 교육적으로 중요한 변화는 보통교육제도가 발달하게 되었다는 것과 아동중심교육이 싹트게 되었다는 사실이다. 보통 교육제도는 교육의 기회를 골고루 제공한다는 취지에 따라 종교개혁가 마틴 루터가 주장하였던 사항이었는데, 이후 근대 교육제도의 기틀을 마련하는 데 커다란 공헌을 하였다. 아동교육에 대한 관심이 생기게 된 것도 근대 후기였다.

영국의 존 로크(Locke, J.)와 프랑스의 루소(Rousseau, J. J.) 등 당대의 사상가들은 아동을 미성숙한 존재로 보았던 이전의 경향에 대한 비판과 함께 인간으로서 인격적 대우를 강조하였다. 교육의 구습은 전통과 권위를 강조하고 복종만을 요구하는 것이었다. 이러한 교육은 아동을 수동적인 존재로만 다루기 때문에 아동이 제대로 발달하는 데에 걸림돌이 될 뿐이다. 루소의 교육관은 아동은 아동의 본성에 따라 알맞은 교육방법과 과정이 수반되어야 인간의 자연적인 본성이 발달한다는 입장이다.

2) 자연주의 교육

(1) 자연주의 교육의 의미

18세기 유럽사회는 절대주의 국가들이 개인의 사상과 신앙의 자유를 억압하는 가운데서 이성을 앙양하고, 전통과 사회적 억압에서 해방되려는 지적인 움직임이 일어났다. 계몽주의라 부르는 사조는 인간의 이성에 대한 완전한 신뢰를 기초로 하여 모든 전통과 권위 및 교권의 속박에서 벗어나려는 합리주의적 사상운동이었다.

계몽주의는 합리주의와 자연주의의 두 요소를 가지고 있다. 프랑스에서 초기에 계몽주의는 이성의 능력과 사상의 자유를 중시하는 합리주의면서 귀족계급에 한정된 귀족주의적 성격을 띠었다.

18세기 후반에 들어와 계몽주의는 그 성격과 방향이 다소 전환되었다. 교회에 대한 이전의 공격은 사회, 정치적 조직의 폐해에 대한 비판으로 바뀌었고, 현실적 악폐를 바로잡으려는 노력은 이상사회를 건설하려는 방향으로 나타났다. 이 후기 사상의 중심인물은 루소였다. 그는 이성의 법칙보다는 자연적 감성을, 소수의 귀족보다는 다수의 평민을 더 사랑하였다.

교육에서의 자연주의 운동은 르네상스 운동 못지않게 중요하다. 감각적 실학주의에서 볼 수 있었던 자연주의보다 18세기의 자연주의는 훨씬 혁명적인 것이었다.

(2) 자연주의 교육의 해석

자연주의는 자연을 유일 절대적인 근본원리 또는 실체라고 간주하고, 모든 가치기준을 자연에 두려고 하는 철학사조이다. 자연주의 교육은 자연에 따라서 하는 교육을 의미한다. 이때 자연에 따르는 교육은 세 가지로 전개된다.

첫째, 그것은 자연에서 발견되는 여러 법칙을 교육의 과정에 적용한다는 뜻으로 해석할 수 있다. 이 원리를 교육에 적용하는 것은 합리적이라 볼 수 있지만, 적지 않은 위험도 따른다. 왜냐하면, 자연이란 말의 서술적 의미에 주목할 때와 규범적 의미에 주목할 때 자연의 의미 해석이 달라지기 때문이다. 그리고 자연의 질서를 너무 주장하면 인간의 보편적인 측면만 주목되고 개별적인 측면은 무시되기 쉽다는 문제가 있다.

둘째, 자연에 따라서 하는 교육은 인간 발달의 자연적 법칙을 발견하여 이에 따라 지도하는 뜻으로 해석할 수 있다.

셋째, 자연에 따라서 하는 교육은 인간이 본래부터 가지고 있는 자연성, 즉 인간의 본성을 반영하여 가르친다는 뜻으로 해석할 수 있다.

3) 범애파 교육

후기 계몽사상가의 대표이며 자연주의 교육사상가인 루소의 교육사상에 영향을 받아 독일과 스위스 중심으로 범애파가 나타났다.

범애파에 의하면, 교육의 목적은 인류애를 실현하고 인간을 행복하게 하는 데 있다. 행복한 생활의 필수조건은 신체의 발육과 정신교양이다. 건강한 신체는 현세적 행복의 기초이기 때문에 아동은 태어나면서부터 적당한 의식주와 목욕, 외출, 운동 등에 의하여 건강을 강화해야 하며, 간소한 복장에 따른 단련과 운동에 편리하도록 해야 한다. 아동의 권리를 인정하고, 강제와 처벌보다 훈계와 명예심의 환기 등을 교육방법으로 삼았다. 범애파교육의 특징은 아동의 흥미, 직관, 자기활동을 교육원리로 삼으면서, 모국어와 근대 외국어를 강조하였다.

정신교양으로는 이상과 이웃에 대한 사랑이나 이성의 빛을 확산시켜 동포애의 호의를 불러일으키며, 모든 인간을 사랑하게 하여야 한다. 또한, 행복의 조건에 시민의 덕성이 있기에 시민의 덕성교육을 해야 한다.

03 교육사상가

1) 몽테뉴(Montaigne, Michel Eyquem de, 1533~1592)

몽테뉴는 프랑스에서 태어났으며, 라틴어와 법학을 공부한 후 정치가, 철학자, 법률가로 활약하였다. 1580년 출간된 『수상록』에서 그는 인간에 대한 세밀한 관찰을 수필의 형식으로 묘사하였다. 이외에 학술론, 아동교육론, 어린이에 대한 아버지의 사랑 등 저술을 통해 몽테뉴는 교육론을 전개하였다. 그에 따르면, 교육의 목적은 자기 행위에 책임을 지고 서로 우호적이며 즐거운 생활을 하는 인간양성이다. 이에 따라 제시된 교육내용은 고전어, 역사, 철학, 여행, 체육 등이다. 교육방법은 다음과 같이 세 가지로 나누어진다.

첫째, 단순한 기억보다 이해와 판단의 강조이다. 몽테뉴는 판단력을 기르는 것이야말로 교육의 최고 목표이자 가장 중요한 임무이며, 모든 교육방법의 기초이자 출발점이라고 여겼다. 학생들은 선생님의 강의내용을 기억하고, 선생님이 전달하고자 하는 내용의 실질적인 의미를 파악해야 하며, 이해력을 키워야 한다.

둘째, 자발적 학습법의 필요성이다. 교사는 학생들의 개별적인 능력 수준을 파악하여 그에게 적합한 학습과정을 이끌어주고 학생들이 자발성을 발휘할 수 있도록 도와주어야 한다. 몽테뉴는 선생님들에게 때로는 학생들을 위해 '길을 개척해 주고', 때로는 학생 스스로 '자신의 길을 개척'하도록 도와주어야 한다고 말했다. 또한 "선생님들이 혼자서만 발명하고 혼자서만 말하지 말고, 학생들에게 말할 기회를 주어야 한다"라고 했다.

셋째, 지식의 주입식 교육보다 여행을 통한 귀납법적, 실제적 경험능력의 함양이다. 학생은 다른 사람들과 교류하고 여행을 하면서 다양한 것들을 접해야 한다. 즉, 세계를 자신의 서재로 삼고 세계 속에서 시야를 넓혀야 한다. 한 곳에만 갇혀 지내면 안목이 좁아질 수밖에 없다.

2) 로크(Locke, John, 1632~1704)

로크

존 로크는 영구의 경험주의 철학자이며 계몽주의 사상의 개척자이다. 로크는 『인간오성론』에서 백지설(tabula raza)을 주장하였다. 백지설은 인간은 태어날 때부터 '아무 글자도 쓰지 않은 백지'와 같이 깨끗한 상태인데, 경험을 통해 관념을 습득하고 오성이라는 사고 능력을 획득한다. 일반적으로 교육의 기본요인으로 작용하는 유전과 환경에 대하여 생각해 볼 수 있다. 인간의 발달이 타고난 유전적 인자에 의한다는 입장이 있고, 인간은 환경과의 상호작용을 통해 경험을 쌓음으로써 성장한다고 말할 수도 있다. 로크의 경우, 교육의 기본요인은 후천적인 환경에 있다. 교육은 아동이 경험할 수 있는 환경 조건을 제공해야 하고, 아동의 호기심을 계속 자극하는 학습을 마련해야 한다는 입장이다. 경험을 중시하는 교육, 지식보다 신체의 중요성을 일깨우는 교육은 기존의 교육풍토에서 벗어나는 획기적인 창안이었다.

로크가 1677년에 쓴 『학습에 관해서』에서 학습방법에 대한 구체적인 방법이 제시되었고, 『신사를 위한 독서와 학습에 관한 고찰』 역시 신사의 몸가짐이나 언어 등 실질적인 내용이 실려 있다.

로크는 무엇보다 외국어 학습에서 암기 위주의 교육방법으로 학생을 지도하는 방법이 얼마나 교육적 역효과를 가져오는지 이미 간파하여 효과적인 학습방법을 제시하였다. 오늘날 외국어의 중요성을 인식하면서도 학습에서 실질적인 효과를 제대로 내지 못하는 외국어 교육의 문제점을 고려한다면, 로크의 교육방법이 아동의 외국어 학습에 시사점을 찾을 수 있다. 또한, 가정교육에서 아버지의 역할에 대해 살펴본다. 로크의 부권에 의한 교육과정과 방법은 우리가 사는 사회에서 일어나는 문제 중 하나인 아버지의 교육적 역할문제에 도움될 만한 내용을 제공한다.

로크는 교육에서 아동의 자연적 능력인 호기심을 언급했다. 호기심은 감정적 요구와는 분명히 다르다. "어린이들에게 호기심은 지식에 대한 일종의 요구이다. 때문에 이것은 하나의 좋은 특성으로 장려되어야 한다. 무지에서 벗어나기 위해 이러한 자연적인 도구를 써야 한다." 로크는 학습동기를 촉진하는 실천적 제안을 하였다. 어린이들과 지내면서 유쾌함이 깨지지 않아야 함을 여러 번 강조하였다. 학습동기의 잠재력이 '즐거움'에 있기 때문이다. 학습에서 자연적인 어린이의 본성대로 초기 단계에는 놀이 중심으로 교육이 이루어져야 한다.

> "놀이에서 유쾌한 마음을 가지는 것은 연령과 성격에 따라 차이가 있겠지만, 일상생활에서 신체와 정신을 건강하게 유지하는 데 필요하다. 가장 참된 예술은 어린이가 하고자 하는 것 모두가 그에게 즐거움과 놀이가 되게 한다."

어린이들의 학습에서는 타고난 호기심으로 지적인 요구를 발휘하도록 하여, 그 무엇도 그들의 흥미를 잃게 해서는 안 된다.

문학 작품 읽기를 위한 교과목은 놀이를 통해 즐겁게 진행해야 한다. 읽기 학습에서 로크는 『이솝 우화집』을 어린이에게 권장하였다. 교육론 150절에 나타난 읽기 학습의 내용에서 로크는 어린이의 능력에 적합한 쉬운 책을 제공함으로써 어린이가 스스로 흥미를 일으키고 교훈을 얻을 수 있는 것이 가장 바람직한데, 대표적인 책이 『이솝 우화』이다. 유아기에는 글보다는 그림으로 표현하는 방법이 어린이의 흥미를 진작시키는 효과가 있다는 것이다.

로크가 설명하는 지식 획득 과정은 사물들이 감각을 통해 내부의 세계로 수용되어 관념이 형성되는 정신작용 때문에 진행된다. 지식을 획득하기 위해서 우선 감각의 경험이 반복적으로 쌓여야 하고, 감각의 내용을 토대로 내부 관념의 세계를 형성하는 정신작용이 이어져야 한다. 어린이의 언어습득도 이러한 과정을 거쳐 내면화된다. 어린이들은 사물에 대한 인식을 언어를 이용한 방법보다는 그림과 같은 시각적인 교재를 이용한 감각의 작용을 통해 얻는 것이 가장 자연에 맞는 방법이다.

로크는 일선 교육기관에서 시행하는 외국어 수업에 대해 비판했다. 외국어를 다른 학과목들보다 과도하게 높이 평가하는 것은 그리 바람직하지 못하고, 아울러 고전어에서 문법을 지나치게 강조하는 것 또한 올바른 교육방법이 아니라는 것이다. 외국어의 회화와 강독에는 실제로 활용되는 실제적인 언어를 익혀야 한다. 초보자들에게는 『이솝 우화』와 같은 간단한 교재가 적절하다. 라틴어는 신사에게 절대 '필수적'이지만, 문법을 암기하는 방법으로는 효과가 크지 않다. 고전 라틴어와 당시의 라틴어를 배우는 과정에 윤리적, 역사적, 그리고 정치적인 내용을 병행해서 읽는 것이 바람직한 방법이다. 고전어 학습과는 달리, 모국어 학습에서는 구술 능력과 아울러 서술 표현 능력이 병행되어야 한다. 구두로 또는 문자로 표현할 줄 모르는 것처럼 신사에게 결정적인 결함은 없다. 문법을 지나치게 강조하는 논리학과 수사학은 실제 생활에 별 도움이 되지 않는 형식적 교과목이므로 되도록 지양해야 할 것이고, 토론 연습은 진리를 추구하는 과정에 긍정적인 효과가 있으므로 유익하다.

교육 과정에서 부분적인 지식습득은 지양되어야 한다. 예를 들어, 만유인력의 법칙이라든가, 지동설 등 자연과학 지식은 자연의 일부를 파악한 지식일 뿐, 전체에 대한 진리의 지식은 아니다. 교과과정이 전체에 대한 인식능력을

길러주지 않고 단편적인 자연과학 과목에 편중된다면, 사고의 융통성과 통찰력은 기대하기 어렵다. 그러므로

> "성장세대의 머리에 어떠한 지식으로든 채우기만 하는 것이 교육의 과제는 아니다. 그들의 마음을 올바르게 하여 어떠한 것이든 받아들일 수 있게 하는 것이 중요하다. 사람들이 사고의 한 종류나 방식에만 익숙해진다면, 사고능력은 굳어지고 융통성이 모자라게 된다. 사고를 자유롭게 하려고 사람들은 되도록 다양한 지식들을 습득하고, 다양한 지식을 이해하는 능력을 길러야 한다. 지식의 풍성함에 그쳐서는 안 되고, 이를 통해 다양한 사고를 형성함이 중요하다."

로크의 교육론은 신체의 발달과 인격 함양을 주된 목적으로 한 것으로서 이러한 교육을 잘 이루기 위한 학습이 『교육론』에서 전개되었다. 교육을 추상적인 관념의 둘레에서 맴돌게 하지 않고, 역동적인 경험을 바탕으로 올바른 사고력을 키우는 실제적인 차원에서 다루었다. 로크는 자신이 엄격한 교육을 받았지만, 당시 공교육에 대한 강한 비판을 하였다. 특히 그는 교육기관에서 실시하는 암기 위주의 교육에 대한 교육적 역효과를 파악하여 지식교육에 비중을 크게 두지 않는 한편, 신체단련과 덕성교육을 주된 교육의 과제로 제시하였다.

3) 코메니우스(Comenius, Johann Amos, 1592~1670)

코메니우스

코메니우스는 근대 교육 사조에서 실학주의 교육을 대표하는 학자이다. 그는 근본적으로 기독교 교리에 기초하여 하나님이 모든 인간을 평등하게 사랑하는 원리에 따라 교육도 모든 사람에게 모든 것을 가르치는 원리와 방법을 고안하였다. 르네상스 초기에 등장했던 인문주의 교육이 키케로주의로 변질되는 우려가 제기되었다. 이에 반해 코메니우스는 실물을 직접 보고, 듣고, 느끼는 감각 작용을 통해 학습하는 교육인 감각적 실학주의 교육을 제시하였다.

근대사회에 들어서면서부터 자연과학이 활발하게 발달하였고, 학교교육에서도 자연과학 과목들이 늘어나는 추세에 있었다.

감각적 실학주의 교육은 자연과학에서 지식의 도야에 사물의 직접적 관찰을 필수적으로 도입하는 교수법을 체계화하였다. 코메니우스는 교육의 원리와 방법들을 자연현상으로부터 구상하였다. '언어 이전에 사물'이라는 말대로 사물에 대한 감각적 수용을 우선으로 하는 방법은 직관적 교수법의 기본 특성이다. 언어는 인문주의 교육에서 주장하듯, 목적이 아니고 수단이다. 『언어입문』이라는 책에서 제시된 언어교육의 특징은 학습자 자신의 모국어를 통해 라틴어 공부에 접근했고, 짧고 간단한 구로 시작해서 점차 더 복잡한 문장을 향해 나아가는 방법을 사용했다는 점이다. 라틴어를 가르치기 위해서 그림을 사용했는데, 이 그림은 사물을 라틴어와 모국어 이름으로 적은 그림들로 이루어졌다.

『세계도회』에서 코메니우스의 직관 교수법이 집대성되어 전개되었다. 그림이 들어간 교과서를 주장하는 이유는 단순한 흥미유발을 위함이 아니었다. 그렇게 교육하는 것이 인간이 자연의 원리에 따라 성장하는 이치이기 때문이다. 자연은 질서 있고 점진적이기 때문에 교육도 점진적이고 체계적으로 시행되어야 한다. 수업은 단지 언어 위주로 또는 추상적인 개념을 통해서가 아니라 구체적이고 직접적인 방법으로 사물을 제시해야 한다. 사물 인식과정은 일반적인 원리들을 먼저 가르치고, 그 다음에 세부적인 것을 고찰하도록 하며, 사물은 연이어서 가르치되, 하나씩 점차 가르쳐야 한다. 또한, 획득한 지식을 명확하게 하기 위해 사물 간의 차이를 분별하는 능력을 익혀야 한다. 이러한 방법은 자연과학 과목의 지식 교육 과정에 효과적인 교수법으로 활용되어 과학의 발달이 급증하던 시대에 부합하였다.

인간의 성장과 발달에 맞는 수업방법을 계발하는 시도는 『교육단계론』에서 구체화되었다. 단계 구분의 기준은 아동 발달의 특징과 심리적 성숙정도에 두었다. 총 4개로 구분된 교육단계의 특징을 살펴보면, 제1단계는 유아기에 해당하는 어머니 무릎 학교, 2단계는 아동기에 시행하는 모국어 학교, 3단계는 소년기를 위한 라틴어 학교, 4단계는 청년기에 해당하는 대학 및 외국 여행이다.

코메니우스의 사물에 대한 직접적인 감각을 중시한 교육은 곧 사물에 대한 정확한 인식과 비판력 및 창의성 발달에 중요한 기초이다.

4) 루소(Rousseau, Jean Jacques, 1712~1778)

루소는 계몽사상기의 가장 뛰어난 사상가이다. 교육 사상에 있어서도 혁명적 사상을 발표했지만, 본인은 교육자적 생활을 하지 않았다. 그는 어디까지나 사상가이지, 실천가는 아니었다. 그는 1735년에 『인간 불평등 기원론』과 1761년에 『신애로이즈』, 1762년에 『사회계약론』과 『에밀』 등을 발표하였다.

루소

루소는 『에밀(Emile)』에서 조물주의 손을 떠날 때는 모든 것이 선하였던 것이 인간의 손으로 옮겨 가면서 모든 것은 악하게 되었다 하며 성선설의 입장을 대변하고 있으며, '자연으로 돌아가라'에서 자연성을 중시하였다. 루소는 교육의 요소를 자연, 인간, 사물로 보고, 자연의 교육이란 자연에서 받는 인간의 기능과 기관의 부분적 발달을 의미하며, 인간의 교육과 사물의 교육은 자연의 교육에 일치하는 데 있다 하여 합자연의 원리에 입각한 소극적 교육론을 폈다.

루소는 교육 내용과 방법의 측면에서도 자연의 순리에 따르는 교육을 주창했다. 교육의 목적은 개인의 천부적 권리를 보존하고 자연 상태를 보존하는 것이며, 사회적 측면에서는 자유, 평등, 박애(천부적 권리)를 만인이 누릴 수 있는 사회, 즉 개인의 자연성을 보장해 주는 사회를 건설하는 것이었다. 그는 감각이 발달하는 어린 시기에는 주로 자연적인 사물들을, 그리고 사회성, 이성 등과 같은 고차원적 능력이 발달하는 청소년 및 성인기에는 철학, 윤리, 종교 등과 같은 과목을 주요한 교육내용으로 선정해야 한다고 주장했다. 이러한 주장은 결국 자연의 법칙에 따르는 방법, 자발성을 계발할 방법을 강조한 것과 그 맥락을 같이한다.

(1) 자연 교육

『에밀』의 첫머리에 만물이 조물주의 손에서 나올 때는 선했는데 인간의 손에 넘어와서 타락한다고 하여 루소는 인간의 선한 본성을 사회가 타락시킨다고 하였다. 교육은 3종의 교사, 즉 자연, 인간, 사물에 의하여 성립한다고 하였다.

(2) 소극적 교육

루소는 '초기의 교육은 철저하게 소극적이어야 한다. 그것은 미덕이나 진리를 가르치는 것보다는, 악덕으로부터 마음을 그리고 오류로부터 정신을 보호해 주는 것이다'라고 한다. 따라서 12세까지의 교육은 일반적으로 소극적인 교육이어야 한다. 다시 말해서 도덕이나 진리를 가르치는 것이 아니라 아동의 마음을 악덕과 오류에서 보호해 주어야 한다.

(3) 개인주의 교육

교육의 궁극목적이 개인이냐 사회인이냐 하는 양자택일의 문제에 있어서 루소는 사회인보다 개인, 즉 자연인을 만드는 교육이 위대하다고 하였다.

(4) 아동 중심의 교육

루소는 『에밀』의 제2장에서 "불확실한 미래를 위하여 현재를 희생하고 각종 수단으로 아동을 속박하고 미래의 행복을 위하여 현재의 어린 시절을 불행한 가운데 보내야 하는 무모한 교육은 무엇에 쓸 것인가"라고 비판하였다. 즉, 교육은 당연히 아동 중심으로 해야 한다고 주장하며, 다음과 같이 4단계로 나누어 설명하였다.

- 1단계(1~5세) : 이 시기는 체육의 단계로서 아동에게는 인공적인 노리개나 의복은 될 수 있으면 피하고, 자연물을 접하며 자유로운 활동을 통하여 신체 발육을 충분히 하게 한다.
- 2단계(5~12세) : 신체와 감각의 훈련단계이다. 아직은 독서를 해서는 안 되

고, 사물의 수, 양, 무게를 알아보고 비교하게 한다. 도덕적 훈련이나 체벌은 자연에 맡겨야 한다.

- 3단계(12~15세) : 이 시기는 지육의 단계이다. 유용을 지도 원리로 하고, 호기심을 이용하여 실물에 따라 학습하게 한다. 사물과 세계를 교과서로 삼으며, 스스로 발견하고 판단하게 한다. 독서는 금물이지만, 로빈슨 크루소만이 허용된다.
- 4단계(15~20세) : 이 시기는 덕육의 단계이다. 타인과의 생활을 위하여 사회관계를 배우는데, 말이 아니라 행동으로 해야 한다. 종교교육은 18세 이후에 한다.

(5) 보통 교육

특정한 직업을 위한 교육은 반대하고, 아동의 잠재력을 개발하는 교육으로서 폭이 넓고 다방면적이며 전인으로 발달할 수 있는 교육을 강조하였다.

(6) 여성 교육

『에밀』의 5장에서 배우자가 될 소피아의 보수적, 수동적, 억압적인 교육에 관하여 서술하고 있는데, 전근대적인 사고방식을 그대로 기록하고 있다.

루소는 교육의 중심을 아동으로 옮겨 놓음으로써 이후 교육 내용과 방법에 영향을 미쳤다. 즉, 후대 교육사상가들이 교육의 목적 형성에 전인적인 교육관을 형성하는 데에 토대를 제공하였다.

5) 바제도(Basedow, J. B.)

코메니우스의 영향을 받아 실물교육을 강조했다. 실물을 강조한 코메니우스, 베이컨, 루소의 사상이 혼합된 흔적이 엿보인다. 범애주의의 대표자로서 루소가 소극적으로 표현한 교육적 의견을 적극적인 형태로 실현하였다. 즉, 계몽주의 사조가 낳은 자연적 교육설은 독일에서 바제도 등 범애파에 의해서 실천되었다. 그는 1744년 데사우(Desau) 시에 범애학교를 창설했다. 범애주의는 바제도를 중심으로 잘즈만, 캄페 등이 유명하고, 그 근본 사상은 자연에 따라 교육한다는 것이었다. 그가 제시한 교육방법은 사물을 직접 체험하는 직관 교육, 루소의 성선설에 기초한 도덕교육, 자연의 원리에 입각한 순서에 따라 교육하는 것 등이다.

아동은 아동으로서 취급하고 어른으로서 취급해서는 안 된다고 강조하였다. 학습은 재미있어야 한다는 원칙에 따라 학생들은 지식을 배우거나 수공업으로 일하거나 신체적 운동을 하는 다양한 활동에 참여하였다. 구체적으로 체조와 유희가 크게 존중되어야 하고, 수공은 모든 아동에게 교육하지 않으면 안 된다고 하였다.

토론 및 심화과제

1. 실학주의 교육의 특징과 전개과정을 논의하시오.

2. 계몽주의와 자연주의 교육이 현대교육에 주는 영향에 대해 토론하시오.

3. 로크, 루소, 코메니우스 등에 대한 저서를 읽고 심화 토론하시오.
   - Locke, J. 『교육론』. 박혜원 역(2011). 서울: 비봉출판사.
   - Locke, J. 『인간지성론』. 정병호 외 역(2014). 파주: 한길사.
   - Montaigne, M. E. 『수상록』. 윤지선 역(1996). 서울: 청목.
   - Rousseau, J. 『에밀 : 교육론』. 박은수 역(1973). 서울: 성문각.
   - Comenius, J. 『대교수학 : 모든 사람에게 모든 것을 가르치는 완전한 기술』. 정일웅 역(2002). 서울: 창지사.

CHAPTER 05

신인문주의와 산업혁명기의 교육

18세기에 계몽사조는 합리주의적 · 주지주의적이며, 공리주의적 · 개인주의적인 특징이 있었는데, 이러한 사조를 비판하고 그 반동으로 나타난 사상체계가 신인문주의이다. 인문주의 계열에 속하는 교육사상가라 할지라도 반드시 똑같은 사상체계를 갖는 것은 아니었으나, 일반적인 공통점은 인간의 지, 정, 의 등 여러 성향을 조화적으로 발달시켜야 하며, 인간의 개성을 손숭하면서도 민족과 역사를 존중하며, 교육의 핵심에는 사랑이 깃들어 있어야 한다는 것이었다. 특히, 이 시기인 19세기의 교육은 어느 때보다도 교육의 과학적 연구와 더불어 심리학의 발달 등으로 아동의 이해를 위한 큰 뒷받침이 있었다.

산업혁명은 사회적인 일대 변혁을 일으키며 인간의 삶을 향상하는 데 기여하였다. 그러나 부작용도 동시에 따랐다. 도시화 현상으로 인해 도시와 농촌 간의 격차가 벌어졌고, 도시에서는 도시 오염과 주택난으로 곤란을 겪어야 했다. 무엇보다 심각해진 문제는 빈부의 격차가 커졌다는 점이다.

산업혁명으로 물품의 디자인을 잘 만들기 위한 필요성에 따라 교육이 시행되었다. 중세부터 도제 교육 형태로 행해져 오던 수공업 교육은 당시 사회의 요구와 교육학에서의 방법상의 개선을 위해 일선 교육 과정에 도입되었다.

01 신인문주의 교육

18세기 말경부터 인간과 사회에 대한 교육학적인 연구가 진전을 보였는데, 페스탈로치가 대표적인 인물이다. 페스탈로치는 18세기의 합리주의, 주지주의에 대립하여 문학의 낭만주의와 동조하여 사상을 일군 신인문주의(New Humanism) 교육의 대표자이다. 16세기의 인문주의가 형식만 남은 체제임을 인식하고, 18세기에 들어와서는 계몽적 이성에 대립하여 인간의 감성이나 심미적 태도를 중시하는 낭만주의(Romanticism)가 탄생하였다. 문예 쪽에서의 새로운 사상이 낭만주의라고 한다면 교육은 신인문주의(Neo-Humanism) 사상의 출현이라고 할 수 있다.

신인문주의는 계몽주의의 합리주의와 주지주의, 공리주의와 개인주의에 대립한 반발로 탄생한 사상이며, 인간의 조화로운 발달을 목적으로 하는 새로운 교육 사조가 신인문주의 교육이다.

페스탈로치는 스위스의 교육가로서 교육의 목적을 인간성 계발에 두고 기초교육과 노동 및 심리학적 고찰을 중시하였다. 직관 교수법은 그의 교육경험을 바탕으로 계발된 방법이다. 그는 교육을 통해 인간에 내재하는 자발성의 의지가 자기활동에 의해 발현된다는 교육의 이념을 주장하면서 실천하고자 하였다.

02 산업혁명과 교육

1) 시대적 특징

산업혁명시기의 공장

근대 후반에 일어난 역사 가운데 18세기 중엽부터 영국에서 발발한 산업혁명은 유럽사회를 다시 한 번 개편하는 계기가 되었다. 이전의 중농주의 사회에서 행해지던 가내 수공업이 점차 동력화하는 변화가 일어났다. 방적기에 동력을 달아 노동의 효과를 최대화시키는 경이로운 변혁에 당시 사람들은 또 하나의 희망을 품었다. 공장의 시설이 기계화되면서 대량생산이 이루어짐에 따라 노동자들의 근로형태에 대폭적인 조정이 불가피했고, 경제생활 전반에 거대한 변화를 초래하였다. 공장의 기계에 부

착했던 증기 시스템은 계속된 개발로 기차에도 적용되어 운송영역에서 효율성이 증진되었다.

산업혁명이 진행되는 동안 영국에서는 공장 신설의 급증, 교통 및 통신시설의 발달, 증기기관과 전기동력의 풍부, 노동력의 도시 집중화 현상이 일어났다. 그러면서 산업혁명의 부작용 또한 심각했다. 고용주들이 노동자들의 임금을 줄여 최대한으로 이익을 취하려 했기 때문에 수익의 분배가 원활하지 못했다. 노사 간의 갈등에 대해 독일의 진보적 사회주의자 칼 마르크스가 자본주의 경제체제의 모순을 파헤치고 공산주의 혁명이론을 내세웠다.

2) 교육기관

산업혁명 시기에 운영된 교육기관 가운데 일요학교는 1780년 레이크스가 글로스터 시에 최초로 설립하였다. 이 학교는 공장지대에 있는 빈민가의 불량 청소년을 대상으로 교육을 실시하였다.

일요학교가 주로 공장에 다니는 아동을 대상으로 했는데, 이와 비교되며 세워진 조교제 학교는 공장에 다니지 않는 아동을 대상으로 하는 주일제 교육기관이었다. 이 학교는 17세기 말에 생겨난 자선학교가 산업혁명을 맞아 그 성격이 변화되면서 생긴 기관으로서 빈민 가정의 자녀를 대상으로 무료로 수업을 시행했다. 이 학교에서는 조교법이라 불리는 새로운 교수법을 사용하기도 했다.

또 다른 형태의 학교인 유아학교는 노동자 가정의 유아를 보육하는 기관으로서 1816년에 처음 스코틀랜드의 뉴 라나아크에 설립되었다. 공상적 사회주의자 오웬(Owen, R., 1771~1858)이 세운 이 학교는 공장에 다니지 않고 조교제 학교에 다니기에도 어린 영유아들을 대상으로 좋은 습관을 길러주고, 신체적 위험으로부터 보호해 주기 위한 교육과정을 제공하였다.

3) 산업혁명과 교육의 변화

산업혁명으로 인한 사회 전반의 변화는 교육분야에도 영향을 미쳤다. 이전의 중농주의 경제구조에서는 가내 수공업의 형태로 생산되던 제품들을 공장에서 기계로 대량으로 생산함에 따라 수공업은 쇠퇴되었다. 산업혁명으로 인해 생산과정이 변하면서 동력화된 기계 사용으로 인해 조악한 제품들이 쏟아지면서 상품의 미적인 면에 대한 요구가 높아지게 되었다. 자본가들은 제품의 모양새를 잘 꾸미기 위해 미술가들을 필요로 했다. 이에 따라 미술방면에서 디자인의 발달이 시작된 것이다. 이러한 사회적 요구에 응하기 위해 유럽의 각국에서는 직업학교 내에 미술 교과과정이 설치되었고, 별도의 미술학교가 설립되었다. 산업혁명이 가장 먼저 시작되었던 영국에서는 생산 제품의 디자인을 향상하기 위해 1837년에 디자인 학교가 설립되었다. 디자인 학교에서는 기초소묘 수업과 함께 상품 디자인을 위한 교육과정을 실시하였다.

이상과 같이 신인문주의부터 산업혁명 시기까지의 교육은 두 가지 방향으로 전개되었다. 하나는 루소, 페스탈로치 등 교육학자들이 아동 중심 사상을 강조하면서 감각과 실물을 중시한 교육을 전개하여 실제적인 경험교육의 방법을 시행한 것이고, 다른 하나는 산업혁명으로 인한 물품의 디자인을 잘 만들기 위한 상업적으로 필요에 의해 실시된 것이다.

03 교육사상가

1) 페스탈로치(Pestalozzi, Johann Heinrich, 1746~1827)

페스탈로치

페스탈로치는 1745년 1월 12일 스위스 취리히에서 태어났다. 그는 스위스의 교육자이며 빈민교육의 실천가였다. 부친은 의사였는데, 가난한 환자들을 치료하고 돌보는 선행에 앞장섰다. 목사였던 할아버지도 가난한 교우들을 위한 관심과 사랑이 남달랐다. 페스탈로치는 어려서부터 자연스럽게 구제와 배려의 정신을 배웠다. 그리고 평생 가난하고 부모 잃은 아이들의 교육 기회마저 앗아가는 사회를 개혁하기 위해 학교를 세웠다.

취리히 대학교에 재학 중 사회운동 단체에서 활동하였던 페스탈로치는 이때 만난 안나와 1769년에 결혼하였다. 결혼 후 그는 노이호프로 와서 가난한 농민들을 위한 농장을 세우고, 빈민아동들에게 방적 기술과 같은 노작 교육을 시행하였다. 그러나 농장은 혹독한 재정난을 견디지 못하고 1774년에 문을 닫아야 했다. 페스탈로치는 처음 품었던 교육의 꿈이 현실의 벽에서 좌절되자 25년간 초야에 묻혀 은둔생활을 했다. 농사와 기본적인 생계 생활을 하던 이 시기에 그의 유일한 낙은 글을 쓰는 것이었다. 『은자의 황혼』(Die Abendstunde eines Einsiedlers, 1780)과 『라인하르트와 게르트루트』(Lienhard und Gertrud, 1781~1787) 등 저술에서 페스탈로치는 교육의 원리로서 자연법칙에 따르는 교육 이념을 제시했고, 초기 교육에서 어머니의 역할을 강조했다.

페스탈로치 동상

프랑스의 나폴레옹이 스위스와 전쟁을 하는 통에 고아들이 많아졌다. 오랫동안 은둔생활을 하던 페스탈로치는 거리의 고아들을 안타깝게 보다 못해 1799년 슈탄스의 허름한 건물에서 교육시설을 만들었다. 그는 빈민아동, 고아들을 불러 모아 안락한 보금자리를 만들어 주었고, 이들에게 기초지식 교육과 도덕성 발달을 위한 교육을 했다. 그러나 정부에서 야전병원으로 사용해야 한다며, 학교를 폐쇄하는 바람에 또 다시 실패했다. 페스탈로치는 이에 굴하지 않고 1800년에 부르크도르프에서 한 교육기관을 운영하였다. 또한, 그간에 모은 저작료를 밑천으로 1805년 이베르동에 기숙학교를 설립했다.

이베르동에서 그동안 구상했던 교육이 실현되기 시작했다. 페스탈로치의 교육 신조는 인간에게 내재하는 자발성의 의지가 자기 활동 때문에 발현된다는 교육이다. 이베르동 학교에서 그는 아동의 초기 교육에서 그리기 수업의 방법을 고안하였다. 수업의 목표는 아동들의 소근육 운동을 발달시키고 올바른 쓰기 교육을 위한 것이었다. 아동들은 획 긋는 법과 곡선 그리기를 배웠다. 이러한 직관적 교수법을 따라 감각교육을 시행하는 것이 교육의 일차적인 원리이었기에 수업방법은 감각적인 기능을 발휘하는 것에 집중했다. 이를 위해 실물 수업이 주로 이루어졌고, 아동들은 사물에 대한 직접적인 경험을 하는 교육을 받았다. 기초학습과정으로 그리기, 쓰기, 셈하기, 읽기 과정이 있었다. 추상적인 것 이전에 구체적인 사물을, 멀리 있는 것 이전에 학생 가까이 있는 것을, 그리고 복잡한 것 이전에 단순한 것을 먼저 익히는 과정이 자연스러운 교육이라고 역설하면서 수업은 점진적으로 천천히 진행되어야 한다고 하였다. 개인차를 인정하고 능력에 따라 학생들을 분류하며, 형식적인 교사 양성을 권장하였다. 또한, 아이들의 선천적인 능력은 계발된다는 것, 아이들은 관찰로부터 시작해서 명확한 사상을 형성하게 하는 이해로 점진적으로 나아가면서 생각하는 법을 배워야 한다는 것 등 교육의 주요 원리가 있다.

이베르동 학교

페스탈로치 묘소

이베르동 학교는 유럽 전역에 영향을 미치며 명문학교로 발전하였다. 하지만 교사들 간 학교경영을 둘러싼 논쟁이 심해져 초창기에 감돌던 가족적 분위기는 점점 사라져 갔다. 페스탈로치는 학교를 회복시키려 했지만, 뜻대로 되지 못했다. 그가 세운 학교를 스스로 사직한 후 1825년에 노이호프로 다시 돌아갔다. 노이호프 농장은 페스탈로치가 교육의 뜻을 최초로 일궜던 곳이고, 50여 년 후 여든의 노구로 다시 돌아가 세상을 떠날 때까지 몸과 정신이 깃든 본거지이다.

페스탈로치는 루소에서 영향을 받아 아동의 지연적 발달단계를 따라 아동 개개인에게 관심을 가져야 한다고 하면서 가정에서 교육을 강조하였다. 그리고 그는 자연관으로서, 인간은 선한 본성을 바탕으로 세 가지 기본적인 능력, 즉 기술력, 사고력, 심정력을 가지고 태어난다고 하였다. 그는 '자연을 따르는 방식'과 이들 세 가지 능력의 조화로운 발달로서 인간교육을 이루고자 하였다. 페스탈로치가 교육현장에서 얻은 경험을 바탕으로 고안한 교육방법은 『어떻게 게르트루트는 그의 자녀를 가르쳤는가』(Wie Gertrud ihre Kinder lehrt)에 체계적으로 제시되었다.

페스탈로치는 자연의 원리에서 교육의 목적과 방법을 추출하였다. 그가 강조한 교육방법의 핵심은 ① 단순한 기본원리를 익힌 후 복잡한 것으로 옮겨갈 것, ② 단순한 것들 간의 상호관련성을 밝힐 것, ③ 자연의 중요한 원리는 미적 가치가 있으며 실제 생활에서도 유용한 것, ④ 자연의 필연법칙에 따라 일사불란한 행위를 할 것, ⑤ 자연의 자유성과 독립성을 익힐 것 등이다.

이러한 교육은 일반적인 방법과 특별한 방법으로 나눌 수 있다. 일반적 방법은 유아들에게 신뢰와 애정을 줌으로써 유아들의 정서적 건강에 기여할 수 있는 교육자를 요구했으며, 그를 통해 유아의 올바른 정서적 바탕이 형성될 수 있도록 하는 것이다. 그는 직관의 원리를 강조하였다. 직관 교수법이라는 새로운 교육방법은 당시 아동교육에서 코메니우스가 제시했던 것인데, 페스탈로치가 교육현장에서 구체적으로 전개하였다.

수업은 감각적이어야 한다는 취지에 따라 실물 수업을 고안해 내어 아동들은 주변에서 흔히 볼 수 있는 실물을 공부할 수 있다. 처음에 쓰기를 배울 때는 그리기 수업부터 했는데, 이때 아동들은 위, 아래 획과 개곡선과 폐곡선을 그렸다. 이러한 활동의 의도는 아동들의 손 근육을 발달시키고, 쓰기 준비를 시키기 위한 것이었다. 특별방법의 수업은 형태, 셈, 소리의 기초 학습으로 이루어져 여기에 더욱 더 형식화된 활동이 있었다. 수업은 자연의 방법을 따라야 한다는 그의 주장에 따라 일련의 수업전략을 계발하였다.

자연의 원리를 따르는 교육방법은 삼육론의 하나인 체육에서 더욱 확실하게 제시된다. 페스탈로치의 교육관이 체육이라는 교육 활동을 통해 민중적이며 자연적인 특성으로 각인된다. 체육은 전인교육을 위한 기초교육이다. 신체의 특수한 기능을 익히는 교육이 아닌, 인간의 정신과 신체의 조화로운 발달을 도모하는 활동이다. 신체가 전체적으로 상호작용하며 발달하는 것이 가장 자연스럽고 적절한 교육이다. 체육은 신체의 여러 기관과 관절마디들을 원활하게 조절되고 상호작용하게 함으로써 건강을 확보할 뿐 아니라 질병의 예방, 품위 유지에도 기여한다. 페스탈로치가 빈민아동들에게 체육활동을 권장하고 실시하면서 깨우친 교육방법이기에 실제적인 효과가 크다고 할 수 있다.

2) 프뢰벨(Fröbel, Friedrich, 1782~1852)

프뢰벨

프뢰벨은 1782년 독일 튀링겐 삼림지대인 오버바이스 바흐에서 출생했다. 어머니는 그의 생후 9개월 만에 세상을 떠났다. 지역교회 목사였던 아버지는 교회 일에만 치중하느라 프뢰벨을 잘 돌보지 못했다. 어린 프뢰벨은 어머니의 사랑이 뭔지 모르면서 자랐고, 점점 어린이답지 않은 침울한 성격으로 굳어져 갔다. 학교에서는 학습 부진아로 취급되었고, 또래 아이들과 잘 어울리지 못한 소년 프뢰벨에게 숲속의 자연물이 유일한 친구였다. 그는 어린 나이임에도 자연물에 대한 관찰능력이 뛰어났고, 자연의 원리를 체득할 수 있을 만큼 성숙해 갔다. 계모의 홀대 속에 어렵사리 살던 그는 친척의 도움으로 큰아버지 집에서 얹혀살기도 했다. 1797년에 측량기사와 임업기사로 2년간 일하면서 혼자 수학과 어학을 공부하다가 예나 대학에 입학한 프뢰벨은 쉘링, 쉴레겔, 노발리스 등 낭만주의 학자들의 강의를 통해 문학적 감흥을 받았다. 프뢰벨은 학비 조달을 위해 가정교사 일을 하였다. 귀족 가정의 자녀들을 가르치면서 아이들의 교육에는 부모의 관심이 절대적으로 필요하다는 신념이 생겼다. 그즈음 페스탈로치의 제자인 그루너(A. Gruner)와 교제하게 된 것이 교육에 관심을 두게 된 직접적인 계기가 되었다. 1805년 그루너의 소개로 프랑크푸르트 모범학교의 교사가 된 프뢰벨은 1808년부터 3년간 페스탈로치가 운영했던 이베르텐의 학교에 머물면서 교육적인 영향을 받았다. 이후 괴팅겐 대학교에서 우주에 작용하는 '천체의 법칙'을 공부했다.

프뢰벨은 34세 되던 1816년에 유아교육을 본격적으로 시작하였다. 튀링겐 삼림지대의 그리스하임이라는 마을에 '일반 독일 교육연구소'(Universal German Educational Institution)를 설립해서 교육 연구와 잡지 출간업무를 하였다. 이 연구소는 1817년에 카일하우로 옮겨 갔다. 프뢰벨은 자신의 계획에 대한 정부의 지원을 얻을 수 없었지만, 유아교육을 위해 계속 헌신적으로 일했다. 연구소 활동을 하면서 많은 논문을 발표하기도 했다. 1826년에 『인간의 교육』(Die Menschenerziehung)을 발간하여 카일하우에서 추구한 교육원리와 방법을 철학적으로 제시했다. 1828년 카일하우 학교는 그러나 '선동의 근원지'라는 이유로 1829년에 폐쇄되었다.

카일하우를 떠난 프뢰벨은 1836년에 블랑켄부르크에 정착하여 숙원사업인 유아교육에 매진하였다. '자기 교수와 자기 교육으로 이끄는 직관 교수학원'이 창설되었고, 이듬해에 '유아교육 지도자 강습소'와 '조그만 어린이의 작업소'가 문을 열었다. 이 작업소에서 시행되었던 교육은 놀잇감을 이용한 인성계발에 관한 프로그램이었다. 1840년 프뢰벨은 유아를 위한 교육기관에 적합한 용어로서 '킨더가르텐(Kindergarten)'을 발표하였고, 그해 6월에 '일반 독일 유치원(Der allgemeine deutsche Kindergarten)'을 세웠다.

프뢰벨 유치원

프뢰벨 기념비

유치원을 세우고 널리 알리는 과정은 생각만큼 순탄치 않았다. 1851년 8월 프로이센 정부는 프뢰벨의 유치원이 무신론적이며 사회주의적 성향을 지녔다는 이유에서 출입금지 조치를 하였다. 문 닫힌 유치원 앞에서 절망에 빠진 프뢰벨은 이 조치를 해제하기 위해 애썼지만, 소용이 없었다. 노년의 프뢰벨은 첫째 부인이 1839년에 사망 후 1851년에 30년 연하의 유치원 교사 루이제 레빈과 재혼했고, 이듬해인 1852년 6월 21일 세상을 떠났다.

주요 저서는 『인간교육』(Die Menschenerziehung)(1826), 『어머니와 애무의 노래』(Mutter und Koselieder)(1844) 등이 있다. 『인간교육』에서 교육 의미는 바로 인간성 교육에 있음을 밝혔다. 자연에서 받은 인간의 기능과 기관의 내부적 발육을 자연스럽게 돕는 데 가능한 한 방해받지 않도록 하는 것을 목표로 하는 루소의 '소극적인 교육'이라는 개념을 '발달 순응적이라는 개념'으로 전개했다.

프뢰벨의 유아교육은 코메니우스, 루소, 페스탈로치의 교육이론과 함께 근대 교육사상의 기초를 이루고 있다. 인간교육의 기본 틀로서 통일의 원리, 자기 활동의 원리, 노작의 원리, 유희의 원리 등이 있다. 신의 성품을 닮은 인간의 본성을 중시하여 교육방법에서도 어린이의 자기 활동을 중시하고 놀이와 노작을 통한 교육이 제시되었다.

프뢰벨은 놀이를 유아교육의 핵심적인 원리이자 방법이라고 하였다. 즉, "놀이는 아이들의 내적 세계를 밖으로 표현한 것이다. 놀이는 어린이의 가장 순수한 정신적 산물이며 인간 생활 전체의 모범이다. 놀이는 기쁨과 자유와 만족, 편안함과 세계의 화합을 만들어낸다." 놀이를 자기 활동의 원리라는 것에 착안하여 이에 적합한 놀이 교구를 만들었다. 은물을 통한 놀이 교육은 단순히 어린이의 신체를 육성하고 강화할 뿐 아니라 심정의 발달, 정신의 도야를 촉진한다. 이는 내면적인 것과 정신적인 것에 중점을 두는 것으로, 이런 내적인 것을 달성하기 위해서는 외부에 자기를 표현해야 하고, 그러기 위해서는 재료가 필요하다. 기하 도형이나 여러 실물에 따른 은물(spielgaben)은 이러한 의도의 산물이었다. 구체·점·선·정육면체 등의 장난감을 사용하는 유희를 통하여 자연스러운 발달이 이루어진다는 입장의 구체적 실례였다.

프뢰벨이 고안한 은물은 10종류로 구성되어 있다. 은물들은 어린이들이 사물의 형태와 유형을 통해 다양성 속에서 단일성을 찾도록, 그리고 우주의 조화를 표현한 수학의 원칙들을 이해하도록 고안한 것이다.

- 제1은물 : 빨강, 오렌지, 노랑, 초록, 파랑, 보라의 6가지 색상의 공들로서 통일성과 완전한 조화를 위한 구체적 실물 구성이다.
- 제2은물 : 나무 공, 정육면체, 원기둥으로 각각 통일성과 다양성을 표현하기 위한 효과적인 형태이다.
- 제3은물 : 쌓기 블록, 석판 위의 드로잉 등으로, 작업에서의 은물은 미리 정한 일련의 디자인을 만들기 위해 바둑판 무늬의 종이를 바늘로 찌르면서 구멍을 뚫는 행위 등을 포함한다.
- 제4은물 : 직육면체 8개로 되어 있다.
- 제5은물 : 정육면체 21개, 삼각주 6개, 이 삼각주를 이등분한 삼각주 12개로 되어 있다.
- 제6은물 : 직육면체 18개, 이 직육면체를 이등분한 기둥 6개, 받침 12개로 되어 있다. 기둥과 받침을 이용하여 건축을 할 수 있는 교구들이다.
- 제7은물 : 사각형과 삼각형으로 갖추어져 있다.
- 제8은물 : 금속과 기다란 막대로 구성되어 있다.
- 제9은물 : 각종 씨앗, 돌조각, 조개껍질 등으로 모아져 있다.
- 제10은물 : 콩, 원형, 죽대로 되어 있다.

이러한 은물들은 어린이의 조작으로 갖가지 기하학적 형태들로 구성된다. 어린이는 감각기관을 통해 본 대로 느낀 대로 표현해 보고 싶은 욕구가 있다. 아동들의 신체 발달이 소근육을 활발하게 쓸 수 있을 정도이면 은물을 사용하여 창조적 충동을 발휘한다. 관심 있는 물건을 움직여 보고 형태를 마음대로 조립해 보고 세워 보고 굴려 보고 하면서 호기심과 성취감을 느낀다. 인간의 창조적인 활동에서 교육의 본질이 나타난다. 은물에 내포된 기하학적인 선과 형태는 통일성의 면모가 드러난 예술이자 기하학적이고 수학적인 구성이다.

프뢰벨의 교육은 직관적인 교수법을 고안한 페스탈로치의 영향을 받아 신체와 정신의 균형과 조화를 꾀하는 전인교육을 구체적으로 발전시켰다. 아동교육은 자발적인 성장과 타율적인 주입 교육이 아닌 자발적 과정이 중요함을 일깨운 것이다. 아동교육에서 구체적인 놀이기구를 사용하는 교육방법을 구상하고 은물을 직접 제작함으로써 구성작업을 좀 더 구체화시켰다. 이 같은 프뢰벨의 교육은 아동 중심주의 교육, 아동의 창조적인 자기 활동을 실현시켰다는 점에서 현대 교육에 크게 시사하고 있다.

3) 오웬(Owen, Robert, 1771~1858)

오웬은 영국 산업혁명시대에 있었던 공상적 사회주의가로서, 그는 사회개혁사상에 기인한 초등학교와 유아학교를 창설하였다. 오웬은 1814년 인간의 성격형성을 위하여 초등학교와 유아학교를 뉴라르크 촌에 창설하고, 12세 이하의 아동을 수용하였다. 이 학교를 성격형성학원이라 이름한 것도 이와 같은 이유에서이다.

이러한 성격학원은 군대훈련과 그의 성격형성론에 있어서 반종교적이라는 이유로 문제가 되어, 그는 1824년 신대륙인 미국으로 건너가서 인디애나 주에 뉴하모니 촌을 건설하고, 그 이상적인 사업을 실시하려 노력하였으나 실패하고 말았다.

그에 의하면, 인간은 사회환경의 산물이며 인간 성격의 양부는 사회환경의 선악에 의하여 결정된다. 이와 같이 국가적 교육제도를 확립하고 공교육제도를 시행할 것을 주장하였으며, 사회개혁의 수단으로써 교육을 강조하였다.

4) 헤르바르트(Herbart, Johann Friedrich, 1776~1841)

헤르바르트

헤르바르트는 근대 과학적 교육학의 창시자이며, 최초로 교육학을 독립된 학문으로 확립한 학자이다. 독립된 학문으로서 교육학은 윤리학에서 교육목적을, 심리학에서 교육의 방법을 적용했다. 그의 교육사상은 칸트의 영향을 받아 도덕적 품성의 도야를 교육의 중심 목표로 설정한 특징이 있다. 교육의 목적을 실행하기 위해 학생의 다면적인 흥미를 반영해야 한다.

실천이념에는 ① 내면적 자유의 이념인 도덕적 판단과 의지의 일치, ② 완전성의 이념, ③ 자신과 타인의 의지가 조화되는 호의의 이념, ④ 정의의 이념, ⑤ 보상의 이념 등이 있다.

교육방법론은 관리, 교수, 훈련의 세 가지 단계에 따라 이행된다.

① 관리: 교수의 예비적 훈련의 준비단계이다. 교육적인 기본을 위한 태도와 습관을 형성시키고자 하는 활동이다. 즉, 학생의 욕망을 억제하고, 교수와 훈련을 위한 준비조치이다. 관리의 방법은 작업, 감시, 위협, 징벌, 체벌 등이다.

② 교수: 가장 핵심적인 교육단계로 도덕적 품성을 키우는 방법이다. 교수는 지식의 전수와 의지의 도야를 포함한다. 교수과정에는 전심과 치사가 있다. 전심은 일정 대상에 대한 몰입으로 명확한 관념을 파악하는 것이고, 치사는 인식된 관념들을 통합하여 통일하는 것이다. 교육적 교수를 일깨워주는 방법은 지식이 감성과 결합하여 흥미를 유발할 때 가능하다고 보았다. 교수의 중요한 요인으로 흥미를 유발하는 것이다.

흥미의 유형은 다음과 같다.

- 경험적 흥미: 다양한 사물의 경험 흥미
- 추구적 흥미: 사물과의 관계 및 법칙의 흥미
- 심미적 흥미: 사물의 선악 및 미추 평가의 흥미
- 동정적 흥미: 타인의 행복과 불행에 대한 동정 흥미
- 사교적 흥미: 사회적 관계에 대한 흥미
- 종교적 흥미: 신에 대한 흥미

③ 훈련: 아동의 도덕성과 정서발달을 위해 교재를 매개로 하지 않고 교수자가 직접 도야하는 방법이다. 관리가 일시적인 준비단계라고 한다면, 훈련은 영속적으로 아동의 내면세계에 영향을 주는 방법이다.

- 유지의 훈련: 아동의 도덕적 의지가 일정한 방향으로 향하게 하는 훈육
- 결정의 훈련: 아동의 심리상태를 심도 있게 관찰하여 올바른 선택과 결정을 하는 훈련
- 규준의 훈련: 보편타당한 규준에 따라 아동의 행위가 따르게 하는 훈련
- 조성의 훈련: 아동이 가치를 자율적으로 조성하게 하는 훈련

5) 니체(Nietzsche, F., 1844~1900)

니체

니체의 사상은 힘의 의지, 초인 등의 개념으로 특성화되어 있다. 이들은 따로 떨어져 있는 개념들이 아니고 삶의 철학사상을 전개하는 논리에 맞물려 있다. 니체는 의지의 나약함을 혐오한 나머지 인간의 의지가 자신을 지배해야 한다고 입버릇처럼 외쳤다. 신의 힘이 아닌 자기의 의지로 홀로 서야 하는데, 의지의 주인공이 되기 위해서는 강인한 힘이 필요하다. 힘의 의지가 필요한 것이다. 강력한 주체를 형성한 존재만이 인간다운 인간이 된다. 종교가 인간의 자유를 억압하고 순결과 정조만 강요하는 인상을 받은 니체는 인간의 육체와 감정 또한 인간의 기본적 요소라고 생각했다. 인간에게 영혼만큼이나 육체적인 요소는 중요한 것이다.

> "그대가 창조자가 되어야 한다. 그대는 진창 속에 빠진 낙타 같은 길을 걸어왔다. 이제 겨우 사자의 의지를 갖추고 그대는 신을 물어뜯었다. 이제야 겨우 자신이 창조주가 되었지만, 그대는 '하고자 하는 바'가 무엇인지조차 모른다. 어떤 길을 가야 하는지 몰라 다급한 비명을 지르는가. 율법이 없기에 무엇을 할지 몰라 고통스러운가. 그대는 자신을 초극해야 한다. 사자는 길을 모른다. 하지만 그대는 자기를 초극하고, 자기를 창조해야 한다. 창조하기 위해서는, 어린이의 영혼으로 거듭나야 한다. 그대는 길을 초극하고, 그대 자신을 초극해 그대의 머리를 밟고 올라서야 한다. 어린이는 길 위에 서 있지 않다. 그대를 초극한 어린이는 초원에 서 있기 때문이다."

초인은 초능력을 지닌 도사 같은 사람이 아니다. 초인은 인간적인, 가장 인간적인 존재를 의미한다. 반면, 신에게 자신의 결정권을 맡기고 자신을 마음대로 움직이지 못하는 인간은 가장 비열한 존재로 취급된다. 자기 자신이 주권자가 되어야 한다. 시련이나 극단적 불행도 이겨내는 강인한 정신력이 초인의 덕목이다. 기존의 법 관념을 탈피하면서 새로운 도덕을 창출하는 자아가 또한 니체가 만든 초인 개념이다.

초인의 과정에 세 가지 단계가 있다. 첫째 단계는 낙타의 단계이다. 짐을 등에 얹고 사막 길을 가는 낙타의 모습에서 인간이 고뇌를 참고 견디면서도 저항 못하는 상태가 연상되기 때문에 낙타라는 비유가 등장했다. 둘째 단계는 사자의 상태이다. 인간이 자유를 찾기 위해서는 사자와 같이 싸워서 쟁취해야 한다는 것이다. 셋째 단계가 초인의 상태인데, 니체는 이 단계를 아이의 상태라고 표현했다. 초인이 되기 위해서는 어린이의 영혼이 되어야 한다는 뜻에서이다. 초인이란 강인한 정신력을 가진 순수한 영혼으로서 자신의 의지로 삶을 주체적으로 창출할 수 있는 자를 말한다.

니체는 한때 쇼펜하우어의 철학에 매료되기도 했고, 작곡가 바그너(Wagner, Richard)와 교제하면서부터 음악에 열광적인 사람으로 보이기도 했지만, 그의 전공은 고전 문헌학이다. 박사학위과정이 채 끝나기도 전에 스승이었던 리츨(Ritschl, F. W.) 교수의 추천으로 24세의 나이에 바젤 대학교의 고전 문헌학 교수가 되었다. 고전문학과 음악, 그리고 철학이 함께 어우러져 특유의 삶이 되었다. 예술적인 활동은 바젤 대학교에서 가장 활발했다. 바그너와 친분을 맺은 시기였다. 바이로이트 축제극장에서 행해지는 바그너의 오페라 공연 기획을 담당하기도 했다. 그때 『음악의 정신으로부터 비극의 탄생』이 출간되었다.

『비극의 탄생』에서 디오니소스와 아폴론이 구별되어 등장한다. 두 요소는 삶의 과정에서 자연적으로 드러난 대립이다. 서로 상극의 성격을 가지고 있으면서 인간이 함께 지녀야 하는 요소들이다. 그리스 축제의 신 디오니소스는 니체에 의해 열정, 감정의 표상이 되었고, 아폴론 역시 그리스 신화에서 나오는 지혜의 신으로, 니체는 이성의 상징으로 조제하였다. 디오니소스는 아폴론적 가상 안에서 자기객관화를 이루고, 아폴론적 가상은 또한 삶을 디오니소스적으로 전환하다가 다시금 부정한다. 그와 상반된 디오니소스와 결합된다. 이러한 관련 작용으로 인간은 고차원적 존재로 초월할 수 있다. 격정적인 자기 극복으로 디오니소스와 아폴론은 상호 보완한다. 니체에게 예술은 이 두 요소의 작용으로 자연과 삶이 함께 어우러지는 총체이다. 즉, 아폴론적인 것은 예술의 형식을 부여하며, 디오니소스적인 것은 예술의 내용, 말하자면 삶의 역동적인 구성력을 부여한다. 니체의 초인 사상에는 아폴론적 요소가 짙었던 유럽사회의 철학 및 종교의 풍토를 뒤바꾸어 보려는 의도가 깔려 있다. 니체는 디오니소스적 요소라 할 수 있는 감정과 육체적 측면을 내세웠다. 디오니소스는 그리스 신화에서 포도주의 신 또는 축제의 신으로 통한다. 디오니소스가 도취와 황홀 등의 감정으로 표현된다면 지혜와 빛의 신 아폴론은 이성과 질서 등을 의미한다. 니체는 여기서 디오니소스적 요소인 육체적 감정이 진정한 존재양식이라고 주장했다.

『도덕 외의 의미에서 진리와 거짓에 대하여』에 실린 문화비판에서 니체는 근대의 사고관습에 잡혀 있는 '이성적인' 인간을 생동감 넘치는 삶을 조성하는 직관적인 인간과 구별한다. 계몽적·이념적 이성은 단순히 삶을 지탱하려는 목적을 위한 수단이 된다. 이성적인 것은 자기 보존의 목적에 의존하여 반성 없는 긍정적 사고 작용을 한다.

니체는 자연과학이나 관념철학에서는 결코 삶 자체를 파악할 수 없다고 말한다. 학문보다는 예술을 내세우는 원인이 그것이다. 니체는 사회적 삶이 그에게 내재되어 있는 폭력으로부터 해방되기 위해서 근대적 관념론에서 제기한 무제약성 문제를 삶의 체험을 바탕으로 해결해야 한다고 보았다.

니체의 교육비판에서는 아폴론적인, 그리고 디오니소스적인 삶의 철학에 따라 사회적 삶에 연결된 진리와 선의 이념을 형이상학적으로 규명하지 않고 미학적으로 새로이 전환하려는 시도가 있었다. 『진리와 거짓에 대하여』에서 니체는 진리를 실천한다는 도덕을 허위의식으로 보았다. 이제 철학은 진리를 추구하기 위해 직관을 무시하는 경우는 없어야 하고, 교육에서도 도덕률을 고양하는 교육은 무가치하다고 보았다. 선과 정의이념 따위는 근대적인 교육이념이고 의식 없이 삶을 평정하려는 강박개념의 일종이다. 이것은 곧 "최면 일색의 역사다!", "이것은 교육, 그것도 고고한 교육의 역사이다." 그러므로 교육철학에서의 가치전도는 서양 교육을 새로운 방향으로 전환하려는 시도이다.

토론 및 심화과제

1. 산업혁명시기 교육의 역할과 전개과정을 논의하시오.

2. 신인문주의 교육이 아동교육에 주는 영향에 대해 토론하시오.

3. 페스탈로치, 프뢰벨, 헤르바르트, 니체 등에 대한 저서를 읽고 심화 토론하시오.
    - Pestalozzi. 『겔트루드는 어떻게 그의 자녀를 가르치나』. 김선양 역(2008). 파주: 한국학술정보.
    - Froebel, F. 『인간의 교육』. 정영근 역(2009). 서울: 지식을 만드는 지식.
    - Herbart, F. 『일반교육학』. 김영래 역(2006). 서울: 학지사.
    - Nietsche, F, W. 『비극의 탄생』. 김남우 역(2014). 파주: 열린책들.

CHAPTER 06

현대사회의 교육

현대사회의 교육은 시대적으로 다양한 변화에 따라 교육의 제도와 방법이 다양하게 전개되었다. 산업혁명 이후 과학기술이 발달하면서 교육에서도 자연과학이 집중적으로 교과과정에 채택되었다. 또한, 자유민주주의 국가에서는 민주주의 교육제도가 발전되었고, 공산주의 국가에서는 교육의 필요성을 강조하여 이데올로기 교육에 주력했다.

현대는 아동존중교육이 계속 이어서 20세기에는 아동교육에 대한 관심과 기대가 커지게 되었다. 아동의 발달을 진작하기 위한 교육이 시행되었고, 아동교육의 다양한 형태들이 교육의 이론과 실천을 통해 괄목할 만한 성과를 낳았다.

01 시대적 배경

현대사회는 1900년대 초기, 제1차 세계대전이 일어났던 1914년 이후 사회경제적 변화가 계속되었던 시대이다. 근대 말부터 시작된 산업혁명이 20세기 들어 더욱 속도가 빨라졌고, 이에 따른 산업구조의 변화가 불가피했다. 산업부흥을 이루기 위한 교육제도의 개혁이 뒤따라 이행되었다.

1917년에 발발한 공산혁명으로 세계는 공산주의 국가와 민주주의 국가의 양대 이데올로기에 의해 양분화되었다. 미국과 구소련이 양대 국가의 대표자로서 2차 세계대전 때까지는 협력자였다가 전쟁 이후에는 대립적인 관계로, 즉 냉전체제로 변하였다.

1930년대 등장한 나치 정권의 교육은 국가관의 확립과 지도자에 대한 충성을 목적으로 하는 전체주의의 형태였다. 국가주의 체제의 유지와 세계를 정복하려는 의도에서 군사훈련과 교육을 주요 교과과정으로 시행하였다.

1929년 미국에서 주가 폭락으로 인해 생긴 경제공황이 세계적으로 번져가자 유럽에서는 반민주주의적 체제가 출현하였다. 한편, 독일에서 히틀러의 나치 정권(1933~1945)은 경제공황을 타파하기 위해 전체주의적 국가를 표방하였다. 2차 세계대전 이후 나라마다 전쟁으로 파괴되었던 것들을 재건하는 사업이 진행되었다. 경제개발 붐으로 사회는 더욱 복잡하고 다양한 양상을 띠게 되었다.

1945년 2차 세계대전이 끝난 후 미국을 중심으로 민주주의 체제에서 자본주의경제가 발전했고, 또 다른 축인 구소련의 공산주의 체제가 맞서면서 양국 간 긴장이 지속되었다. 2000년대에 들어서면서 구소련의 붕괴로 세계적으로 다원주의 현상이 팽배하였다. 양극체제의 소멸, 주체의 해체, 문화의 다양성 등 시대 흐름을 반영한 포스트모더니즘이 건축, 예술, 철학 등 분야에서 실험적으로 전개되었다.

02 현대 유럽의 교육

1) 아동 중심교육

20세기 전반 교육과정은 여전히 전통적인 교과내용이 지배적이었다. 1940년대에는 새로운 교육과정운동이 일어났다. 즉, 새로운 교육개혁운동이 있었다. 이는 주로 '아동으로부터' 교육운동으로 전개되었다. 교육운동의 일환으로 스웨덴의 엘렌 케이가 1990년 아동을 위한 책을 출간한 것으로 점차 확대되었다. 서유럽 중심으로 일어난 아동으로부터의 교육은 몬테소리, 슈타이너 등으로 유아교육이 새로운 관점에서 실행된 것으로 간주될 수 있다.

몬테소리 교육과 동시대에 일어난 교육변혁은 독일 발도르프 학교 설립에서 시작되었다. 발도르프 학교 창시자인 슈타이너는 '인지학'을 정립하고 창의적이고 개별적인 교육을 강조한 유치원부터 초등·중등·고등학교 교육에 혁신적인 교육방법을 창안하였다. 발도르프 교육을 창시한 슈타이너는 인지학적 관점을 토대로 한 교육철학적 관점과 유기적으로 연결된 교육방법을 제시하였다. 그의 교육은 서유럽을 중심으로 '창의성' 교육방법을 중심으로' 시작해서 현재까지 전 세계적으로 보급되고 있다.

이탈리아 여의사 출신인 몬테소리는 장애아동을 대상으로 한 임상경험을 바탕으로 아동 교육에서 매우 활발한 활동을 하면서 몬테소리 교육법을 창안하였다. 몬테소리 유아교육의 근본원리는 자유, 정리된 환경, 그리고 감각교육의 중시에 있었다. 자유의 원리는 아동의 자기 발전에 적합한 환경을 전제로 하여 성립된다. 그러므로 이 교육법에서는 읽기, 쓰기, 셈하기 등의 교육법에도 특색 있는 방법을 제시하고 있다.

2) 자유주의 교육

엘렌 케이(Ellen Key, 1849~1926)는 루소의 자연주의 교육사상에 기초하여 간섭 없는 자유주의 교육을 주장하였다. 루소의 아동의 선한 본성에 대한 신뢰감을 반영한 엘렌 케이의 아동관은 본성에 따르는 자기계발을 확신하면서 사회에서 다른 사람의 자유를 방해하지 않는 범위 안에서 자유로운 자기 활동을 펼치는 것이다.

저서『어린이의 세계』에서 엘렌 케이는 아동에 내재한 고유한 본성을 억제하고, 그 자리에 타인의 인격을 대신한다는 것은 잘못된 것이라고 강조하였다. 참된 교육은 아동의 삶과 인격을 있는 그대로 받아들여야 한다는 것이다. 이를 위해 교사는 어린이의 선천적 본성을 이해하여 그로부터 교육을 시작해야 한다. 자유로운 교육적 환경에서 강제적인 규칙을 강요하지 않도록 유의해야 한다. 엘렌 케이의 자유주의 교육은 결코 아동을 방임하는 것이 아니다. 타인에게 방해가 되지 않는 한에서 최대한 자유로운 분위기를 조성하여 어린이들이 스스로 활동을 하게 한다.

3) 발도르프 교육학의 탄생

인간의 전인교육을 목표로 하여 교육현장에서 실천하고 있는 자유 발도르프 학교는 독일에서 루돌프 슈타이너(1861~1925)의 사상을 토대로 설립되었다. 1919년 독일 슈투트가르트에서 담배 공장 사장인 몰트만이 슈타이너의 교육이념에 영향을 받아 최초로 설립하였으며, 아직도 독일 슈투트가르트 지역의 학교에서 지속적으로 운영되고 있다. 이 학교를 시작으로 해서 발도르프 학교는 세계 2차 대전 이후 독일 전역으로 설립되어 보급되고 있는 가운데에, 현재 독일만 약 200여 개가 넘는 학교와 약 1000여 개의 유아교육기관이 설립되어 운영되고 있으며, 세계전역에 걸쳐 약 60여 개국에 1000여 개 발도르프 학교가 운영되고 있다. 그리고 세계전역으로 영유아교육기관이 설립되고 있으며, 약 1600개의 유치원이 설립되어 운영되고 있다. 이러한 세계적인 추세는 1989년 냉전체제 이후 동부유럽뿐만 한국과 중국 그리고 아시아에 급속히 확산되고 있다. 이렇듯 전 세계적으로 보급되고 있는 발도르프 학교 및 관련된 여러 단체는 슈타이너가 체계화한 인간학이나 인지학을 근간으로 각 학교의 나라 및 국가의 특성을 살려 독립적으로 운영되고 있다.

슈타이너가 인지학을 토대로 학교를 1919년 세울 수 있었던 것은 독일 슈투트가르트 지방인 발도르프 담배공장 사장인 에밀 몰트에 의해서이다. 그는 그 당시 슈타이너가 생각하고 있던 사회 개선에 대하여 전적으로 공감하면서 사회 개선을 위해 무엇보다도 시급한 것은 교육에서 먼저 변화를 시작해야 한다고 보았기 때문이다. 이렇게 시작된 발도르프 학교 교육은 오늘날 교육의 목적을 인간교육에서 찾고 인지학적 인간에 대한 토대로 교육을 통해 실현하고 있다.

발도르프 교육은 독일에서 출발하여 약 100년의 역사 속에서 현재는 유럽, 북유럽, 남미, 아프리카, 호주, 아시아의 인도, 일본에 이르기까지 세계적으로 확산되고 있다. 발도르프 교육은 1995년 이후부터 국내에 연수나 책, 기타 논문 등으로 소개되어 많은 관심 속에 보급되고 있다(강상희, 1993; 박의수, 1995; 곽노의, 1998; 전일균, 1996; 정혜영, 1997; 정미리, 1998; 정윤경, 2000; 이정희, 2001 등).

유네스코는 1994년 9월 루돌프 슈타이너의 발도르프 교육을 세계적인 창의성 교육 현장으로 인정하였다(이정희, 2001). 물론 발도르프 교육이 이만큼 성장하기까지는 많은 시련과 고통이 뒤따랐다. 2차 대전 이후 독일 내에서 공교육으로 인정받지 못하고 사립학교로 운영되어 양적으로는 그리 확대되지 못했지만 질적인 차원에서 큰 영향을 미치고 있는 것은 분명하다. 실제로 공교육 교사들이 발도르프 사범대학에 연수를 하고 있으며, 부분적으로 발도르프 교육방법을 도입하고 있기도 하다.

그러나 "발도르프 유아교육 및 학교가 세계적으로 확산되는 현재의 추세에 비하면 한국에서 슈타이너의 교육론과 발도르프 교육에 관한 연구는 부진한 편이다"(정윤경, 2000, p.20). 2010년 이후 발도르프 유아교육과 교육의 현장이 서울을 비롯해서 전국 곳곳에 세워져서 운영되고 있다.

발도르프 교육은 슈타이너의 인지학을 토대로 하므로 학문적으로 독자적인 입장을 취하고 있다. 그러므로 독일에서도 수많은 비판적인 논문들이 발표되고 끊임없는 논쟁이 벌어지고 있다. 그러나 이미 1970년 이후 사회에서, 특히 많은 학부모들이 발도르프 교육에 큰 관심을 갖고 자녀들을 발도르프 학교에 보냄에 따라 학교 설립은 꾸준히 증가하고 있다(정혜영, 1997). 현재 전 세계적으로 1,400여 개의 아동 교육기관과 700여 개의 학교가 보급되어 있으며, 이 가운데 독일에 약 220여 개의 발도르프 학교가 있다.

발도르프 교육의 효과를 간단하게 정의하기란 쉽지 않다. 그것은 그 사회가 추구하는 가치기준에 따라 달라지기 때문이다. 학교를 선택할 때는 독일에서도 삶의 가치기준에 따라 학부모가 선택해서 보낸다. 발도르프 학교를 보내는 것이 발도르프 교육의 독특함이라는 이유만으로 당연시되는 것은 아니다. 앞서 말했듯이 독일에서도 찬·반론이 끊임없이 제기되고 있기 때문이다. 이러한 논쟁에도 불구하고 발도르프 교육이 계속적으로 확대되는 이유는, 한 인간을 교육하는 데 있어서 지식을 습득해서 사회에 나아가 소위 말하는 '사회적 성공'을 이루게 하는 것도 중요하지만, 좀 더 인간적인 교육 과정을 통해 한 개인의 본성에 맞는 삶을 선택할 수 있도록 더 많은 가능성을 제시해 주는 것이 필요하다는 인식 때문이다.

현재 발도르프 교육은 독일을 중심으로 일본, 영국, 미국 등 약 50개국에서 유치원을 비롯해 초·중·고등학교 과정과 사범대학까지 운영되고 있다.

이처럼 전 세계적으로 보급되고 있는 발도르프 교육에 대하여 우리가 생각해야 할 과제가 있다. 즉, 발도르프 교육을 무조건적으로 수용하기보다는 그것이 이론적·방법적으로 한국의 유아교육과 보육의 질을 개선할 수 있는가 하는 문제를 생각해 보아야 할 것이다. 물론 인지학적 교육 철학의 접근방법이 기존의 교육학과 달리 정신과학적으로 접근하고 있으므로 쉽게 이해하기 어려운 점이 없지 않다. 그렇지만 인지학적 교육 철학을 토대로 한 발달론은 교육에 대한 새로운 인식과 방법론에 시사하는 바가 크다고 할 수 있다.

(1) 유아교육을 위한 철학적 관점

① 정신과학적 측면에서 바라본 아동관점

슈타이너는 그의 저서 '정신과학적인 관점에서 바라본 아동'에서 아동 발달과정의 이해를 돕고자 식물세계에서 일어나는 변화를 비유하여 설명하였다. 그는 아동을 바라보는 관점을 정신과학적인 관점에서 바라보고, 아동교육현장에서 실천할 것을 강조하였다. 그의 저서에서 설명하고 있는 자연의 개념은 루소가 세 가지 방식으로 자연을 이해한 개념과 유사하다. 루소는 자연을 의인화된 의미에서 이해했으며, 초자연적 개념과 비슷하게 자연으로부터 교육은 감각기능과 기관의 내적 발달을 의미한다고 하였다. 이와 같은 맥락에서 슈타이너도 내면발달을 위한 인간의 내적 성장과정에 관한 이해를 위해 식물성장 과정에 비유해서 설명하였다. 식물의 본질은 우리에게 지금은 시각적으로 보이지는 않지만 이미 꽃과 열매를 맺을 수 있는 가능성을 가지고 있으며, 단지 지금 이 순간 우리의 눈에 보이지 않는 것이다. 인간의 내면에 숨겨져 있는 소질이나 성향을 이해하기 위해서 자연에 있는 생명체를 예로 들어 볼 수 있다. 인간의 삶은 식물과 비유하여 설명할 수 있으며, 예를 들어 식물의 싹에서 잎들이 하나씩 나오면서 시간의 흐름 속에서 식물의 가지에 꽃이 피고 열매를 맺는 것을 볼 수 있다.

인간의 삶 전체는 식물과 같아서 눈에 보이는 것만을 담고 있는 것이 아니며, 인간의 내면에 깊이 숨겨져 있는, 즉 미래에 발현될 수 있는 성향을 개개인마다 가지고 태어난다. 그러나 우리가 그 식물에 대해서 진정 설명을 할 수 있으려면, 지금 보이는 싹만 말하는 것이 아니라 앞으로 나타날 현상에 대해서도 알고 있어야 한다고 슈타이너는 강조한다(루돌프 슈타이너, 2001). 다시 말하자면 인간은 그 식물의 본질을 알고 있어야, 인간 내면에 잠재되어 있는 발달가능성을 이해할 수 있는 것이다. 이처럼 인간의 삶을 전체로 본다면 인간 자신 안에 미래에 대한 것이 내재되어 있다. 따라서 교사는 유아의 미래에 관해 말할 수 있기 위해서는 개개인에게 숨겨져 있는 본성에 대해서 알고 있어야 한다. 그러나 우리시대의 교육은 이러한 것에 대해 올바르게 이해하지 못하고 있을 뿐만 아니라, 대부분 인간 삶에서 시각적으로, 즉 눈에 보여지는 것에만 치중하고 있다고 간주된다. 즉, 교육의 관점이 결과 중심으로 물질주의적 관점에서 벗어나지 못한 채 아동을 바라보고 평가하며 판단하고 있다. 소위 말하는 객관적 관찰방법은 외형적으로 나타나는 현상에만 의존하여 판단하고 평가하다 보니, 인간의 내면에 함축되어 있는 다양한 발달가능성을 사장시키거나 간과하기 쉽다.

인간이 식물을 관찰할 경우는 본질적으로 인간과 비교해서 보면 아주 단순한 편이다. 비슷한 종류의 식물은 매년 내지는 일 년에 한번이지만 동일한 방법으로 꽃이 피고 열매를 맺기 때문이다. 그러나 인간의 성장과정은 식물과 다른 구조를 가지고 있을 뿐만 아니라, 작금의 시간과 공간에서는 인간의 삶은 단지 오직 한번만 허용된다. 그리고 이렇게 눈에 보이는 것에만 치중하다 보면 사물이나 인간 내면에 내재되어 있는 본성을 왜곡해서 이해하거나, 혹은 직시할 수 있는 안목은 제한적이 될 수밖에 없다.

만일 인간이 좀 더 인간의 내면에 들어 있는 것을 연구하고 파악한다면 인간의 미래에 관하여 좀 더 다양하게 바라보고 깊이 있게 탐구할 수 있을 것이다.

인간신체 발달 안에는 생명력이라고 표현되는 힘이 내재해 있다고 본다. 이러한 생명력은 식물, 동물 그리고 인간의 육체에서 생명의 힘이 작용하며 이러한 생명력은 생명현상을 만들어 내는 것이다. 이처럼 인간은 에테르체(그리스어) 혹은 생명체를 식물과 동물과 공통적으로 가지고 있으며, 이 생명력은 인간의 신체적 육체의 물질과 힘, 성장과 생식, 호르몬액 등의 내적 움직임의 원동력을 제공해 준다.

첫 7년 주기의 유아는 신체를 형성하는 시기이고, 이것을 슈타이너는 신체의 형성자 또는 건축가라고 표현하면서, 유아가 자기의 신체발달을 온전히 할 수 있도록 성인은 도와주어야 한다고 강조하였다(루돌프 슈타이너, 2001).

인간의 본질의 세 번째 구성요소는 느낌체 또는 감정체라고 표현된다. 동물과 인간에게 공통적으로 가지고 있는 요소로서 고통, 흥미, 충동, 욕망과 열정 등을 운반하는 느낌생명체이다. 이 구성체의 특징은 스스로 움직이고, 빛깔을 가지고 있으면서 스스로 빛을 발한다.

인간의 구성요소로서 네 번째 구성 성분은 지상에서 다른 물체와 공유하고 있지 않은 바로 인간 스스로를 일컫는데, 즉 "나"를 자각하게 해주는 자아체이다. 모든 사람은 자기를 부르는 이름에서 동일한 이름을 가질 수 있으며, 사물의 이름도 예를 들어 "책상"이나 "의자" 이름을 붙여 사용한다. 그러나 자아의 경우는 다르다. "나"를 부를 때는 또 다른 무엇이 존재하지 않고 오로지 "나", 즉 자아를 부를 뿐이다. 인간 스스로 "나"를 말할 때 그 자신을 뜻하는 것이며, 이것 자체가 하나의 작은 세계이다. 이러한 "자아체"는 좀 더 높은 인간 영혼의 운반자이다. 자아체로서 이 세상에서의 과제는 스스로 발전시키고 지속적으로 변화해 가는 것이다. 인간은 학습할 수 있는 능력을 가지고 태어났기 때문에, 인간은 지속적으로 성장·발달할 수 있는 존재이다. 이렇듯 삶의 본질이나 인간의 본질에 관해서 실제적인 세계관을 제공하는 것은 정신과학적 탐구의 과제이다. 따라서 정신과학은 현대 교육에서 하나의 과제로서 협력자로서 방향을 제시할 수 있다고 간주된다. 정신과학적 이해는 교육문제의 해결에 실질적인 수단을 제공할 수 있으며, 이것을 토대로 인간의 본성을 이해하여 변화되는 인간의 본질에서 교육을 위한 관점이 형성되기 때문이다(Steiner, R., 1995).

아동의 자아는 주변의 세상 속에서 상호교류하면서 형성되지만, 늘 스스로 능동적으로 발전하고 사고하면서 변화해 나갈 수 있는 존재이다(Piaget, 1969). 즉, 변화할 수 있다는 것은 인간의 학습능력을 의미하며, 이를 위한 아동교육에 대한 정신적인 관점이 아동교육현장에서 실천된다면, 동작교육이 보이는 신체적 역할이나 기능적인 면뿐만 아니라 보이지 않는 초감각적 인식을 통해 신체와 정신이 유기적으로 연결될 수 있는 것이다. 그러면서 교육은 인간의 내면에 잠재되어 있는 본질성과 발달가능성을 위한 토대를 제공할 수 있는 것이다. 성인은 인간의 본질을 위한 교육을 실현하기 위해 아동의 의식 상태를 파악할 수 있어야 한다. 아동의 의식 상태는 때로는 꿈꾸는 것처럼 나타내기도 하는데, 이러한 이유는 아동의 의식이 자신 안에 들어가 있는 것이 아니라 '자신의 외부'인 주변세계에서 자아를 경험하면서 형성되기 때문이다. 따라서 교사는 아동을 정신적인 존재로서 존중하면서, 인간의 동작이면에 함축되어 있는 내면적인 것을 이해해야 할 것이다.

(2) 유아교사론

한 인간이 이 세상에 태어나서 가장 먼저 대하는 사람이 부모이다. 결국 부모는 유아의 양육자인 동시에 첫 번째 만나는 교사라고 할 수 있다. 부모는 유아를 이 세상에서 보호하는 보호막으로, 유아가 안정감 속에서 성장할 수 있도록 최선을 다하여 도와주어야 한다.

교사는 부모와 같은 역할을 하되 유아가 사회적 맥락에서 행동할 수 있도록 도와주는 역할도 한다. 그러므로 교사는 유아가 발달 과정에서 모방할 수 있는 행동만을 해서 유아에게 모델을 제시해 주어야 한다. 또한 유아 교육은 설명이나 지시에 따라 이루어지는 것이 아니라 부모나 교사가 유아가 모방하기에 알맞은 행동을 함으로써 유아가 자발적으로 성인의 행동을 내면화해서 유아의 신체 조건에 맞게 서서히 발달할 수 있도록 안내하는 것이어야 한다. 따라서 교사는 자신의 일과에 스스로 몰입하고 최선을 다하는 모습과 태도를 보여주어야 한다. 그러므로 발도르프 교육에서는 교사의 역할에 대해 '애정 어린 권위'를 통한 교육의 효과를 강조한다. 교사의 권위는 유아를 위한 것이지 유아의 자유로운 발달의 장애물이 되어서는 안 된다. 어린 시절에 자신의 교육을 이끌어주는 성인에게 보내는 신뢰의 평온함을 경험한 사람은 내적인 안정감을 마음속에서 쉽게 경험한다. 이러한 마음속의 안정감은 나중의 삶에서 자연스럽고 편안하게 '자아'를 형성하게 도와준다. 그리고 슈타이너는 교사들의 헌신을 통해 교사에 대한 존경심과 애정이 유아 안에서 자라도록 해야 한다고 강조하였다(Grunelius, E. M., 1994).

또한 발도르프 교사는 먼저 자기 교육이 되어야 한다. 교사 스스로 자신이 갖고 있는 기질과 아동의 기질을 파악하여 아동을 이해하도록 해야 한다. 다시 말해서 교사는 아동의 기질에 맞는 지도를 하여야 한다(곽노의, 1998).

발도르프 교육에서 교사의 역할을 유아와 교사가 직접적인 만남 속에서 개인과 개인의 정신이 접하도록 하는 것이라고 강조하였다. 교사의 임무란 직접적으로 '무엇을 가르치는 것'이 아니라 유아가 원래적으로 가지고 있는 자연적인 힘을 '이끌어내는 것'이라는 뜻이다. 이것은 유아의 자발적인 활동을 지원함으로써 간접적으로 유아의 성장 발달을 도와야 한다는 의미이다. 또한 교사가 일방적으로 유아를 가르치는 것보다 유아가 자발적으로 활동하면서 스스로의 경험을 통해 배우는 것이 중요하며 교사는 이를 교육적으로 안내해 주는 역할을 해야 한다는 뜻이다. 이러한 점에서 발도르프 교사의 역할은 교사가 유아에게 가능한 자발성을 육성하면서 지도하지만 좀 더 교사의 주도적인 역할을 강조하고 있음을 알 수 있다. 즉, 유아기와 초등교육에서 발도르프 교사는 모방과 모델이라는 중요한 교육적 역할 속에서 '애정 어린 권위'를 통해 교육을 담당하는 것이다.

4) 몬테소리 유아교육론

(1) 유아교사론

몬테소리는 교사의 역할에 대해 그 중요성을 다양한 관점에서 설명하였다. 즉, 교사란 무엇인가라는 질문 속에서 '새로운 교사' 이는 교사가 유아를 가르친다기보다는 유아가 자연적으로 갖고 태어난 것을 '이끌어 내는' 것을 중요시 여겼다. 교사는 직접적인 지시를 통해 교육이나 지도를 하는 것이 아니라 자발적 활동을 통해 유아 스스로 발달할 수 있도록 지원하는 것이다. 이는 교사의 지원을 통해 유아 스스로 성장하도록 하는 것이다. 즉, 그녀는 교사의 역할은 아동의 내적 생명의 자극을 통하여 학습하도록 한다는 뜻을 함축하고 있다(조옥희·권영자, 1999).

몬테소리에 의하면 인간은 태어나 성장하면서 사고를 요구하는 인간생활 속으로 들어간다. 진정한 안내인은 명확함을 빠뜨리는 공허한 표현으로 헤매지 않으며, 여행자가 흥미를 품고 마음껏 관찰하도록 도와주는 것이다. 몬테소리의 교사론에 의하면 교사의 임무와 역할에 대해서 유아를 엄밀히 검사하는 것 이상 잘 관찰해야 한다고 본다. 이는 보이는 현상만 관찰하는 것이 아니라 생명자체에 대한 존중심을 갖고 아동의 내적 발달을 관찰하는 것이 교사의 사명이라고 하였기 때문이다(Montessori, 1965). 그리고 유아의 내적 관찰을 통해 유아를 충분히 이해하고 유아가 무엇을 요구하는지에 대하여 민감하게 대처할 수 있는 능력이 요구되는 것이다. 즉, 관찰은 유아의 본성과 민감기와 같은 특정시기의 정신적인 움직임의 파악을 통해서 유아를 어떻게 돕고 또 어떻게 개입해야 하는지 등을 식별하는 것을 말한다.

몬테소리는 유아와 '새로운 교사'의 구성원은 단일한 교육환경의 전체를 구성하고 있고, 이러한 환경 자체가 서로에게 있어서 상호영향을 미치면서, 지속적으로 발전관계에 놓여 있기 때문에 서로의 관계는 불가분의 상황에 있다고 본다. 이는 몬테소리 교사로서 유아를 독자적인 인격체로 인정하고 교사는 단지 안내자로 유아가 스스로 성장할 수 있도록 도와야 한다고 본다.

이러한 교사의 성장발달을 위한 교사의 자질에는 순수한 마음과 겸손, 애정, 인내와 노력, 통찰력과 감수성 등을 들 수 있다.

(2) 몬테소리 교구론

몬테소리의 교구는 유아의 발달과 성장을 근거로 하여 제작된 교육적 교수매체로써 활용되고 있으며, 사물의 성질에 따라 교구가 고안되었다. 이러한 교구는 유아의 정신적 성장을 위한 것으로 교육적 의미가 함축되어 있는 것이다. 사물과 사물과의 본질을 알아가는 것은 인간의 자연적인 특징이다. 그러므로 몬테소리는 "나의 교구는 임의로 만들어진 것이 아니라 유아의 자연스러운 반응에 따라 만들어진 것이다. 어린이의 심리상태가 나에게 가르쳐 주었다"라고 하였다. 몬테소리는 유아가 교구를 통한 스스로 학습의 주체자로서 교수학습이 이루어진다고 강조하였다. 몬테소리의 교구는 유아가 외부를 통해 받아들인 인상이나 또는 받아들일 인상을 체계적으로 정리하여 추상화하도록 고안되어 있다. 따라서 교구는 아름답고 정확해야 하며 자연스럽게 만들어져야 한다. 그리고 개별적으로 구성되거나 교구 자체보다는 유아의 활동에 흥미를 제공할 수 있도록 제작해야 한다고 한다.

몬테소리는 유아가 독립적으로 지적 활동을 통한 자신의 인성을 스스로 발달시켜 나아가도록 교구를 개발하였다. 따라서 몬테소리 교구는 유아에게 일관성 있고 자유롭게 학습하도록 상징물과 도구로 이루어져 있다. 즉, 유아가 교구를 통해 자기 구성을 하도록 하며 교구를 사용하면서 유아가 집중력과 즐거움을 갖도록 주장한다(Montessori, 1976). 몬테소리교육은 주로 감각교육을 위한 교구의 활용을 통해서 유아 스스로 작업할 수 있도록 교사가 안내한다.

(3) 몬테소리 유아생활 지도

몬테소리는 생활지도는 '실제 삶을 연습하기' 위한 것으로 간주한다. 따라서 이러한 일상생활의 연습을 위해서는 가정생활에서 쓰이는 모든 물건들(예를 들어 양동이, 빗자루, 걸레질 등)을 유아의 신체 크기에 맞게 준비할 것을 권한다. 그리고 이러한 물건의 재료의 성질, 즉 재료나 형태는 유아들이 좋아하는 색상이나 특성을 고려해서 제작하도록 요구된다.

유아의 생활지도 연습은 세 가지 영역으로 나눌 수 있다.

① 자신의 신체를 직접 관찰할 수 있는 것: 손 씻기, 구두 닦기, 옷 입고 벗기 등

② 환경에 대한 관리: 꽃밭 가꾸기, 애완동물 키우기, 빨래하기, 설거지, 집안 청소하기 등

③ 공동생활하기: 손님 맞이하기, 음료수 제공하기 등(조옥희·권영자, 2001).

유아는 일상생활에 필요한 물건을 교육기관에서 구성해 보며, 훈련을 통한 작업 속에서 외부와 지신과의 관계를 배우게 한다. 이러한 일상생활의 정확한 연습을 통하여 유아는 동작과 감각의 경험을 하면서 집중력과 완벽성을 배우게 되는 것이다. 즉, 실제 생활의 동작을 반복하면서 유아는 인내심과 집중력 그리고 동작의 조화와 자립성을 함께 배우게 된다. 연습의 정확한 행위는 유아가 동작과 감각경험을 세심하게 연결하며 조화롭게 할 수 있다는 것에 교육의 의미가 부여된다. 특히 유아의 일상생활 지도는 특히 만 3세 전후의 유아에게 해당된다.

(4) 몬테소리 유아 수학교육

몬테소리 교구 중에 아마도 수학교구가 매우 흥미롭다고 볼 수 있다. 즉, 수교구는 유아의 사고력을 확산시켜 주기 위한 훈련으로 물건 세기, 양과 숫자와의 관계 등을 익히기 위한 교수법을 통해 활용된다. 유아들은 수교구를 통해 시각적으로 구체적인 것에서 추상적인 것을 이끌어 내는 것을 배운다. 수학교구를 통해 유아들은 감각적으로 배우게 되고 이로 인한 감각적 경험은 다시 지적으로 연결되어 가는 것이다. 수학이란 법칙에 따른 사고를 배워나가는 방법이다. 따라서 몬테소리 수학교구를 통해 규칙과 법칙을 시각적으로 이해하면서 '수학적 정신'을 도모할 수 있는 것이다.

수교구는 유아들의 수학적 사고를 돕기 위한 것으로 논리적으로 사물을 사고하고 배양하기 위한 교수매체이다. 수교육의 직접적인 목적은 유아가 일상생활 속에서 수와 양을 체계적으로 배우면서 이는 나아가서 추상력, 이해력과 판단력을 기르고자 교육 목적을 삼고 있다.

(5) 몬테소리 유아언어교육

몬테소리의 언어교육에 의하면 언어는 인간 전반을 걸쳐 배우는 것이며 모국어를 습득하는 것이 우선적으로 이루어져야 함을 강조했다. 따라서 유아는 준비된 교육환경에서 듣기, 말하기, 쓰기, 읽기 등의 일상생활 훈련과 감각교육의 연관성을 통한 언어교육을 받게 되는 것이다.

유아는 성장하면서 모국어 습득을 통해 사고력과 이해력을 키우며 논리적·과학적 사고의 훈련을 배양할 수 있는 것이다. 그러므로 몬테소리 교육자는 유아가 의식적으로 명확하고 풍부하며 세련된 언어를 구사하도록 노력해야 한다. 몬테소리 유아기관에서는 언어교구를 통하여 모국어의 어휘력과 외국어 습득을 위한 교육을 하고 있다. 즉, 언어교구를 통해 읽기와 쓰기의 준비가 될 수 있으며 간단한 문법까지도 연습할 수 있다. 몬테소리는 '근육 기억'을 통해 문자의 의미를 터득하기 전에 이미 쓰는 것을 배울 수 있다고 본다. 몬테소리 언어교구는 읽기와 쓰기를 위한 종합적인 교구들로 이루어져 있다(조옥희·권영자, 2001).

(6) 몬테소리 과학교육

몬테소리는 전형적인 교구개발 외에도 특별히 우주적 교육을 위한 교구개발을 위하여 노력하였다. 즉, 유아는 교구나 교재를 접하면서 자연환경을 배우고, 예를 들어 지질학적 기본 개념들을 습득하기 위한 '지질학 구도 상자'가 유아의 시각적 이해를 돕는다. 이러한 교구는 유아들의 세계관적 지식을 위한 것이며 단순한 지식적 축척이 아니라 시각적 지식을 통하여 지리학, 지질학, 화학, 생물학, 물리학, 천문학 그리고 역사학에 대한 상호연관성을 알려주기 위함이다. 유아는 앞으로의 문화사회의 형태를 익혀 나감으로써 실제를 경험하고 새로운 경험을 인식하여 폭넓은 지식세계를 구축하도록 하기 위한 것이다.

이러한 과학교육은 세상과 우주의 밀접한 관계 속에서 유아들이 정원에서 꽃들을 가꾸며 배우거나 동시에 자연에 미치는 영향을 알게 되도록 하는 것에 그 교육목적을 삼는다.

(7) 몬테소리 동작교육

몬테소리교육에서 유아가 움직이는 것은 자아의 표현이라고 이해하고 동시에 이러한 동작은 유아의 자아의식을 강화시킨다고 본다. 동작이란 인간적 의식형성의 근본적인 기능이며 자아와 외부현실과의 연결체이기도 하다. 특히 몬테소리 역시 동작은 의지와 깊은 연관성이 있음을 다음과 같이 표현했다. "동작은 의지력이 모든 것을 꿰뚫고 자아실현을 할 수 있는 수단이다. 의지 기능의 기관은 이행하는 도구일 뿐만 아니라 형성하는 도구이기도 하다"(Seitz M. & Hallwachs, U., 2003: 92). 즉, 의지란 행동을 통해 외적으로 발현되는 것뿐만 아니라, '아직은' 표현되지 않고 내적으로 잠재되어 있는 것까지도 의미한다는 것이다.

몬테소리교육에서는 동작 연습을 통해 주의 깊은 자아의 의식을 위한 교육을 강조한다. 동작 자체는 반복되는 것을 통해 유아가 무의식중에 자신의 동작을 통제할 수 있는 능력이 키워진다고 본다. 즉, 다시 말하자면 학습된 동작의 조화는 모든 자아 기능을 발달시키며 이것은 인간발달의 근본인 자유를 일깨워주는 것이다. 또한 유아에게 자유를 알게 해주는 것 역시 교육의 중요한 과제라고 보는 것이다.

03 현대 미국 교육 사조

19세기 말부터 유럽의 철학, 자연과학, 신교육제도 등이 미국으로 건너오면서 미국 사회에 만연된 개척정신 및 실용주의 노선과 섞이고 변용되는 과정을 거치게 되었다. 교육철학에서도 플라톤, 아리스토텔레스, 토마스 아퀴나스, 루소, 페스탈로치, 프뢰벨, 다윈 등 유럽의 학문을 수용하면서 이를 미국식으로 응용하여 개념과 내용을 체계화하였다. 20세기 중반기까지 등장한 미국의 교육철학은 대체로 진보주의, 항존주의, 본질주의, 그리고 재건주의로 구분된다. 기본개념과 배경, 방법 면에서 각기 다른 특징을 띠는 4가지 교육철학의 주요 내용은 다음과 같다.

1) 진보주의 교육

진보주의 교육은 실용주의 철학과 경험주의 등을 배경으로 한 아동 중심 및 생활 중심 교육철학이다. 듀이(Dewey, J.)는 교사 중심의 권위적 교육이나 주지주의 교육을 비판하고, 학습자의 흥미와 개성을 존중하는 교육을 제시했다. 그가 제시한 교육목적은 현실 생활에 적응할 수 있는 전인적 인간 육성이다. 교육은 미래의 준비가 아닌 현재 생활 그 자체를 의미 있게 만들어가는 것이다. 그러므로 교육의 목적은 현재 경험의 계속적인 성장에 있다. 교육내용의 가치를 실용성에 두었기 때문에 작업, 유희, 지리와 역사, 수학과 자연과학 등을 다루었으며, 민주주의의 가치를 배우기 위해 학교가 민주적으로 운영되어 민주적 태도를 기르는 교육내용을 가지도록 했다. 중요한 것은 학습자 자신의 흥미와 관심이며, 학습자가 중요한 주체가 된다.

그렇기 때문에 교육내용도 학습자의 흥미나 관심사 또는 사회문제를 고려하여 선정된다. 학습은 흥미를 끌 수 있는 문제해결 위주로 진행되어야 한다. 인간의 성장은 환경과의 상호작용이므로 사회적 과정이기도 하다. 협동은 동료들의 경험을 공유하게 되므로 경쟁보다는 협동이 성장에 도움을 준다. 교육에 있어서 아동의 참여를 조성하여 교육의 민주화를 실행하였다.

진보주의 교육의 장점 이면에 한계점 또한 지적된다. 아동 중심 교육이 지나치게 강조되어 아동의 자유와 욕구만 따르는 탓에 사회의 발전에 필요한 학습과제를 간과하기 쉽다. 학생들이 수학, 물리 등 과목을 흥미가 없다는 이유로 꺼리면 학업능력이 저하되고, 현대 과학의 발전 현상에 적응하기 어렵다. 또한, 전통문화에 대한 수용과 반성과정 없이 현실에 치중하는 교육문제를 초래할 수 있다.

2) 항존주의 교육

항존주의는 진보주의 교육운동과 반대되는 입장에서 현대문명의 급격한 변화에서 영원하고 절대적인 것을 고수하는 교육철학이다. 1930년대에 미국의 항존주의자들은 고대 플라톤의 이데아 개념에 근거한 영원성, 근본성을 수용하였고, 중세기 아퀴나스가 기독교와 아리스토텔레스 철학의 관계를 체계화한 스콜라 철학을 반영하여 교육에서 절대적이고 보편적 진리를 중시하는 교육철학을 제시했다.

허친스(Hutchins, R.)는 그리스 플라톤 철학에 기초한 이성관과 진리개념을 이어받아 인간은 변하지 않는 영원한 세계를 추구하며, 초자연적이고 보편적인 진리를 깨닫기 위해 이성을 계발해야 한다고 주장하였다. 따라서 항존주의 교육은 정신과 이성의 계발에 목적을 두고 보편적인 지식을 터득하는 방법을 제시하였다. 고대로부터 고등교육에서 시행되었던 자유교양교육이 이상적인 교육과정이라고 간주하여 대학에서 고전 강독을 필수적인 교과과정으로 설정하였다.

항존주의 교육은 현대의 과학문명 발달과 물질주의가 팽배한 가운데 보편적 가치를 간과하는 풍조에 인간의 이성 계발과 보편적 가치관 형성을 위한 교육

원리와 방법을 전개하였다. 그러나 고전에 치우치면서 야기되는 현실의 경시, 교육과정과 상호작용의 비민주성, 지식 위주의 교육은 조화로운 인간 발달을 이행하는 데에 한계가 따른다.

3) 본질주의 교육

본질주의는 아동 중심에 치중하여 본질적인 지식의 전달을 간과한 진보주의를 보완한 교육철학이다. 다시 말하면, 진보주의와 항존주의 교육을 절충, 보완하여 본질적인 문화유산을 계승하는 교육이 이루어져야 한다는 것이다. 1938년에 컬럼비아 대학교의 베글리(Bagley, W. Ch.) 교수를 중심으로 '미국 교육 향상을 위한 본질주의자 위원회'가 결성되었다. 이들은 진보주의와 항존주의 교육을 비판하면서 양쪽의 장점을 반영한 교육을 시도하였다. 진보주의 교육의 학습동기와 현재의 삶을 중시한 내용과 항존주의의 전통문화 계승내용을 절충한 본질주의 교육이 전개된 것이다.

본질주의 교육의 목적은 문화의 본질적인 요소의 전달에 있다. 문화유산 가운데 본질적인 내용을 찾아 교과과정에 조직함으로써 학생들이 기본에 충실한 학습을 하며 미래를 준비하는 태도를 양성한다. 교과는 본질적이고 기본에 충실한 내용을 체계적으로 조직되어야 한다. 본질주의 교육에서 권장하는 교과는 국어, 수학, 과학, 역사, 외국어 등 기초적인 과목들이다. 교육방법은 교과 지식의 전달을 위한 교사 주도 학습방법이다. 진보주의 교육방법은 학습자 흥미를 보완하여 본질적으로 가치 있는 문화유산 교과에 대한 흥미를 진작하는 교과가 조직되는 것을 강조하였다. 이러한 교과 조직방법은 이후 1970년대 학문 중심 교육과정에 영향을 주었다.

본질주의 교육은 긍정적 영향력이 있지만, 한계점 또한 있다. 우선, 전통적 문화유산을 강조하는 보수적인 성향 때문에 사회변화에 둔감하고 비판력이 부족한 면이 있다. 교사주도 수업은 학습자가 동기와 흥미를 느끼고 적극적 참여를 유도하는 데에 어려움이 따른다.

4) 재건주의 교육

재건주의는 진보주의, 본질주의, 항존주의를 비판하면서, 현대 문명의 위기를 통한 이상사회의 건설로 극복하고자 한 교육철학이다. 위기에 처한 인류 문명을 재건하자는 취지에서 브라멜드(Brameld, Th.)가 교육과 학교의 사회적 책임을 강조하였다.

그는 1956년에 출간한 『재건된 교육철학을 지향하여』에서 현대사회와 문화가 위기에 직면했다고 역설하였다. 위기에 대처하여 이상사회를 실현하는 과제가 필요한데 교육에서 실현 가능성을 간파하였다. 사회의 재건에 대한 새로운 비전을 밝히고, 삶의 가치와 목적을 세우는 데에 교육이 중요한 역할을 한다는 것이다.

재건주의 교육의 목적은 사회 개조를 통한 자아실현에 있다. 즉, 가치 있는 삶은 개인적 자아실현에 한하지 않고 사회적 참여를 통한 자아실현에 있다는 것이다. 이러한 목적에 따른 교육내용은 문화유산, 문화적 재건을 위한 제안, 목적 달성을 위한 방법, 방법론을 제공해 주는 사회과학 등이다. 또한, 교육내용을 실행하는 교육방법에는 참여와 경험을 유도하는 방법과 집단활동을 위한 학습법 등이 제시되었다.

재건주의 교육은 학생들에게 급변하는 현대사회에 적응하는 방법을 제시하고 교육을 통해 새로운 사회를 재건하기 위한 문화개혁을 실현하고자 하였다. 그러나 사회에 현실적으로 영향을 크게 미치지 못했다. 사회를 개혁하는 교육의 역할을 과신한 것이 그 한계였다.

〈현대 미국 교육 사조 일람표〉

구분	진보주의	본질주의	항존주의	재건주의
개념	실용주의 철학과 실험주의 등을 배경으로 한 아동 중심·생활 중심·사회 중심의 교육철학	지나친 아동 중심으로 본질적인 문화유산의 전달을 등한시한 진보주의 문제를 보완한 교육철학	급격한 현대 문명의 변화 속에서 영원하고 절대적인 것을 추구하면서 이성의 훈련을 중시하는 교육철학	진보주의, 본질주의, 항존주의를 비판하면서, 현대 문명의 위기를 이상사회의 건설로 극복하고자 한 교육철학
철학	• Dewey의 실용주의	• Platon, Aristoteles의 관념론과 실재론	• Platon의 관념론(진리의 절대성과 영원성)	• 이상사회 지향적인 사상

구분	진보주의	본질주의	항존주의	재건주의
배경	• Rousseau의 자연주의 • 전통적인 교사 중심 교육에 대한 비판	• 진보주의를 비판하면서 성장 • 미국 교육향상을 위한 본질주의자 위원회 구성(1938)	• Platon의 이데아론 • 현대 문명의 무질서와 혼란상황에서 항구적인 것을 추구	• 문화적 위기, 급변하는 사회변화에 대처
전개 과정	• 실험학교→1920~1930년대 전성기→1940년대 지역사회학교로 연결	• 진보주의와 항존주의의 비판적 절충(1930년대)	• 실용주의를 전면 거부 • 1930년대 발전하기 시작	• 진보주의, 본질주의, 항존주의를 모두 비판·절충(1950년대)
교육 이론	• 교육목적: 현실생활에 적응할 수 있는 전인적 인간 양성 • 교육내용: 아동의 필요·흥미·사회문제 • 교육방법: 아동의 흥미 중심 교육(생활 중심·아동 중심), 자발성에 의한 교육, 협동·개별학습 중시	• 교육목적: 문화의 본질적인 요소 전달 • 교육내용: 문화재 중심 교육 과정 • 교육방법: 논리적 체계에 따른 교사의 지시·감독	• 교육목적: 정신과 이성의 계발 • 교육내용: 형이상학·위대한 고전 중시 • 교육방법: 훈련·강압에 의한 교육	• 교육목적: 사회개조를 통한 자아실현 • 교육내용: 문화유산, 문화적 재건을 위한 제안, 목적 달성을 위한 방법 • 교육방법: 가치 있는 교육경험방법, 집단활동
의의	• 교육의 민주화(아동의 자발적 참여)	• 본질적 문화유산의 전달	• 실용주의 전면 비판, 보편성, 영원성 중시	• 급변하는 현대사회에 적응하는 교육
의의	• 민주적 교육방법 • 단선형 학제 도입	• 학문 중심 교육과정에 영향	• 학문의 방향 제시	• 교육의 기능에 대한 새로운 시각
한계	• 지나친 아동 중심 교육 • 사회통제·문화전통 무시 • 절대적 진리의 경시	• 변화에 둔감하고 비판력 부족 • 지적 진부성 • 창의성 저해 우려 • 참여의식 결여	• 비민주성 • 현실의 경시 • 귀족성 • 문화에 대한 역행	• 다수의 합의에 의한 교육의 불가능 • 주입식 교육 • 교육의 역할에 대한 과신
학자	Dewey, Kilpatrick	Bagley, Briggs	Hutchins, Adler	Brameld, Counts

04 교육사상가

1) 몬테소리(Montessori, Maria, 1870~1952)

몬테소리 교육의 출발점이자 목적은 어린이의 자발성이다. 그의 교육 신조는 "태어나면서부터 어린이는 정신적인 삶을 부여받는다"는 것이다. 태아 상태

몬테소리

에서 이미 정신적인 삶이 깃들어 있다고 역설한 몬테소리는 출생할 때에도 인간은 아직 태아의 상태임을 생물학적인 관점에서 입증하였다. 출생하자마자 걸을 수 있는 다른 동물과 비교할 때 '미완의 상태'인 신생아들은 보호와 양육과정에서 신체적인 기능과 정신능력이 계발된다. 이러한 인간 이해에 대해 겔렌(A. Gehlen, 1993)도 저서 『인간, 그의 본성과 세계 안에서 그 위치』에서 인간의 생물학적 존재양식에서부터 인간 이해를 시작했다. 태어난 직후의 젖먹이 인간은 결함을 가진 존재이다. 그녀는 개구리나 물고기 등의 예를 들어 그러한 동물은 태어나면서부터 본능적인 능력이 우수하여 짧은 미성숙기간을 거쳐 완숙한 존재가 된다고 설명하였다. 반면, 인간은 다른 동물들보다 덜 발달된 상태, 즉 결함을 지닌 채 태어나 오랫동안 보호를 받으며 발달의 과정을 겪어야 한다는 것이다. 이러한 인간의 결함 상태를 뒤집어 보면 그만큼 발전할 가능성이 있다는 것이다. 인간은 결함의 상태를 극복하기 위해 직립보행과 언어습득을 하고, 점차 문화를 창출하는 존재로 발전할 수 있다.

결함상태의 인간은 그가 처한 환경에서 신체적 뿐만 아니라 정신적으로 성장할 가능성이 있다. 성장과정에서 어린이는 이미 만들어진 행동방식을 갖고 태어나지 않기에 주변환경을 흡수한다. 어린이는 주변의 환경을 흡수하는 과정에서 육체의 영양분과 함께 정신의 영양분이 필요하다. 이는 동물이 본능적인 성장에 그치는 반면, 인간은 본능적인 욕구에 그치지 않고 더 나아가 정신적인 삶을 일구기 때문이다.

몬테소리의 인간관에서 파악되는 것은 인간은 배우려는 욕구를 타고난다는 점이다. 그녀는 아동마다 고유한 잠재능력이 있는 존재로 보았으며, 스스로 자신의 능력을 계발할 수 있다고 보았다. 따라서 몬테소리의 교육은 아동의 자발성을 존중하고 스스로 활동할 수 있도록 개인차에 따른 교육환경을 준비해야 한다.

몬테소리 어린이집

몬테소리의 교육 이론은 1907년에 세계 최초로 설립한 어린이집(casa dei bambini)에서 구체적으로 실현되었다. 지적장애아들을 대상으로 한 교육활동과 유아 관찰을 통해 얻은 결과는 어린이들이 질서 있는 정신 상태를 유지하려는 성향이 있고, 자기 일을 자유롭게 선택하면서 이러한 결단력을 연습한다는 것이다. 어린이집에서 어린이들이 교구를 가지고 활동할 수 있는 선택을 할 만한 준비된 환경이 조성되어야 한다. 즉, 민감한 시기에 감각의 체계적인 교육을 위한 작업은 이 과정에 적합한 환경을 준비하는 것이다.

어린이는 미성숙한 존재가 아니라는 것을 입증하는 시도들은 근대의 루소로부터 간헐적으로 이어져 왔지만, 몬테소리는 관찰방법을 통해 어린이의 자발성을 찾아냈다. 그런데 몬테소리가 강조한 어린이의 자유는 원하는 대로 내버려 두는 방관도 아니고, 잘못을 전혀 바로잡지 않는 것도 아니다. 부모나 교사가 아동의 성장에 필요한 모든 노력을 뒷받침하며, 분별 있게 사랑을 담은 배려를 하면서 발달을 돕는 것이 바로 어린이의 자유이다.

몬테소리의 어린이 자발성 이해는 교구의 활동을 비롯한 일상생활에 접목되었다. 교구활동 프로그램은 소근육활동, 감각활동, 식탁준비활동 등 구체적인 사례에서 찾아볼 수 있다. 몬테소리 어린이집에서 영유아의 일상생활 환경은 자신의 필요에 따라 먹고 놀고 자율적으로 일상적인 작업을 할 수 있도록 조성되었다. 어린이는 발달 수준에 적합하게 준비된 환경에서 스스로 내면 및 외관상의 질서를 유지하려고 한다. 그들은 작업활동을 사랑하여 자발적인 집중력으로 끊임없이 자기 일을 추진한다. 또한, 현실에 대한 애착이 있어서 자신 및 주변사물과 환경의 현실을 받아들여 정신적 욕구를 충족시켜 나간다.

몬테소리 어린이집의 어린이들은 일상생활 프로그램에 따라 환경에의 배려를 배우게 된다. 서로 식사 당번이 되어 친구들을 위해 식탁보를 차리고, 음식을 대접하고, 식탁을 정리하고, 접시를 씻어 제자리에 넣는 활동을 하면서 실수하기도 하지만, 스스로 고치기도 한다. 이렇듯 몬테소리는 어린이의 독립성 형성과 타인을 배려하는 교구활동을 고안했고, 어린이들은 자발적으로 활동하면서 독립성 형성과 타인을 배려하는 사회성 발달을 촉진할 수 있다.

몬테소리의 아동교육관을 실천에 옮기기 위해 교사는 각별한 역할이 있다. 교사는 학습의 주도자가 아닌, 안내자로서 아동의 신체 및 정신 발달을 면밀하게 관찰하고, 수준에 적합한 교구를 준비할 주된 임무가 있다. 준비된 환경을 조성하고 아동의 흥미를 진작하는 일이 소극적인 것 같지만, 아동의 자발성을 존중하는 교육 방법이다. 즉, 어린이가 준비된 교육환경에서 교구활동에 집중하게 되면 잘못할지라도 간섭하지 말아야 한다. 교사는 지적, 칭찬, 지도 등 어떠한 개입 없이 관찰기록을 하면 된다. 아동이 실수를 스스로 깨닫게 하는 몬테소리 특유의 교육방식이 교구활동에 그대로 실행되기 위해 교사의 각별한 역할이 요구되는 것이다.

2) 루돌프 슈타이너(Steiner, Rudolf, 1861~1925)

루돌프 슈타이너

루돌프 슈타이너는 발도르프 학교의 설립자이자 인지학이라는 독특한 학문의 체계를 세웠다. 인지학(Anthroposophie)이란 그리스어인 'Anthropos(인간)'와 'Sophia(지혜)'를 결합한 용어로서, 말 그대로 '인간의 지혜'라는 뜻이다. 인지학에 기초를 둔 그의 교육관은 발도르프 학교로 실천적 결실을 보았다.

슈타이너가 마련한 인지학은 인간에게 내재되어 있는 정신적인 본질을 이해하는 학문이다. 인간 본질에 대한 지식으로 인간을 올바로 성숙하도록 하는 교육이 이루어진다는 것이 슈타이너의 신념이었다. 인지학적으로 본 인간은 육체, 영혼, 정신의 통일체이다. 정신작용 때문에 신체와 영혼은 연결되고, 신체와 영혼과 정신이 통합되어 하나의 전체로 작용될 때 인간 존재가 성립된다. 교육은 신체, 영혼, 정신의 통일체로서 인간에 대한 지식에 근거하여 목적과 원리가 설정되어야 한다. 외적인 영역인 신체만을 위한 교육은 인간 발달의 정상적인 작용이 아니다. 반면에 영혼의 세계에만 편중된 교육 역시 의미가 없다. 신체적인 영역과 영혼의 세계를 함께 포함하는 교육은 그만큼 광범위한 구조를 갖추고 있다. 그러므로 교사는 맡고 있는 학생의 개별적이면서도 총체적인 삶에 대한 깊은 통찰력을 가져야 한다. 발도르프 교육의 가장 중요한 관심은 신체, 마음, 그리고 정신의 통일적인 형성에 있다.

슈타이너의 인지학은 발달 이론의 중요한 기초이다. 발달에 대한 그의 입장에 따르면, 사람은 성장하면서 무엇을 배울 수 있는지, 어떻게 행동해야 하는지를 인지학적인 지식으로 설정해야 한다. 교육은 인간의 리듬에서 이루어지며, 유아에서 청년기에 이르기까지 단계에 적합한 학습이 있다는 것이다. 따라서 어떤 내용을 가르치는 데는 그에 적절한 방법과 순서가 필요하며, 이를 무시하고 임의로 교육해서는 안 되며, 단계마다 교육내용과 그에 따른 방법을 발달단계마다 다르게 시행되어야 한다.

그는 인간 발달의 단계적 특징을 더욱 잘 드러내기 위하여 인간의 발달상태에 대하여 '탄생'이라는 말을 언급하였다. 인간 본질은 동시에 탄생하는 것이 아니라 고유한 탄생 순서가 있다. 육체적 또는 정신적인 조산을 하게 된다면 발달의 장애를 가져올 수 있다. 그러므로 때가 되지 않았는데 서둘러서 미숙아를 낳는 것과 같은 결과를 가져오는 교육은 잘못된 교육이다.

3) 듀이(Dewey, John, 1859~1952)

교육의 역사적 흐름에서 아동 중심 교육이 싹트기 시작한 시기는 근대 루소부터라고 할 수 있다. 루소는 어린이는 어른의 축소판이라는 사고방식이 교육계를 지배하던 시대에 과감히 아동 중심으로 교육의 틀을 전환한 공로자이다. 루소 이후 페스탈로치, 프뢰벨, 헤르바르트 등에 의해 교육학에서 아동기에 대한 연구가 계속 이어졌고, 아동의 흥미와 경험을 중요시하는 교육이 체계화되었다. 교육학에서 인간의 성숙을 위한 교육으로써 이론과 실제가 활발하게 이루어진 것은 근대 이후이다. 창의성 중심, 어린이들의 자유표현 중심의 교육이 지속해서 발전되었다.

유럽에서 발단된 아동 중심 교육은 미국에 전해지면서 파급속도가 더욱 빨라졌다. 미국을 중심으로 아동교육을 세계적으로 퍼지게 한 역할을 사람은 바로 존 듀이이다.

듀이

철학자이자 교육학자인 듀이는 존스 홉킨스 대학에서 철학을 전공했으며, 1884년에 철학 박사학위를 받은 뒤 시카고 대학과 컬럼비아 대학교의 교수를 역임하면서 교육·철학·심리학 등을 강의했다. 프래그머티즘(pragmatism) 노선을 충실히 전개하면서 미국식의 진보적인 성향을 드러냈다. 관념적인 철학에서 벗어나 실제의 경험으로부터 도출되는 철학을 정립하였다. 그는 지식의 실용적 차원을 줄곧 지지하면서 지식과 과학의 연관, 지식의 사회 개조 역할 등에 대해 강의와 토론, 그리고 집필을 하였다.

듀이의 실험학교(laboratory school)

듀이의 교육관은 경험의 끊임없는 개조라는 기본 입장이 있다. 경험의 재구성이란 새로운 한 경험이 다른 경험으로 대체되는 것이 아니라 기존의 경험세계에서 반성작용을 통해 재현되는 것이다. 경험의 재구성을 위해 아동의 흥미와 관심을 유발하는 교육이 요구된다. 학생들의 흥미를 고려하지 않고 지식을 전달하거나 학생들의 수동적인 자세에 대한 반성과 개조 없이는 교육은 자발성의 원리를 상실하고 만다. 그러므로 교육은 아동을 가능한 한 여러 가지 방면에서 경험하게 함으로써 창조력을 발휘하는 작용이어야 한다는 것이다. 즉, 아동의 흥미 중심 교육은 진보주의 교육의 중요한 방법으로서 자발성과 흥미를 통해 자기 표현이 반복적으로 행해진다. 이러한 경험의 과정을 통해 개인적 성장이 촉진되고, 아울러 사회적으로 민주주의가 발전된다는 것이다.

듀이의 교육론은 『민주주의와 교육』이라는 저서에서 밝혔듯이, 민주 교육 실천의 장으로서 학교를 강조한 점이 특징이다. 민주적 제도로서 학교는 평등한 교육이념과 인간을 존중하는 교육목적을 세우고, 교사와 학생들이 함께 교육활동을 통해 학생들의 발전뿐 아니라 사회도 함께 발전시킨다. 이러한 목적을 달성하기 위해 요구되는 교육방법은 무엇보다 학생의 관심과 활동의 참여를 유도하는 경험적 방법이다. 경험적인 방법을 활용하면 학생은 대상에 대한 호기심과 사고를 자극 받으며 문제의식을 갖게 된다. 학생들은 스스로 찾아낸 문제들을 해결하기 위해 정보를 습득하여 연구하는 과정을 계속한다. 문제해결에 대한 정보와 연구과정이 학생들의 경험의 끊임없는 개조과정이다. 이러한 교육과정에 학교는 학생들의 관심과 흥미를 끌기 위한 다양한 매체를 제공하고, 학생들의 문제해결방책을 검증할 수 있는 실험실적인 기능을 한다.

듀이의 교육사상을 종합하면 첫째, 교육은 성장이며 생활이 이어지는 동안 계속된다. 둘째, 교육은 생활이며 단순한 생활의 준비가 아니다. 셋째, 교육은 연속적인 경험의 부단한 재구성이다. 넷째, 교육은 사회적 과정이다.

4) 킬패트릭(Kilpatrick, W. H., 1871~1965)

킬패트릭

킬패트릭은 1871년 미국 조지아 주에서 출생했다. 존스 홉킨스 대학에서 수학과 자연과학을 수학한 후 1911년부터 1928년까지 콜롬비아 대학교에서 교수로 활약했다. 당시 실용주의 철학과 진보주의 교육의 대가였던 듀이의 영향으로 진보주의 교육이론과 그 실천운동에 중점을 두었다.

그의 철학에는 '생활, 문화, 인격, 지성'이 핵심 개념으로 강조된다. 생활이란 '살기 좋은 생활'을 뜻한다. 즉, 물질적으로, 그리고 도덕적으로 살기 좋고 만족감을 향유하는 생활이라는 것이다. 문화란 사회적 유산으로서 '누적된 문명의 자본'을 의미한다. 즉, 조상들이 좋은 생활을 확보하기 위해 노력한 고귀한 공헌 결과라는 것이다. 살기 좋은 생활과 문화 환경에서 사람들은 인격을 갈고닦아야 한다. 또한, '지성'은 인간 특유의 능력으로서 개인의 변화나 사회적 가치를 변화하게 하는 필수요소이다.

킬패트릭은 듀이의 교육관을 반영하여 교육은 생활의 과정이라는 것, 그리고 그 안에서 경험의 지속적인 개조를 통해 아동이 성장한다는 입장이다. 그의 교육관에 적합한 교육방법으로 고안된 것이 구안법이다. 구안법이란 학생이 마음속으로 계획하고 있는 내용을 구체적으로 표현하기 위해서 여러 가지 활동을 수행하는 학습법이다. 구안법의 특징은 학습자의 동기유발을 촉진할 수 있고 책임감을 갖게 한다. 또한, 학교생활과 실제 생활을 연결시키는 과제를 수행함으로써 자발적이고 능동적인 학습활동을 촉구할 수 있다. 구안법을 이행함으로써 학생들은 창의적인 발상을 일깨우고 함께 계획하고 분담하는 동안 협동성과 리더십을 배우기도 한다. 구안법이 성공적으로 행해지려면 우선 과제를 실질적이고 구체적으로 제시해야 한다. 학습자 스스로 세운 목적과 계획에 따라 수행한다. 또한, 학생들 저마다의 개인차에 따른 활동을 보장해야 한다.

킬패트릭은 교육목적이 생활이고, 생활은 학습이라는 신조 아래 아동의 흥미를 학습동기로 규정했다. 흥미를 학습심리의 기초로 한 학습 이론을 전개한 바, 구안법이 그 대표적인 학습법이다. 학생은 자기 활동을 강조한 학습방법을 이행함으로써 스스로 살기 좋은 생활을 배우며 영위할 수 있어야 한다는 것이다.

토론 및 심화과제

1. 발도르프의 교육의 특징과 대안교육의 발전과정을 논의하시오.

2. 몬테소리, 슈타이너, 듀이 등에 대한 저서를 읽고 토론하시오.
   - Steiner, R. 『인간에 대한 보편적인 앎 : 루돌프슈타이너전집 제293권』. 최혜경 역(2007). 서울: 밝은누리.
   - Montessori, M. 『어린이 비밀』. 구경선 역(2008). 서울: 지만지.
   - Dewey, J. 『민주주의와 교육; 철학의 개조』. 김성숙/이귀학 역(2009). 서울: 동서문화사.

02

PART

한국 교육사

CHAPTER 07

고대와 삼국시대의 교육

한국의 역사는 한반도와 만주, 연해주, 더 넓게는 동아시아 지역을 중심으로 수많은 흥망성쇠를 거치면서 발전하여 왔다. 한국 역사의 시대 구분은 일반적으로 구석기시대부터 신석기시대, 청동기시대, 철기시대로 구분되는 선사시대와 고조선 성립 이후 삼국시대, 통일신라시대까지를 고대, 고려시대를 중세, 조선시대를 근세, 대한제국 수립 이후부터 현재까지를 근현대로 구분한다. 본 서는 이러한 구분을 토대로 하여 한국의 교육사를 정리하였다.

한반도에 사람이 살기 시작한 것은 구석기시대부터였다. B.C. 8천 년(약 1만 년) 전 신석기시대에 이르러 사람들은 차츰 농사기술을 터득하여 기후와 용수 등 농경 생활에 적합한 지역에 모여들었다. 친족들이 모여 살며 자연스럽게 씨족사회가 형성되었다.

최초의 고대국가인 고조선이 개국하면서 통치자와 국민 간의 계급관계가 생겼고, 신화와 법으로 통치이념을 정당화하는 의식교육이 전개되었다. 고구려, 백제, 신라의 삼국시대에는 정치, 경제, 종교, 문화, 교육 등 사회제도가 확립되었다. 고등교육기관부터 기초 교육기관까지 전국적으로 교육기관이 설립, 운영되었고, 이러한 기관들은 인재의 양성과 학문연구의 장으로서 역할을 이행하였다. 삼국시대부터 학교에서 시행한 주요 교육내용은 유교 경전이었는데, 통일신라, 고려 시대에도 교육기관의 형태는 변화하였지만, 교육내용은 유교 경전을 중심으로 행하여졌다.

01 고대의 교육

1) 한반도의 역사

구석기시대부터 한반도에 사람들이 살기 시작했다. 신석기를 거치면서 사람들은 농사하기 좋은 땅에 정착하여 함께 경작하면서 자연스럽게 공동체를 형성하였다. 농사와 사냥을 함께 하며 연대감을 다졌고, 자연의 위협을 공동으로 대처하는 의식을 시행하였다. 청동기시대에는 청동으로 농기구와 무기를, 그리고 의식용 도구들을 제조하였다. 도구와 기술의 발달로 생산능력이 증가하였고 빈부의 격차가 생기기도 하였다. 사회 안에 지배자와 피지배자의 계급 관계가 형성되었고, 부락 간의 분쟁과 결합이 빈번해지면서 점차 국가라는 제도가 들어섰다.

한반도에 최초의 국가가 성립되기 이전 원시시대의 사회는 모계 중심 사회로 유지되었고 신앙은 대자연에 대한 경외와 두려움이 잘 표현되는 샤머니즘[1]과 토테미즘[2]을 특징으로 한다.

2) 고조선[3]의 시대적 배경

기원전 20세기경 청동기시대 청동기문화를 바탕으로 중국 요령(랴오닝)지방과 한반도 서북지역을 중심으로 여러 부족을 통합하여 국가를 세웠다. 이른바 고조선이 B.C. 2333년에 한반도 최초의 제도화된 나라로 개국하였다. 단군의 신화에서 나오는 "널리 인간을 이롭게 한다"라는 홍익인간의 이념을 토대로 정치, 법, 경제, 문화 등의 제도가 정비되었다. 고조선은 「8조 금법」으로 백성들을 다스렸고, 대외적으로 만주 요동지역과 한반도 주변 국가를 점령하여 강력한 국가로 성장하였다. 철기문화가 유입되기 시작한 기원전 4세기경에는 부여, 예맥[4], 고조선, 진국 등의 고대국가가 형성되었다. 고조선은 한(漢)나라와의 접전 끝에 B.C. 108년 멸망하였다.

3) 고조선의 교육

고조선의 건국신화로 알려진 단군신화는 환인의 서자인 환웅이 세상에 내려왔고, 그의 아들 단군이 나라를 세웠다는 것이다. 신화는 고조선 건국의 당위

---

1) 주술사인 샤먼('아는 자'를 뜻)이 신의 세계나 악령 또는 조상신과 같은 초자연적 존재와 직접교류하며 예언, 치료 등을 행하는 종교현상.
2) 혈연적, 지연적 집단이 동식물이나 자연물과 공통의 기원을 갖는다고 믿어 집단의 상징으로 삼고 숭배하는 것.
3) 고조선(古朝鮮)이란 명칭은 삼국유사(三國遺事)에서 처음 사용하였다. 고조선이라는 명칭이 일반적으로 널리 사용되기 시작한 것은 20세기에 들어오면서다.
4) 고대 만주지역에 거주한 우리나라의 종족 명칭(예맥족).

성을 대변하였고, 제사의식은 국가의 정체성과 통치력 강화를 위한 실전 행사였다. 왕은 신권을 맡은 제사장과 왕권을 가진 통치자로서 매년 참성단에서 제례를 주도했다. 이 제의행사 기간에는 모든 백성이 참여하여 결속력을 높였다.

고조선 시대의 형식적인 교육제도에 대한 기록은 없다. 그러나 당시 시행되었던 제의를 통해 실생활 경험 교육이 가능했고, 공동체 의식교육이 자연스럽게 이루어졌다. 또한, 사회의 질서를 통제했던 「8조 금법」에서 교육적 관행을 확인할 수 있다. 『한서』의 기록에는 「8조 금법」 3가지만 남아있는데, "첫째, 사람을 죽인 자는 곧바로 죽인다. 둘째, 남에게 상처를 입힌 자는 곡물로 배상한다. 셋째, 도둑질한 자는 그 집의 노비가 되어야 한다. 면죄하려면 돈 50만 냥을 내야 한다." 살인이나 절도 등 사회질서를 위협한 죄를 지은 사람들은 강력한 법적 조치를 받아야 했다. 기성세대가 세운 질서의 법칙을 성장세대가 지속해서 배우면서 문화에 순응하는 사회화 과정을 거치는 교육이 전개되었다.

02 삼국시대의 교육

고조선의 멸망 이후 한반도와 만주 일대에 부여, 고구려, 동예, 옥저 등이 들어섰고, 남쪽에는 백제, 신라, 마한, 진한, 변한, 가야 등 부족 국가들이 세워졌다. 각 국가는 철기 문화시대를 배경으로 정치, 경제, 종교, 예술, 교육 등 분야에서 체제를 갖춰 갔다. 고대 부족 국가들 가운데 고구려, 백제, 신라의 삼국은 B.C. 1세기경 한반도 및 요동지방에 영토를 확장하고, 왕권을 강화하면서 귀족집단이 지배세력을 구축하였다. 초기에는 고구려가 강력한 통치력을 발휘하였고, 이어서 백제가 전성기를 이루다가, 뒤늦게 국가체제를 확립한 신라가 진흥왕 이후 영토를 확장하여 685년에 삼국 통일을 달성하였다.

삼국의 공통된 종교는 불교로서, 종교적인 영역뿐 아니라 사회, 문화적으로 지대한 영향을 주었다. 유교도 학교의 주요 교과교재로 선정해서 국가 이데올로기를 구축하는 데에 일익을 담당했다.

삼국의 교육제도는 우선 고구려에서 372년 소수림왕이 태학을 세워 귀족 자제들에게 유학을 가르쳤고, 백제에서도 교육제도에 대한 역사기록은 없지만, 박사제도가 있었던 것으로 보아 제도적인 교육기관이 있었음을 알 수 있다. 신라의 경우 화랑도 교육이 청년들의 문무훈련을 맡았다. 당시 언어는 중국의 한문을 도입하여 썼으나, 우리 민족의 말과 맞지 않아 사람들이 여러 형태로 변용하여 사용하였는데, 설총(薛聰)이 체계적으로 정리하여 한자의 음과 뜻을 우리말로 옮길 수 있는 이두를 만들었다.

1) 고구려의 교육

고구려(高句麗)는 기원전 37년에 고주몽이 이끄는 부여족이 압록강 유역에 건국한 나라이다. 건국 초기부터 중국과의 투쟁을 통해 강대해졌고, 중앙집권 국가의 기틀을 마련하였다. 소수림왕 때에는 최초의 교육기관인 태학(太學)이 설립되었고, 불교를 수용하였으며, 율령[5]을 반포하여 국가체제를 정비하였다.

4세기경 광개토왕은 '영락'이라는 독자적인 연호를 사용하였고, 즉위 초부터 백제지역을 공격하여 한강 이북지역을 차지했고, 북으로 요동지방까지 뻗어갔다. 대를 이어서 장수왕은 중국과의 외교 관계를 확대하였고, 427년에 수도를 평양으로 천도하였다. 612년 수나라가 쳐들어왔을 때 을지문덕이 살수대첩에서 대승함으로써 수나라의 멸망을 초래했다. 고구려는 중국의 공격을 막아냈지만, 국력이 쇠퇴해 갔다. 특히, 연개소문 죽음 이후 정국이 불안해졌다. 668년에 나당 연합군의 공격으로 고구려는 역사에서 사라졌다. 그러나 고구려의 잔재는 이후 건국한 발해에서 계속 살아남았다.

고구려 시대의 문화는 왕의 고분에 수장되어 있던 벽화와 유물들로 짐작할 수 있는데, 사냥, 행렬, 제사 의식 등에서 당시 사람들의 생활상을 알 수 있다. 사람들은 해마다 한 해 농사가 끝나는 10월이면 음식을 나누고 춤과 노래를 하며 축제를 하였다. 고구려에서는 이 행사를 동맹이라고 했다.

---

5) 고대국가의 법률을 일컫는 용어. 삼국시대 중앙 집권 체제가 정비될 무렵 통치 기반을 확립하고 왕권을 강화하기 위하여 만들었다. 백제는 고이왕(3세기), 고구려 소수림왕(4세기), 신라 법흥왕(6세기) 때 율령을 반포하였다.

고구려의 교육기관에는 태학이라는 관학(官學)과 사학(私學)으로 운영된 경당이 있다.

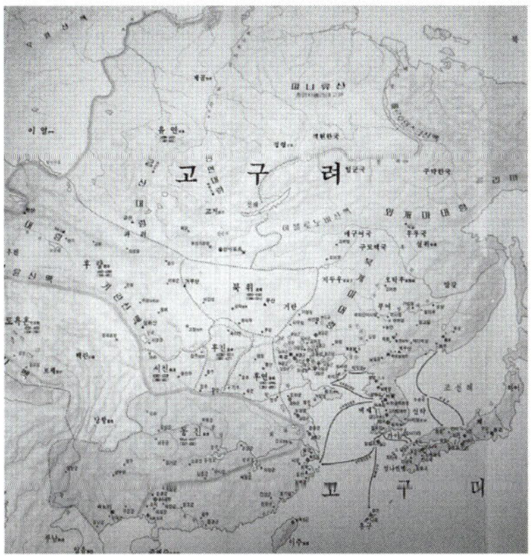

고구려시대의 영토

고구려의 벽화 : 동맹 축제

(1) 태학

태학(太學)은 고구려 소수림왕 2년(372)에 세워진 우리나라 최초의 국립 고등교육기관이다. 태학의 특징은 다음과 같이 요약할 수 있을 것이다.

첫째, 교육의 목적 : 고위층 자제를 교육하여 관리로 등용시키는 것.

둘째, 교육의 내용 :

- 오경 (주역, 시경, 서경, 예기, 춘추)
- 삼사 (사기, 한서, 후한서)

셋째, 삼국사기에 나타난 태학박사라는 기록을 보아 직제를 두었을 것이다.

넷째, 중국식 대학제도의 영향을 받으면서 당시의 시대적 상황을 고려한 교육을 실시하였다.

(2) 경당

경당(扃堂)은 우리나라 최초의 사립교육기관으로 알려져 있다. 경당의 특징은 다음과 같이 요약할 수 있을 것이다.

첫째, 교육의 목적 : 평민과 지방호족의 자제들을 교육하던 기관이었다.

둘째, 교육의 내용 : 사기, 한서, 후한서, 시, 송, 문선 등 유교의 경전과 활쏘기 등의 교과로 구성하여 문무를 겸비한 인재를 양성하였다.

셋째, 경당은 초등교육을 담당했다는 설과 중등교육을 담당했다는 설이 있다. 그러나 국가 차원에서의 교육이 아니라 민간 차원에서 서민교화를 목적으로 행하여진 교육이라는 점, 평민에게 교육적인 성취와 무예를 겸비할 수 있는 기회를 제공하였다는 점에서 높이 평가되어야 할 것이다. 또한 이러한 점에서 신라의 화랑도와 유사하며, 이후 고려와 조선시대의 서당 교육에 영향을 주었다(정석환, 163).

2) 백제의 교육

백제(百濟)는 고구려의 시조인 주몽의 아들 온조가 남으로 내려와 기원전 18년 하남 위례성에 건국하였다. 3세기경 고이왕 때에 충청도 남부로 영토를 확장하며, 율령을 세워 나라의 기틀을 잡았다. 북쪽으로는 고구려와 분쟁이 일어나기도 했다. 근초고왕 때는 마한(전라도)을 점령하며 전성기를 구사하다가 660년에 신라와 당나라의 연합공격으로 멸망하였다.

백제 정림사지 오층석탑

백제의 무령왕릉에서 출토된 유물

백제가 남긴 유산은 정림사지 오층석탑, 무령왕릉에서 출토된 예술장식품들이다. 문화유산들은 온화하고 부드러운 미가 있으며, 백제의 고유한 문화양식을 담고 있다.

백제시대에 교육기관에 대한 직접적인 기록은 없다. 하지만 일본에 선진 학문을 전수한 기록이 있어 교육과 문화가 매우 발달했던 것으로 추정된다. 『삼국사기』에는 서기 375년에 박사 고흥이 『서기』를 지었다고 기록되어 있다. 또한, 『일본사』에는 서기 285년에 백제의 왕인 박사가 일본에 논어와 천자문을 전했다는 기록이 있다. 백제의 학자뿐 아니라 화가, 도자기 기술자들은 일본에 선진기술을 전파하였다. 백제의 직제에 교육업무 부서가 있었다는 것은 참고할 만하다. 직제는 6좌평 16품의 관등체제로 되어 있고, 6좌평 중 예의에 관한 업무를 담당하는 내법좌평이 있었다. 이러한 역사적인 사실로 미루어 백제에는 높은 수준의 학교제도가 존재하였음을 추측할 수 있다.

3) 신라시대의 교육

신라(新羅)는 기원전 57년경에 경주를 수도로 하여 건국되었다. 삼국 중 가장 먼저 건국되었지만, 국가로서 확립하기까지 오랜 시간이 걸렸다. 6세기 초 지증왕 때 비로소 국가의 체계가 세워졌다. 국호가 신라로 정해졌고, 우산국을 정벌하여 신라에 귀속시켰다. 법흥왕은 불교를 받아들여 왕권 강화와 국민의 단결을 꾀하였으며, 율령을 선포하고, 국가제도를 정비하였다. 진흥왕은 6세기 후반 영토를 확장하여 점령지 한강 상류지역에 진흥왕 순수비를 세웠다. 신라는 나당 연합을 결성하여 660년에 백제를 멸망시켰고, 668년에 고구려를 멸망시키면서 삼국 통일을 달성하였다. 말기에 왕과 귀족이 사치스러운 생활을 하고 정치혼란이 계속되면서 나라 곳곳에서 반란이 일어났다. 후삼국시대까지 버티던 신라는 결국 935년 고려의 왕건에게 항복하면서 천년 왕국의 종말을 고했다.

첨성대

신라왕릉

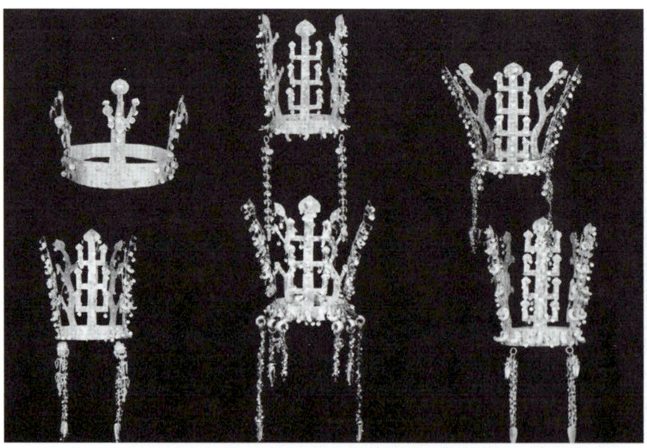

신라의 예술품

신라시대 종 : 성덕대왕신종

(1) 화랑도 교육

신라시대 교육을 대표하는 기관은 화랑도이다. 화랑은 본래 상고시대 소도 제단의 무사에 그 기원을 둔다. 원화, 국선, 선랑, 풍류도라고도 불리던 화랑은 576년 진흥왕 때부터 종교 및 군사적 목적을 띤 훈련 집단으로 조직되었다[6].

화랑도의 조직은 총지휘자로 국선화랑이 1명 있고, 그 다음에 화랑이 여러 명 있다. 화랑마다 낭도가 수백 혹은 수천 명씩 조직되었다.

민간신앙에서 비롯된 화랑도는 종교적 성격을 지닌 동시에 유사시에 군사를 제공하는 군사적 성격과 신라의 인재를 양성하는 교육적 성격을 동시에 띠고 있었다. 화랑도는 유불선(儒佛仙) 3교의 사상을 모두 포함하고 있는 단체였다. 공식적인 인재 양성제도가 없던 당시에 유일한 고급인재 양성기관이 되었으며, 전사단의 공급원이기도 했다.

(2) 화랑도의 교육 내용과 방법

화랑도는 유학 교육과 심신 수양, 인격 도야와 정서 함양을 추구하는 실생활에서의 전인교육을 지향했다. 특히 원광법사가 제정한 세속오계(世俗五戒)를 준수했다. 화랑도의 지침으로 알려진 세속오계는 진평왕 때 수나라에서 수행을 마치고 돌아온 원광법사가 귀산과 추항이라는 두 청년의 요청으로 내려준 다섯 가지 계율을 의미한다.

- 사군이충(事君以忠) : 충성으로써 임금님을 섬겨야 한다.
- 사친이효(事親以孝) : 효로써 부모님을 섬겨야 한다.
- 교우이신(交友以信) : 믿음으로써 벗을 사귀어야 한다.
- 임전무퇴(臨戰無退) : 싸움에 나아가면 물러서지 않는다.
- 살생유택(殺生有擇) : 생명을 죽일 때는 가림이 있어야 한다.

또한, 삼국사기 진흥왕 37년의 다음과 같은 기록이 있어 화랑의 수양방법을 엿볼 수 있다.

---

6) 화랑도의 기원에 대해서는 여러 가지 설이 있다. 삼국사기는 진흥왕 37년(576년)으로 기록되어 있으나 삼국사절요, 화랑세기, 동국통감에는 진흥왕 원년으로 기록되어 있다.

- 상마이도의(相磨以道義) : 서로 도의를 닦음으로써 인격을 도야한다.
- 상열이가악(相悅以歌樂) : 시가와 음악을 즐기면서 정서를 함양한다.
- 유오산수(遊娛山水) 무원부지(無遠不至) : 화랑들은 명산과 대천을 찾아다니며 육체와 정신을 단련하고 전투에 대비한 지리의 숙지와 전력의 배양 등 군사훈련을 한다.

이러한 화랑도는 비형식 교육의 대표적인 사례이지만 국가가 보호하고 지원하는 형태로 유지되었고, 일정한 형식과 규범을 가진 조직이었다. 화랑도는 삼국을 통일하는 원동력이 되었고, 이후 통일신라에 이르러 많이 미약해 졌지만 고려시대까지 이어졌다.

4) 삼국시대 교육의 특징

위와 같이 삼국시대의 교육에 대하여 살펴보았지만 각국의 상황이나 역사적인 기록에 의하여 알려지지 않은 내용 등의 차이는 있지만 공통적인 특징은 철기문화의 발달, 그리고 한강 유역을 차지하기 위한 치열한 전투, 불교문화의 수용을 들 수 있다. 이러한 공통점을 토대로 각국의 교육에 있어서 공통점은 다음과 같이 요약할 수 있을 것이다.

① 교육에 있어 군사적인 요소가 강하게 나타난다.

② 불교를 기반으로 호국신앙으로 발전하였다.

③ 정치사상은 유교를 중심으로 발전하였다. 삼국시대의 중심적인 신앙은 불교이다. 그러나 정치이념은 유교였다. 이것은 유교가 정치적으로 불교보다 유용하기 때문이다.

토론 및 심화과제

1. 단군신화의 홍익인간의 이념에 대한 교육적 의미에 대해 토론하시오.

2. 삼국의 교육적 특징과 공통점에 대해 토론하시오.

3. 삼국시대 불교의 의미에 대해 토론하시오.

4. 다음 단어에 대해 살펴보시오.

   팔조금법, 화랑도, 세속오계, 태학, 경당

CHAPTER 08 통일신라와 고려시대의 교육

문무왕 16년(676년) 혼란한 삼국을 통일한 신라는 화랑도와 인재양성 및 등용 등의 비공식적인 교육제도를 정비하였다. 삼국통일에 따른 영토의 확장과 인구의 증가 등은 새로운 사회제도의 필요성을 가져왔고 기존 교육에 대한 변화를 촉구하였다. 이러한 변화를 수용하게 된 통일신라의 교육은 이전의 삼국시대와 비교하면 비약적인 발전을 가져왔다. 고등교육에 해당하는 국학의 설치와 인재양성제도의 개선을 통한 과거제도 등은 이후 고려, 조선시대의 교육에 많은 영향을 미치게 된다.

01 통일신라시대의 교육

1) 국학(國學)

(1) 국학의 설립 배경

신라가 삼국을 통일하기까지 형식적인 학교교육에 관한 기록이 없다. 통일신라는 기존의 골품제도만으로는 새로 유입된 고구려, 백제의 영토와 유민을 지배하는 데 한계가 있었다. 유교사상의 연구와 교류 그리고 새로운 인재양성을 위해 682년 신문왕은 중국의 국자감을 모방하여 국학을 설립하였다.

(2) 국학의 직제

국학은 경(卿 : 벼슬 경/현재의 학장급) 1인을 두고, 실제 교수를 담당한 박사(博士)와 조교(助敎)를 두었으나 정원은 일정치 않았다고 한다. 주로 사무를 담당한 대사(大舍)는 2명, 사(史)도 2명을 두었다고 한다.

(3) 입학자격 및 재학기간

국학에 입학할 수 있는 자격은 왕경인(王京人) 또는 소경인(小京人)으로 대사 이하의 경위(京位)[1]를 가지거나 혹은 관등을 가지고 있지 못하더라도 장차 가질 수 있는 사람으로 한정되었다. 학교에 재학할 수 있는 나이는 15~30세로 재학기간은 9년을 원칙으로 했다. 9년 내에 학업을 마치지 못할 경우에는 나이 혹은 재주나 기량 따위를 보아 선별하여 허락하였다고 한다.

(4) 교육내용

국학의 교육내용은 유교적 윤리관을 확립하는 데 필요한 유교의 경전들이 주가 되었다. 국학은 당의 국자감에서는 선택과목으로 되어 있던 『논어』와 『효경』을 필수 교양 교과로 선정했는데, 이는 유교의 지도윤리인 충, 효를 신라 사회의 지도이념으로 내세우기 위한 의도이다. 전공과목은 삼분과제를 실시하였다. 1분과에서는 『예기』와 『주역』을 가르쳤고, 2분과에서는 『춘추좌씨전』과 『모시』(시경을 달리 이르는 말)를 가르쳤고, 3분과에서는 『상서』(서경)와 『문선』을 가르쳤다.

- 사서삼경(四書三經) : 사서 – 논어, 맹자, 중용, 대학.
  삼경 – 시경(모시), 서경(상서), 주역
- 논어(論語) : 공자와 그의 제자들의 언행을 적은 것. 공자 사상의 중심이 되는 효제(孝悌)와 충서(忠恕) 및 인(仁), 도(道)에 대하여 설명한 교재
- 효경(孝經) : 공자가 제자인 증자(曾子)에게 전한 효도에 관한 논설 내용을 기록한 책
- 예기(禮記) : 유학 오경(五經)의 하나. 삼경과 예기, 춘추
  의례의 해설 및 음악·정치·학문에 걸쳐 예의 근본정신에 대한 책
- 주역(周易) : 만상(萬象)을 음양 이원으로 설명하여 철학, 윤리, 정치상의 해석을 덧붙인 책

1) 신라 때 중앙 출신 벼슬아치들에게 수여하는 벼슬 등급의 체계.

- 춘추(春秋): 인류사회의 변천과 흥망의 과정 또는 그 기록을 담은 책
- 논춘추좌씨전(春秋左氏傳): 중국 노나라의 좌구명이 춘추를 해설한 책
- 시경(詩經): 중국 최고의 시집으로 주나라부터 춘추시대까지 311편의 시를 수록한 책, 한나라 모형(毛亨)이 전하였다고 하여 모시(毛詩)라고도 한다.
- 서경(書經): 요순(堯舜)부터 주나라에 이르기까지의 정사(政事)에 관하여 편찬한 책(상서: 尙書)

(5) 국학의 의의

국학은 현대의 국립대학에 해당하는 교육기관으로 성덕왕 16년인 717년에 당나라에서 들여온 공자와 72제자 등 성현들의 초상을 국학에 안치하였다. 공자를 유교의 교수로 숭상하기 위해 사당에서 성기석으로 제례의식을 거행하였다. 이것은 통일신라의 통치 철학이 유학임을 상징적으로 표현하는 것이다. 국학은 당나라의 국자감을 모방하여 설립되었고 통일신라의 학문적 진흥과 봉건제 유지를 위한 인재양성에 이바지했다. 그리고 국학운영에 필요한 녹읍(祿邑)[2]을 지급하였다는 점에서 국학은 국가가 재정을 지원하고 인정하는 교육기관임을 증명하는 것이다.

2) 독서삼품출신과(讀書三品出身科)

(1) 독서삼품과의 개요

원성왕 4년(788)에 관리 선발을 위한 국가시험제도이다. 골품[3] 위주의 관리 등용을 지양하고 인재 등용의 방법을 객관화하기 위해 제정된 능력 위주의 관리 등용제도이다. 독서삼품과는 과거제도 도입의 예비단계로서 예부에서 관할하였다.

(2) 평가과목 및 평가방법

평가의 과목과 방법은 춘추좌씨전, 예기, 문선(文選), 논어, 효경을 읽고 능통

2) 신라시대 벼슬아치들에게 직무의 대가로 나누어주던 논밭.
3) 신라시대 혈통에 따라 나눈 신분(骨品) - 골품제도: 왕족은 성골(聖骨), 진골(眞骨)로, 귀족은 육, 오, 사두품, 평민은 삼, 이, 일두품으로 나눔.

한 자는 상품(上品), 곡례(曲禮)와 논어, 효경을 읽은 자를 중품(中品), 곡례와 효경을 읽은 자를 하품(下品)으로 평가하였다. 혹 오경, 삼사, 제자백가(諸子百家)의 글을 널리 통달한 자는 등급을 뛰어넘어 발탁하여 등용하였다.

(3) 독서삼품출신과의 교육적 의의

통일신라시대의 인재 등용을 위한 국가시험제도인 독서삼품출신과는 이전의 신분제도(골품제도)에 따라 인재를 등용하는 방식에 대한 불만의 가중, 귀족세력의 권력약화를 도모하기 위하여 실시하였다.

그러나 실질적으로 독서삼품출신과는 골품제도에 의하여 일정 이상의 관등에 오르지 못하는 한계를 보였다. 그러나 학문과 유학의 보급에 이바지한 것은 교육적 의의로 들 수 있다.

또한, 이러한 한계를 극복하기 위하여 9세기 이후 신라의 귀족들은 자제들을 당에 유학을 보내어 빈공과 합격으로 벼슬을 가지는 경우가 많아지면서 독서삼품출신과는 유명무실하게 되었다고 추정된다.

3) 견당(遣唐) 유학생

당나라의 국자감(國子監)에 파견하였던 유학생을 일컫는 말이다. 삼국사기에 의하면 최초로 유학생을 파견한 것은 640년(선덕여왕 9년)이었으나 그 주류를 이루었던 것이 통일신라시대의 신라인이었기 때문에, 일반적으로 삼국통일 후의 당나라 파견유학생을 지칭하는 용어가 되었다.

당시 당 태종은 국자감에 우수한 학자를 초빙하고 학사(學舍)를 늘리고 아시아의 여러 나라로부터 유학생을 받아들였다. 신라에서도 국비유학생을 보냈다. 유학에 대한 학문적인 의욕이 높아지고 유학으로 부귀영화와 명예를 얻는 경우가 늘어나자 국비 이외에 사비로 유학하는 사람들도 늘어나게 되었다. 유학기간은 대부분 10년이며 숙식은 당의 외교관서인 홍로사(鴻廬寺)[4]에서 제공하

4) 홍로사: 중국에 처음으로 외국 승려가 방문하자 어떻게 대우를 해야 할지 몰라 당시의 영빈관에 해당하는 홍로시에 모셨는데, 이후 홍로시가 사찰로 되면서 홍로사로 발음하기도 한다.

였다. 문선왕 2년(840)에는 당에서 유학하고 105명의 유학생이 동시에 귀국했다는 기록이 삼국사기를 통해서 전해지기도 한다.

4) 원효(元曉, 617~686)의 교육사상

성은 설(薛)이고 어릴 때는 서당(誓幢), 또는 신당(新幢)이라 불렀으며 법명은 원효이고 시호는 화쟁(和諍)이다. 29세에 중이 되어 황룡사에 들어간 뒤 여러 곳을 찾아다니며 불도를 닦았다. 34세에 의상(義湘)과 함께 당나라로 가던 유학길에 움집(혹은 동굴)에서 자다가 새벽에 갈증을 느껴 잠결에 물을 맛있게 마셨는데 날이 밝아 아침에 일어나 보니 해골 속에 고인 물을 마셨던 것이었다. 그는 구역질을 하다가 "마음이 일어나야 모든 사물과 진리(법)가 생겨나는 것이요. 마음이 사라지면 곧 해골이나 다름이 없다."라며 크게 깨달아 유학을 포기하고 의상과 헤어져 돌아왔다.

그 뒤 분황사에서 수도하면서 독자적으로 폭넓은 사상적 토대를 만들어 신라불교가 세계적인 불교로 발돋움할 수 있는 계기가 되었다.

원효의 교육사상은 일심사상(一心思想), 화쟁사상(和諍思想), 정토사상(淨土思想)에서 찾아볼 수 있다. 먼저, 일심사상이란 전술한 것처럼 당나라 유학을 포기하고 되돌아설 때 모든 것이 마음에 달렸다는 것을 깨달았고 일심이야 말로 모든 것의 근원이라고 하였다. 두 번째, 화쟁사상은 불교가 시간의 흐름에 따라 여러 종파로 나뉘어져 교리에 대하여 달리 해석하며 서로 비난하고 싸우게 되었다. 이러한 싸움을 막고 하나로 화합하려고 한 것이 바로 화쟁사상이다. 모든 부분을 통합하면 하나가 되듯이 인간 삶의 갈등을 화합하는 방법은 물질과 허무주의에 빠지지 않고 일심상태에서 중도를 걷는 것이다. 세 번째, 정토사상에 근거해서 중생과 성인에 대한 차별을 없애려 하였다. 그가 역설한 자학자습(自學自習)에 의한 자각은 모든 것이 마음에서 비롯된다는 것이다. 스스로의 탐구와 노력으로 인간다운 인간이 되어야 한다는 그의 이론에서 교육의 참된 의의가 나온다. 즉, 인간의 성숙과정은 개인의 고유한 노력과 의지로 이루어야 한다는 것이다. 이러한 자학자습에 의한 내적 자각이 교육의 원리이자 방법이었다.

원효는 불교 교리를 알기 쉽게 가르치는 방법으로 직접 만든 무애가(無碍歌)를 활용하기도 했다.

02 고려시대의 교육

1) 고려시대의 특징

고려(高麗)는 918년 태조 왕건이 개경을 수도로 건국한 나라이다. 광종 때에 노비안검법과 과거제도를 시행하여 중앙집권체제를 확립하였고, 성종은 왕권체제를 수립하였다. 고려 중기에는 귀족들의 대립이 치열해져 무신정변이 일어났고, 최충헌 등이 한때 무신정권을 만들기도 했다. 13세기에 원나라의 침공으로 국력이 쇠퇴하기 시작해서 공민왕의 개혁은 빛을 보지 못하고 이성계의 위화도 회군으로 1392년 멸망하였다. 고려시대는 불교가 국교로 지정되었고, 관리의 양성과 선발을 위해 학교에서 유교경전들이 교과과정에 수준별로 배치되어 제도적 장치가 확립되었다.

고려 궁지(강화도)

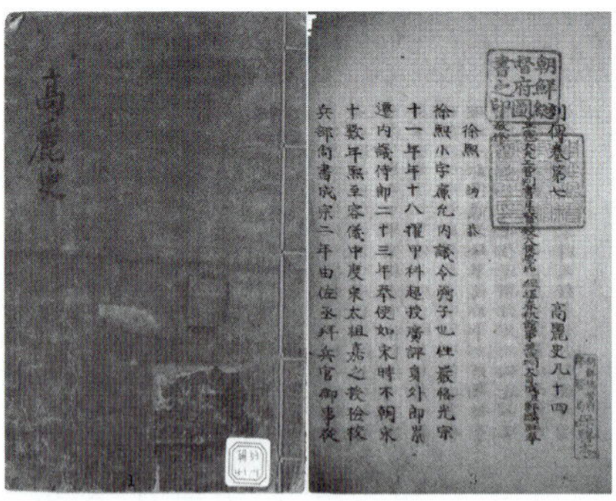

『고려사』 서찰

2) 국자감(國子監)

고려의 학교 교육은 「주역」, 「서경」, 「예기」, 「춘추」, 「논어」, 「효경」 등 경전과 3사(사기, 한서, 후한서)를 주요 교과로 하는 유교식 학제였다. 교육기관에서 경전보다 문학을 더 중시하여 가르쳤고, 과거시험도 시와 같은 문장을 쓰는 제술업을 최고로 여겼다. 국가의 재정으로 운영되는 국자감은 잇단 외세의 침입으로 위축되고 유명무실해졌다.

(1) 국자감의 설립과 전개

992년 성종은 당나라의 국자감을 모델로 하여 고등교육기관인 국자감을 설립했다. 국자감은 유교경전을 주요 교재로 하여 충효사상을 기반으로 하는 교육과정을 편성했다. 예종 14년에 국자감을 재정비하여 국자감에 7재를 설치했다. 7재가 각자 한 교과를 집중적으로 교육했다. 여택재는 『주역』, 대빙재는 『상서』, 경덕재는 『모시』, 구인재는 『주례』, 복응재는 『예기』, 양정재는 『춘추』, 강예재는 『무학』을 맡았다.

국가의 재정으로 운영되는 국자감은 외세의 침입으로 인한 재정난, 몽골의 지배 등으로 인해 제대로 역할을 못 했다. 예종 14년(1119)에는 비용을 전담하는 기구인 양현고(養賢庫)를 세워 국자감을 부흥하고자 했다.

중국에서 성리학이 들어오면서 국자감이 새롭게 변혁되었다. 공민왕 11년에는 성균관으로 명칭이 바뀌었고, 사서오경을 주요 교과목으로 개편했다. 충렬왕 30년에는 육영재단 역할을 하는 섬학전이 설치되기도 했다.

국자감의 조직은 유학부의 3학(국자학, 태학, 사문학)과 기술부 3학(율학, 서학, 산학)으로 구성되어 있었으며, 교수진은 각 과에 전문박사와 조교를 두었다. 과별 입학자격은 신분에 따라 구분되었다.

국자학	문무관 3품 이상의 자손 훈관 2품 대현공 이상 경관 4품 이상 봉훈관의 아들
태학	문무관 5품 이상의 자손 정종 3품 이상의 증손 훈관 3품 이상 유봉자의 아들
사문학	훈관 3품 이상, 무봉 4품 이상 유봉 및 문무관 7품 이상의 아들
율, 서, 산학	8품 이상의 아들 또는 서인 7품 이상의 아들로서, 특히 원하는 자

국자감의 교육 내용과 방법은 우선, 유학과의 교육내용은 공통필수과목, 교양, 전공과목으로 나누어 교육했다. 공통필수과목은 『논어』, 『효경』, 교양은 산수, 습자, 국어, 설문, 삼창 등, 전공과목은 『상서』, 『공양전』, 『곡량전』, 『주역』, 『모시』, 『주례』, 『의례』, 『예기』, 『좌전』 등이다.

국자감의 운영은 성종 때 국자감을 창설 시, 전장을 지급했고 예종은 교육재정을 해결하기 위해 양현고를 설치했고, 충렬왕은 운영재원 확보를 위해 섬학전을 설치했다. 왕립 도서관으로서의 비서원과 일반 도서관으로서의 수서원이 있고, 예종은 천연각, 보문각, 임천각 등의 도서관을 설치하였고, 숙종은 국자감에 서적포를 만들어 인쇄업무를 담당하였다.

(2) 문묘의 설치

문묘(文廟)는 국자감에서 유교정신을 숭상하고 유교이념을 고취해 교화하는 목적으로 설치하였다. 문묘는 대성전과 양무로 구성되어 있다. 대성전에는 공자를 비롯하여 성현들의 위패를 모셨고, 양무에는 공자의 70제자를 위시해서 유학에 공로가 있는 현인들을 모셨다. 현종 11년에 최치원을 문묘에 모시고 우리나라 선현들에 대한 제례를 지냈다.

3) 오부학당

대몽골항쟁이 종료되고 왕권이 회복되면서 문관 양성의 필요성을 해결하기 위해 등장한 것이 학당이다. 원종(1260~1274)은 강화도 안에 동서학당을 설치하고, 각각 별감을 두어 교학, 교도의 책임을 맡게 하였다. 이 학당은 환도 후에는 개경으로 옮겨졌다. 동서학당은 고려 말기 5부학당으로 확충되었다.

학당은 중앙에 설치된 관학으로 국자감의 하위에 속하는 중등학교 수준이었다. 국자감과는 달리 문묘가 없는 순수 교육기관이었다. 성리학서인 『대학』, 『중용』, 『논어』, 『맹자』 등 사서가 중요한 교육내용을 이루고 있었다.

4) 향교

향교는 지방마다 설치된 정부주도의 중등 교육기관이다. 향교의 목적은 유학의 전수 및 백성의 소양교육이다. 조직은 교육을 담당하는 명륜당과 문묘 등이 있다. 성종은 경학 및 의학 박사를 전국 목 단위로 배치했다. 인종 5년(1127)에도 몇 개 지방에 학교 건립을 했다.

5) 12도

12도(十二徒)는 관학의 쇠퇴와 함께 나타난 사학의 중흥으로 시작된다. 거란의 침입 이후 사회는 점차 평화를 찾았지만, 중앙의 관학인 국자감은 유명무실한 상태가 되었다. 국자감의 부실한 상태에서 출발한 십이도는 사립 교육기관 12개를 총칭하는 것이다.

고려 중기 무렵 잇단 외세의 침략으로 나라가 혼란해졌고 재정난에 처하면서 국가 지원에 의존하던 국자감은 쇠퇴하게 되었다. 이 시기에 최충이 문헌공도라는 사립교육기관을 개설하였다. 국자감에 재학하던 학생들이 문헌공도로 몰려들자 규모를 9재로 증가하였다. 9재 학당 인기가 갈수록 높아짐에 따라 후속 학교들이 세워졌고, 그 숫자는 11개에 달하였다. 이 교육기관들은 최충의 학교와 함께 12도라고 불렸다.

12도는 사립교육기관으로서 주요 목적과 기능은 과거시험 준비교육에 있었다. 12도의 선생들이 대부분 과거시험관인 지공거 경력을 가진 관료들이었기 때문에 과거시험에 대한 정보를 용이하게 얻을 수 있었다.

9재의 학생들은 여름에 명산사찰에서 특별수업을 받았다. 또한 각촉부시(刻燭賦詩)라 해서 초에 불을 붙여 다 타기 전에 시를 짓는 시험을 했다.

6) 서당

서당의 기원은 고구려의 경당이었다. 송나라 서긍의 '고려도경'이라는 책에 근거하여 고려시대 서당은 일반서민계급의 자제들을 수용하여 교육하던 민간교육기관으로 서민교육의 보급과 지방의 민중교화에 끼친 공적이 지대하였음을 짐작할 수 있다. 서당은 조선시대에 더욱 활성화되어 꽃을 피우게 된다.

7) 고려의 과거제도와 교육

인재등용제도의 변천과정을 보면 신라의 독서삼품과가 시초이지만, 본격적인 양성제도는 고려시대의 과거제이다. 광종 9년인 958년에 쌍기의 건의에 따라 인재등용의 제도로서 과거제도가 성립되었다.

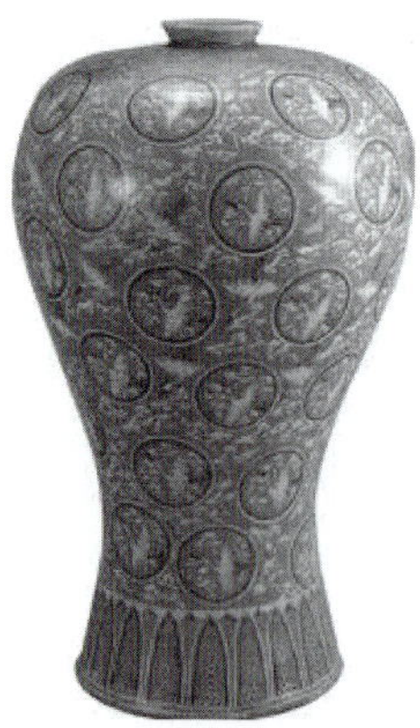

고려청자

팔만대장경

고려의 관리양성제도는 2개로 분류된다. 첫째, 국자학, 태학, 사문학 등 귀족의 자녀를 위한 관료의 양성이었다. 둘째, 율, 서, 산학 등 문무 하위계급의 자제를 중심으로 하는 전문적 기술직 관리의 양성이었다. 율, 서, 산학 및 천문, 지리, 음양, 등의 잡학은 하위관료를 양성하기 위한 교과목이었다.

과거의 종류에는 문신을 등용하기 위한 시험으로 제술업(製述業)과 명경업(明經業)이 있었다. 제술업은 시, 부, 송, 책 등 문학을 중심으로 시행하였고, 명경업은 시, 서, 역, 춘추 등 유교의 경전 해석으로 선발하는 것이었다. 잡업시험은 법업, 산법, 의업, 주금업, 지리업 등의 시험이었다. 승려 선발시험은 교종선과 선종선이 있었다.

과거의 응시자격은 세습적인 관료제를 없애고 왕권을 강화하기 위해 양인이면 누구나 응시할 수 있도록 했다. 그러나 반역자, 천인, 불효자, 불충한 사람, 악공, 잡류 등은 응시할 수 없었다.

한편, 음서제도는 과거제의 실행에 따라 지위가 불안해진 고려 문벌귀족의 특권을 유지시켜 주기 위해 시행된 관리등용제이다. 5품 이상 관리의 아들 1명에게 관직을 허락해 주는 제도로서 음서 출신자들은 승진에 제한이 없었다. 이는 고려가 귀족제도에 의해서 지배되는 사회임을 의미한다.

관리 선발을 위한 과거제로 인해 각종 교육기관에서 과거시험에 합격하기 위한 목적으로 유교 고전의 암기식 학습을 답습하는 결과를 초래하였다. 내외적으로 나라의 정세가 혼란해지고 국자감 운영이 어려워지자 사립기관인 12도가 등장하여 공교육이 더욱 제자리를 찾지 못하고 과거제도에 예속되는 폐단을 보여주었다.

8) 지눌(智訥, 1158~1210)의 교육사상

지눌은 자호를 목우자(牧牛子 : 소치는 사람)로 짓고, 25세에 승과에 급제한 후 정혜결사(定慧結社 : 선불교 부흥을 위한 결사운동)를 선언하여, 승려들로 하여금 참된 구도자의 자세를 확립하도록 촉구하였다. 그의 사후에 고려 21대 희종(熙宗)은 그에게 불일보조국사(佛日普照國師)라는 시호(諡號)를 내렸다.

지눌의 교육사상은 그의 돈오점수(頓悟漸修)의 수행관에서 찾아볼 수 있다. 지눌은 먼저 자기의 본성, 즉 불성을 깨닫는 것이 돈오(頓悟 : 단번에 진리를 깨우침)를 이루는 것이고, 이 깨달음에 의하여 점차 수행을 거듭하여 성인(聖人)이 되어가는 것을 점수(漸修)라고 하였다. 즉, 돈오는 점진적인 개선의 과정이 아니라 순간적인 깨달음이다. 그러나 이러한 깨달음이 있다고 해서 바로 오랫동안의 습관이 고쳐지는 것은 아니다. 지속적인 수양과 과정을 통해 깨달음을 완전히 구현하도록 해야 한다. 이것을 점수라고 했다.

토론 및 심화과제

1. 통일신라시대 국학의 설립 배경에 대해 토론하시오.

2. 통일신라시대에 변화한 인재 등용제도에 대해 토론하시오.

3. 고려시대 관학과 사학의 관계에 대해 토론하시오.

4. 견당유학생, 사학 십이도를 통하여 '학벌(學閥)'에 대해 토론하시오.

5. 다음 단어에 대해 살펴보시오.

   원효, 향교, 지눌, 오부학당, 과거제도

CHAPTER 09

조선시대의 교육

조선은 1392년 태조 이성계가 고려시대의 무인세력들과 함께 건국했다. 고려시대와 단절하기 위해 불교를 억제하고, 유교를 숭상하는 정책을 썼다. 또한, 정치체제는 관료적 중앙집권체제를 확고하게 정립하였다. 조선의 사회체제는 신분제도가 철저하게 지켜졌다. 신분은 양반, 중인, 양인, 그리고 천민으로 구분되었다. 양반은 가장 높은 계급이었고 세습이 되었다. 양반들은 어느 정도만 교육받으면 신분을 계속 유지할 수 있었다. 양인과 천민은 피지배계급이었다.

조선시대는 유교를 국교로 삼고 그 사상으로 통치하고 교육하였다. 우주론과 인성론을 중시하여 경전의 철학적 의미를 탐구하는 성리학이 중국에서 도입되면서 성리학에 기초한 윤리철학을 교육철학으로 삼았다. 성리학은 존심양성과 궁리를 수양강령으로 삼아 선인의 양성을 목표로 삼고, 궁극적인 최종의 목적은 성현의 자리에 도달한다는 데에 두었다. 후기에는 유형원, 이익, 정약용 등이 주도한 실학이 일어나기도 했다.

01 조선 전기의 교육

조선 태조 이성계

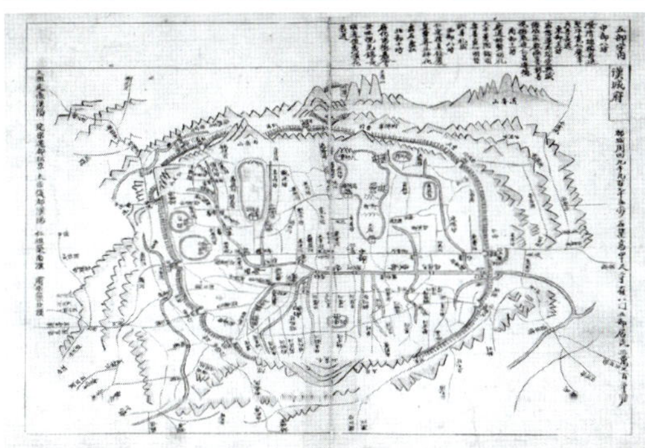

조선시대 한성 지도

1) 조선의 시대적 특징

조선 초기는 왕권과 조선사회의 지배체제가 확립되는 시기이다. 국가는 정치, 경제 및 교육정책을 적극적으로 추진하여 교육체제를 확장하였다. 관리양성시험인 과거제도가 계승되었으며, 숭유억불정책을 과감하게 시행하였다.

중기는 교육제도가 발달하고 사학이 융성하던 시기였다. 성리학의 연구가 활발하였고, 이황과 이율곡 등 우수한 유학자들이 등장했다. 교육의 주도권은 관학에서 사학으로 이전되었으며, 서원의 설립이 활발하였다.

중기 이후에는 실학교육개혁이 제시되었다. 내우외환으로 나라의 기강이 흔들리고 성리학이 형식논리에 빠지는 실정에 이르자 사회개혁을 부르짖는 움직임이 있었다. 실학자들은 중국의 선진 문물을 도입하고, 서학의 영향을 받아 사회문제에 대한 실제적 해결방안을 제시하였다. 교육에서도 학교개혁과 문화적 주체성을 강조하는 경향이 두드러졌다.

말기에는 일본, 러시아, 유럽 열강과 개방조약을 하면서 서구의 교육체제를 도입하였다. 새로운 교육운동이 전개되면서 민족교육기관이 함께 설립되었다.

2) 교육제도

(1) 성균관(成均館)

태조 7년(1398)에 건립된 최고 학부의 교육기관이다. 인재양성과 문묘에 제사하는 것을 교육목적으로 세워진 성균관은 대학, 논어, 맹자, 중용, 서경, 시경, 춘추, 예기, 주역을 주요 교과과정으로 교육했다. 입학자격은 생원과 진사들이 대상이었고, 때에 따라 4학(四學)의 학생 중에서 15세 이상으로 소학과 사서일경(四書一經)에 능통한자를 선발했다. 성균관의 시설은 일반적인 강의실을 명륜당(明倫堂), 기숙사는 동재(東齋)와 서재(西齋), 그 외의 부속시설에는 재정을 담당한 양현고(養賢庫)에서 학생들의 식료, 일용품을 충당했다. 존경각(尊經閣)은 성종 6년(1475년)에 설치된 도서관이며, 문묘의 제사를 관장한 향관청(享官廳), 유생들의 학습장소이자 임금이 친히 임하여 과거를 시행하는 비천당(丕闡

堂), 임금이 성균관에 거동하여 서현에게 제향하고 활을 쏘는 곳으로 육일각(六一閣) 등이 있었다.

성균관 학생들에 대한 성적 평가방법은 다음 4단계로 분류되었다.

① 대통(大通) : 모든 교재에 통달하여 최고의 경지를 이룸

② 통(通) : 한 교재의 강령 취지를 개괄하여 윤회한 자

③ 약통(略通) : 한 교재의 한 장의 대의를 잘 아는 자

④ 조통(粗通) : 한 교재의 한 장의 대의를 알기는 하지만 미숙한 부분이 있는 자

⑤ 불통(不通) : 한 교재의 한 장의 어떠한 것도 이해하지 못한 경우

성균관

학생들의 자치활동기구인 재회(齋會)는 유생들이 자치 운영하며 조직적 행동을 할 수 있는 중심체였다. 유생들은 재회에서 자신들의 의사를 조직적으로 표시할 수 있었다. 왕의 실정이 있다거나 불공평한 일이 있다고 판단될 때에 유생들이 상소하여 탄핵하는 경우도 있었는데, 이를 유소(儒疏)라 하였다.

① 권당(捲堂) : 유생들이 자신들의 의사를 관철시키고자 하는 의도에서 식당에 들어가지 않는 시위방법

② 공재(空齋) : 기숙사에서 나오는 시위방법

③ 공관(空館) : 성균관에서 집단 퇴거하여 동맹휴학하는 시위방법

(2) 4부 학당(四部學堂)

4부 학당은 태종 11년(1411)에 설립된 중등교육기관으로 고려시대 오부학당처럼 서울의 네 곳, 즉 남부학당을 시작으로 중부, 동부, 서부에 설립되어 4부 학당이 구성된 관학으로 성균관의 부속학교라고 할 수 있을 것이다. 교육의 내용과 방법은 성균관과 유사하지만, 교육과정의 수준은 성균관보다 낮았다. 입학대상은 양반의 자녀와 양인의 자녀들 중에서 선발된 자로, 정원은 각 학에 100명 정도이다. 4부 학당은 성균관과 달리 문묘를 설치하지 않았고, 기숙사 제도가 있었다.

(3) 향교(鄕校)

향교는 지방재정에 의해 설립된 지방의 중등교육기관이다. 성균관과 같이 문묘기능과 교육기능이 있으며, 백성의 소양교육 등의 기능도 있었다. 교육내용은 소학, 사서, 오경 등이다. 향교의 학생들은 과거시험 1차에 급제하면 생원 또는 진사의 직위를 받고 고등교육기관인 성균관에 진학한다.

(4) 서원(書院)

우리나라 최초의 서원인 백운동서원은 풍기군수를 지낸 주세붕이 1543년에 설립하였다. 성현을 모시는 역할을 했던 서원은 사숙하는 학생들을 위해 점차 학교의 형태를 띠게 되었다. 퇴계 이황의 소수서원이 가장 크고 활발하게 운영되었다. 중종은 특별히 이 서원에 사액을 하사하여 '소수서원'이라는 명칭을 갖게 되었다. 조선 최초의 사액서원인 소수서원은 학문연구와 후진양성을 위한 기구로 정착되었다. 이후 퇴직관료들이 전국에 걸쳐 서원을 설립하여 지방교육기관으로 발전하였다.

서원의 교육내용은 사서오경을 기본으로 하였다. 교육방법에는 성현을 받드는 향사(享祀), 주어진 글을 읽고 질의 응답하는 강(講), 마음을 다스리는 정좌법(靜坐法) 등이 있었다.

그러나 조선 후기에는 서원들이 교육적 기능을 상실하고 당파의식을 조장하고 유림들의 자리 보전을 위한 장소로 변질되었다. 서원의 폐해가 심해지자 조선 말 고종 때에 대원군은 전국에 서원 47개만 남기고 모두 철폐했다.

(5) 서당(書堂)

서당은 각 마을마다 설립된 초등교육기관이었다. 서민계급의 아들들에게 교육의 기회가 부여되는 역할을 하여 교육의 대중화에 기여했다. 교육방법은 주로 강독(講讀), 즉 경전을 읽고 내용을 이해하는 것이다. 경전의 학습과정은 『천자문』에서부터 『동몽선습』과 『소학』 등으로 이어졌고, 사서삼경, 『사기』, 당송문 등으로 심화되었다. 아동들은 훈장의 지도 아래 문장을 반복하여 읽고 암송하여 그 의미를 이해하려고 했다. 제술(製述)방법은 오언절구, 칠언절구 등의 글짓기 교육이었다. 서당의 구체적인 조직은 훈장, 접장, 학도의 체제였다. 접장은 나이가 많고 성적이 우수한 학도 중에 선발되었다. 학습이 뒤진 학동들에게 보충수업을 하는 역할을 했다.

사설교육기관으로 서당의 운영주체는 개인 또는 마을 주민이 공동으로 설립하는 등 다양하였다.

① 훈장자영 서당 : 훈장 자신이 세우고 운영하는 서당
② 유지독영 서당 : 유지 혼자서 급비를 담당
③ 유지조합 서당 : 몇몇 개인이 조합하여 훈장을 초빙
④ 촌락조합 서당 : 촌 전체가 조합하여 가르치는 서당

(6) 과거제도

조선시대 과거제도의 특징은 문무 양과의 제도로 발전되었다. 과거시험은 3년에 한 번씩 시행되었는데, 이를 식년시라 하였다. 또한, 국가의 경사시 또는 특별한 행사가 있을 때 별시(別試)를 시행했다.

문과는 대과와 소과로 구분된다. 소과는 대과 전에 치르는 시험이다. 생원시는 경서를 외우는 시험이고, 진사시는 문장을 짓는 시험이다. 대과는 최고단계의 시험이다. 선발인원은 초시 240명, 복시 33명을 선발하였고, 복시 합격

김홍도의 삼일유가(과거급제 광경)

자는 왕의 입회하에 전시를 치른다. 과거급제자는 성적순에 따라 갑과 3명, 을과 7명, 병과 23명으로 분류했다. 무과는 조선시대 처음으로 시행되었다. 초시, 복시, 전시로 이루어졌고, 초시는 원시와 향시가 있는데, 선발인원은 합 120명이었다. 복시는 병조에서 28명을 선발하였다. 잡과는 기술직 관리를 선발하는 시험이다. 과목은 역과, 의과, 음양과, 율과가 있었는데, 문과와 무과보다 경시되었다.

(7) 잡과교육

잡과는 조선시대 성리학을 제외한 기술 및 실용학문을 말하는 것으로 주로 중인이 담당하였다. 과거시험에도 국가의 기술을 담당할 관리를 등용하는 시험으로 잡과가 있었다. 잡과를 위한 형식적인 교육기관은 따로 없었고, 관청에서 별도 교육을 실시하였다. 잡과에는 역과, 율과, 의과, 음양과, 이과, 악과, 서과, 도과 등이 있었다.

① 역과는 고려 이전부터 설치되어 조선시대에 이르러 확대 정비된 분야이다. 중국, 몽골, 왜 등의 외국어 통역을 위한 관리선발시험으로서 주관기관은 사역원이다.

② 의과는 의원을 선발하는 시험으로 주로 전의감에서 주관하였으나 일반백성의 의료를 담당한 혜민서와 각 지방관청에서 분담하였다.

③ 음양과는 천문, 지리, 명리학 등 업무 관리를 선발하는 시험으로 주관기관은 관상감이다.

④ 율과는 법률 업무를 맡는 관리선발시험이다. 형조에서 주관하였다.

잡과의 선발은 조선 후기 중인의 막강한 경제적 부를 바탕으로 신분 구조의 변화를 가져오게 된다. 실제로 잡과를 담당하던 중인의 위치는 갑오개혁의 내각에 다수 포함되고 독립회 운영에 관여하는 등 조선 말 실질적인 사회적 기득권을 가진 계급으로 부상하게 된다.

3) 실학과 교육

(1) 실학의 의의

실학이란 조선 후기에 대두된 사회개혁사상이다. 참다운 학문이라는 의미의 실학은 초기에는 성리학에 의존했지만, 경제, 산업, 제도 문제에 집중하면서 사회개혁을 위한 실용적이고 합리적인 사상으로 도입되었다. 형식적인 성리학을 극복하려는 새로운 사상으로서 실학은 기존의 교육제도의 쇄신과 과거제도의 개선을 역설했다.

(2) 실학의 사회적 배경

조선 왕조의 중기에 접어든 17세기에는 여러 가지 부문에서 사회적 혼란이 나타나고 있었다. 기존의 붕당정치와 세도정치의 전개로 정치는 파행을 걷고 있었으며, 지주제의 심화와 상업의 발달로 인해 농촌사회는 와해되고 있었다. 이러한 사회문제들을 외면하지 않고 학문적, 실천적 과제로 인식하여 그것에 대응하려는 노력이 비판적 유학지식인들 사이에서 일어났는데, 이것이 바로 실학사상이다.

(3) 실학의 학문적 배경

양명학은 성리학의 절대적 권위를 상대화하고 실천적 사고의 가치를 인식하는데 영향을 주었다. 서양의 과학과 기독교 사상을 담고 있는 서학은 과학의 실증적인 가치를 생각할 수 있게 해주었으며, 평등사상을 인식할 수 있는 계기가 되었다. 고증학은 경전에 대한 성리학적 해석에서 벗어나 보다 실증적인 입장에서 경전을 이해할 수 있도록 해주었다.

(4) 실학의 유형

① 경세치용 학파(經世致用學派): 이익과 유형원을 중심으로 하는 학파로서 국가사회를 질서 있게 운영하고, 현실의 문제를 효과적으로 해결할 수 있는 바른 제도와 정책을 중시하여 사회를 질서 있게 운영하여 국민을 편안하게 하는 토지제도나 행정기구와 같은 제도상의 개혁을 역설했다.

② 이용후생 학파(利用厚生學派): 박지원을 중심으로 하는 학파로서 백성들의 일상적인 생활을 이롭게 하고, 삶을 풍요롭게 하는 것을 학문의 목적으로 삼고, 상품의 유통과 생산기구의 개발 등 기술적 혁신에 주력했다.

③ 실사구시 학파(實事求是學派): 김정희를 중심으로 일가를 이룬 학파로서 청나라의 고증학을 도입하여 경서, 금석 등의 고증을 통해 글자들의 명확한 해석을 추구하는 실사구시의 방법을 강조하였다.

④ 북학론(北學論): 실학파는 한국의 실정을 연구 조사하는 동시에 외국의 제도문물과 학술 중에서 우리 것보다 우수하고 진보한 것이 있으면 받아들이고자 했다.

(5) 실학의 교육

실학교육은 기존의 성리학에서 주장하는 수신보다는 생활의 실용을 강조하는 교육이다. 즉, 개인의 수양보다는 실용성을 우선하고 개인차를 인정하는 교육이다. 실학자들은 이러한 목적을 실행할 공교육의 필요성을 역설하고, 교육의 공공성 및 교육의 국가관리 등 교육제도의 개혁을 제시하였다. 교육내용의 개혁으로서 사회의 현실문제를 인식하고 개혁적 시도를 했다.

4) 교육사상가

(1) 이황(1501~1570)

호는 퇴계(退溪)이다. 동방의 주자로서 유학교육에 미친 영향이 크다. 34세에 과거 대과에 급제한 후 조선시대 행정부 최고기관인 의정부의 여러 부서에서 관리생활을 하다가 49세 되던 해에 풍기 군수를 사직하고 정치에서 은퇴한 후

도산서원을 짓고 학문과 사색에 전념하면서 후진양성에 노력하였다.

이 황

이황은 이(理)도, 기(氣)도 각기 발현한다는 이기이원론의 입장에서 인간 심성론을 주장하였다. 그의 인간관에서 인간을 이(理)의 인간과 기(氣)의 인간으로 구별하였으나, 이 구별은 고정된 것이 아니므로 이의 인간이 되기 위한 노력이 필요함을 언급했다. 즉, 학습을 통한 인성의 함양이 이루어져야 경(敬)의 실천이 가능함을 역설했다. 개인의 심성을 계발하고 기질을 변화시켜 성현을 배우는 목적에 따라 인(仁)을 함양하는 교육이 그의 교육관이다.

이황의 교육이념은 도산서원을 설립하여 후진을 양성한 교육자로서 도덕적 인격양성에 두었다. 인간 내면의 성(性)을 기반으로 하여 경의 실천을 주장하였던 바 경은 지(知)와 행(行)의 통일의 원리로 규정하였다. 이를 위한 교육방법으로 학생들의 특성을 존중하는 잠심자득 방법을 강조하였다.

그의 교육에서 단계별 방법적 특징은 다음과 같다.

① 입지(立志): 학문을 하기 위해서 우선 뜻을 세운다.
② 궁리(窮理): 학문의 명백한 이치를 찾는다.
③ 경(敬): 공경하는 태도로 학문에 임한다.
④ 숙독(熟讀): 문장을 단순히 이해하는 것이 아니라 충분하게 인지한다.
⑤ 심득궁행(心得躬行): 덕행으로 행실을 다듬고 심득 후 행동으로 옮긴다.

(2) 이이(1536~1584)

호는 율곡(栗谷)이다. 29세에 과거 대과에 급제하여 관리생활을 시작했다. 36세에 정사를 짓고 후학을 양성하였다. 그는 이황의 이기이원론과 비교되는 기발이승설을 주장했다. 이는 기의 주재이고, 기는 이에 승한다는 의미이다. 인간의 실제적 면을 강조한 이이는 교육이념으로 입지(立志), 즉 뜻을 세우는 일을 교육의 첫째 요소로 두었다. 이어 밝고 명확한 지식을 깨우치고 힘써 실

이 이

행한다는 뜻인 명지(明知)를, 다음으로 생활 중심 교육의 중요 요소인 역행(力行)을 꼽았다.

교육 관련 주요 저서는 『학교모범』, 『성학집요』, 『학교사목』, 『격몽요결』 등이 있다. 『학교모범』은 16조로 구성된 수양에 관한 교훈이 담긴 청소년을 위한 교육지침서이다. 『성학집요』는 8권으로 구성된 군주의 교육을 위한 사상집이다. 『학교사목』은 국민교화를 위한 사상집이다.

특히 『격몽요결』에서 이이는 공부를 시작하는 아동들에게 공부란 무엇이며 어떻게 하는 것인가를 가르쳐주기 위해 입지, 혁구습, 지신, 독서, 사친, 상제, 제례, 거가, 접인, 처세 등 10단계 교육을 제시하였다. 입지는 지행일치교육으로 입문하는 것이고, 지신은 선을 행하며, 독서에서는 소학과 같은 쉬운 책을 완독 후 높은 수준의 책을 읽는 것이다. 거가는 집안을 관리할 때 예를 다하고 경으로써 응대한다. 접인은 학문을 좋아하고 선을 추구하는 친지를 잘 선택한다. 또한, 처세는 지혜롭게 세상의 이치를 깨닫는 것이다.

이이의 생가 「오죽헌」

이상에서 알 수 있듯이, 이이는 아동들에게 공부하는 법뿐만 아니라 책을 읽는 법, 어버이를 섬기는 법, 사람들과 사귀는 법, 사회생활을 하는 법 등에 대해 체계적으로 설명하였다. 뿐만 아니라 인생을 망치는 8가지 습관도 언급하였다. 즉, 놀 생각만 하는 습관, 하루를 허비하는 습관, 자기와 같은 생각을 하는 사람만 좋아하는 습관, 헛된 말과 글로 사람들의 칭찬을 받으려는 습관, 풍류를 즐긴다며 인생을 허비하는 습관, 돈만 가지고 경쟁하는 습관, 남 잘되는 것을 부러워하며 자신의 처지를 비관하는 습관, 절제하지 못하고 재물과 여색을 탐하는 습관이다.

(3) 유형원(1622~1673)

유형원은 실학의 선구자이다. 당시 나라가 처한 난국을 인식의 변화와 제도의 개혁을 통하여 극복하고자 하였다. 그가 제시한 새로운 사상과 제도의 구상은 조선 후기의 실학사상의 모태가 되었다. 당시의 유교적 이데올로기를 전면 부정하지 않고 오히려 주자학적 이념체제를 올바르게 실현함으로써 참다운 유교적 이상사회를 건설하고자 했다.

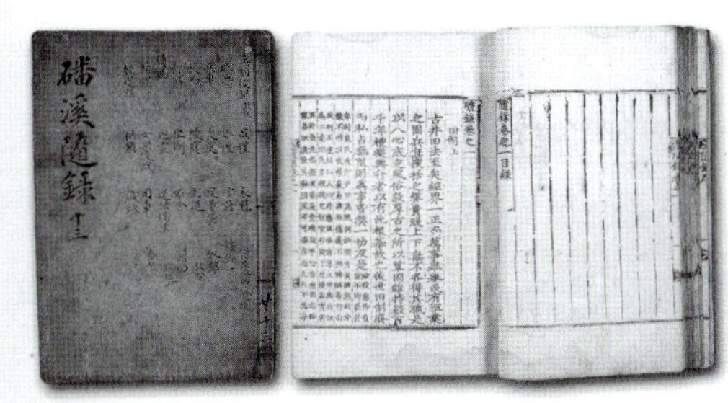

유형원의 『반계수록』

유형원의 교육사상은 『반계수록』에 담겨 있다. 교선지제(敎選之制)는 교육에 대한 기본방향을 세웠고, 교선고설(敎選攷說)은 사회개혁, 사회부조리의 부당함을 지적했다.

특히, 문제가 많은 과거제를 폐지하고 대안으로 공거제를 제시하였다. 공거제는 학교교육의 내실화를 기하고 학교교육과 인재의 선발을 연계시켜 학교교육을 통하여 드러나는 개인의 덕행과 도예를 기준으로 인재를 선발하는 제도였다. 공거제의 절차는 우선 진사원에는 태학에서 1년 이상 수학한 우수한 학생들을 대상으로 학교의 추천과 진사원의 시험에 의하여 선발한다. 이렇게 선발한 학생을 진사원에서 1년간 관리수습을 받게 하여 그 능력과 인격 등의 차등에 따라서 관직에 임명한다.

(4) 이익(1681~1763)

이익은 사회적 현실에 대한 실증적인 방법으로 역사를 이해해야 한다고 했다. 학문은 실생활에 유용하여야 하며 국가발전에 기여해야 한다고 주장하였다. 그리고 당시의 과거제도가 당쟁으로 병들었을 뿐만 아니라, 현실과 너무 유리된 내용을 다루고 있다고 비판하였다. 그는 과거제도의 병폐를 시정하기 위하여 공거사의(貢擧私議)에서 개혁방안을 제시하였다.

이익은 교육과정의 개혁을 주장하였다. 중국 중심의 세계관과 중국의 경전 위주의 독성에서 탈피하여 한국인이 자국의 문화를 습득하여야 한다는 당위성을 주장하였다. 조선사회의 실정을 이해할 것을 강조하여 고증학적 방법론을 채택하여 선진문화의 수용에 노력하였다. 이익의 저서에는 『성호사설』, 『곽우록』 등이 있다. 『성호사설』은 총 307편의 항목에 천지문, 만물문, 인사문, 경사문, 시문문 등 다섯 가지의 문으로 분류되어 있다. 이익은 자라나는 성장세대들이 필히 읽어야 할 요량으로 안정복의 『동사강목』과 이황의 『퇴계집』 등 고전들을 추천하기도 하였다.

(5) 정약용(1762~1836)

정약용

정약용은 조선 후기 대표적인 실학자이다. 경세치용, 실사구시, 이용후생 등 실학의 여러 학파를 아우르는 사회개혁론자이다. 당시 정조의 개혁정치에 뜻을 같이하여 사회제도의 개혁, 수원성 건축 등을 실행하였다. 중국을 통해 도입된 서양의 천문, 지리, 측량법 등 과학기술에 대한 적극적인 관심으로 실제 생활에 편리하게 활용할 수 있는 계기와 방법을 시행하기도 했다.

정약용은 기초교과인 『천자문』이 비교육적이

고 어린이의 발달을 고려하지 않은 책이라고 지적하였다. 그 대신 『아학편』을 저술하였는데, 이 책은 사물들을 성격과 유형별로 구분하여 교육하는 내용을 담고 있다. 또한, 우리나라를 제대로 이해하기 위해서 역사와 우리 조상들의 지혜를 배워야 한다고 강조하였다. 이를 위해 그가 추천한 독서목록은 『고려사』, 『반계수록』, 『서애집』, 『성호사설』, 『퇴계집』, 『율곡집』, 『이충무공전서』, 『연려실기술』 등이다.

정약용은 정조의 총애에 힘입어 정치, 경제, 종교, 과학 등 다방면에서 사회개혁을 시도하였는데, 정조의 사망과 함께 좌천되었고, 결국 전라도로 유배를 갔다. 유배생활 중에 전심으로 쓴 책이 『목민심서』이다. 이 책은 관리로 임명되어 관할 지역의 백성을 다스리는 자세나 기술을 12편으로 구성하여 서술하였다. 여기서 정약용은 "백성은 흙으로 밭을 삼는데, 이서(里胥)는 백성으로 밭을 삼아서 살을 긁어내는 것으로 농사를 삼고 백성의 재물을 가렴주구하는 것으로 추수를 삼는다"며 말단관리의 농단을 지적하기도 했다. 나라를 다스리고 백성을 편하게 해주기 위한 올바른 정치관과 태도, 백성의 경제생활에 유용한 기술 등이 목민관의 필수덕목이라는 것이다.

02 조선 후기의 교육

조선시대 후기에 와서 근대화 교육의 기틀이 마련되었다. 고종의 「교육입국조서」 반포와 함께 교육으로 나라를 바로 세우려는 제도적 개혁이 실행되었다. 동학사상의 영향으로 계급제도의 부정, 인류평등의 강조, 인내천과 보국안민 등을 근간으로 삼아 교육의 기회균등을 시도하기도 했다. 관학교육기관 및 민족주의교육을 통하여 초등교육의 의무화, 외국어교육, 기술교육 등 근대적 교육개혁이 진행되었다.

1) 개화기(1876~1894)의 교육

1876년 일본과 강화도 조약을 체결한 조선은 열강의 개방요구에 대응하기 위해 무비자강정책을 시도하였다. 새로운 기관으로 통리기무아문을 창설하여 청, 일, 미국 등과의 외교업무를 담당했고, 상대국의 정보를 획득하고, 농업기술과 통신, 교통시설을 도입하여 내정개혁을 추진했다. 이러한 자강정책을 추진하기 위해 요구되는 군사기술과 영어 연수 등 새로운 형태의 교육이 등장하였다.

(1) 교육제도

① **관립학교**: 군사기술, 양의술, 영어 연수 등을 위해 설립한 신식관립학교는 자강과 개방정책을 추진할 정부기구의 실무관리를 양성하기 위한 기관이었다. 이 학교는 정부관리 또는 관리지망생에게 군사기술, 영어 등을 가르치는 일종의 특수직업학교였다. 기존 교육기관에서 가르치는 유학경서는 도덕성 함양에 일차적 중요성을 두고 있는 교양교과였던 반면, 신식관립학교의 교과는 인격완성과는 관련 없이 국가적 필요나 사회적 유용성 때문에 선정된 교과였다.

② **육영공원**: 영어능력 양성이라는 국가적 필요를 충족하기 위해 1886년 9월 육영공원을 설립했다. 육영공원은 단순히 영어교육기관이 아니라 부국정책에 기여하는 외국의 문물을 도입하는 데에 필요한 교육을 하였다. 그래서 육영공원의 교과에 역사, 지리, 산술, 과학뿐 아니라 농리, 화훼, 초목 등이 있었다. 입학대상은 양반의 아들이고, 좌원, 우원으로 구분하여 학생을 선발했다. 좌원은 과거 급제자들이 선발대상이었고, 우원은 우수한 유학자가 선발대상이었다.

(2) 개신교와 근대학교

1882년 미국과 수교한 후 조선은 개신교의 선교는 금지했지만, 교육 및 의료사업은 허락했다. 서양문물을 도입하는 과정에서 개신교를 적극적으로 활용하려는 시도의 일환이었다. 양의술의 소개와 영어강습으로 시작된 개신교의 교육사업은 중등교육기관의 설립으로 발전되었다.

광혜원(1885)은 개신교에서 설립한 병원으로 부속 의학교에서 양의술을 교육했다. 배재학당은 1885년 8월 3일 아펜젤러가 세운 남자학교로 1887년 정부로부터 학교명칭과 현판을 하사받았다. 1895년 갑오교육개혁의 일환으로 세운 관립 외국어학교의 영어과로 충당할 수 없는 학생의 영어 교육을 위해 정부와 '관비영어위탁교육계약'을 맺고 이들을 교육했다. 아펜젤러는 1896년 서재필을 초청하여 세계사, 지리, 종교, 정치 등을 강연토록 함으로써 초보적 수준이나마 교양교육을 실현할 수 있게 되었다. 경서강학과 영어강습이 공식적 교육과정이었으며, 대한제국의 독립주권 확립을 위한 학내외 정치운동은 비공식 교육과정이었다. 유학의 경전을 정신적 도야를 위한 교양과목으로 본 아펜젤러는 한문과를 설치하고, 유학의 강서를 주요 교과로 가르쳤다.

이화학당은 1886년 북감리교 선교사 스크랜턴 부인이 설립한 우리나라 최초의 여학교이다. 이 학교는 성경과목을 비롯하여 영어, 산술, 한글, 역사, 글쓰기, 한문을 교육했다.

이화학당

최초의 서양식 병원 광혜원

2) 갑오개혁과 근대적 교육제도의 도입

(1) 교육개혁의 전개

갑오개혁을 계기로 조선 정부의 학제가 개편되면서 종래의 교육을 관장해

온 예조 대신에 외무아문과 학무아문을 설치하였다. 1894년 8월 「학무아문고시」가 발표되었다. 이 고시를 통해 국정의 쇄신에 있어 영재교육의 시급함을 강조하고, 반상의 구별 없이 인재를 양성하겠다는 교육의 기회균등의 원칙을 밝히고, 대학과 전문대학 등 새로운 학교의 설립을 천명하였다.

고종은 1895년 국정개혁의 대강으로서 조선서 최초의 헌법적 의의를 지닌 홍범 14개조를 선포하였다. 내용 중 교육에 관해서는 홍범 제11조에 "국중의 준자제를 널리 찾아 외국에 파견하여 학술과 기예를 전습시킨다"고 명시되어 있다. 근대적 신교육과 신기술 도입을 제시한 것이다.

이어서 같은 해 고종은 「교육입국조서」를 발표하여 신교육의 중요성을 강조했다. 과거의 교육은 유학을 근본으로 삼은 형식적 교육에 불과했다. 봉건적 전통을 탈피하여 근대국가로의 체제를 향한 새로운 정치윤리와 사회윤리를 도모한 입국조서였다. 여기에서 교육의 3대 강령으로 덕육, 체육, 지육을 제시함으로써 전인적 교육목표가 제시되었고, 경전 중심의 교육을 지양하고 국사와 국문을 강조, 근대 교육이념의 교과를 지향하는 노력을 보였다.

(2) 교육개혁의 방향

교육개혁은 먼저 국민을 위한 초등교육을 널리 실행하는 것이다. 이를 위해 정부는 사범학교와 소학교를 설립하였다. 또한, 정부의 근대적 개혁에 필요한 인적 자원을 육성하기 위해 각종 외국어학교와 무관학교, 의학교, 상공학교, 광무학교, 법관양성소 등이 설립되었다. 개혁에 필요한 인적 자원의 육성을 목표로 한 근대학교로서의 관학은 외국어교육, 교원양성, 실업교육이라는 세 가지 영역에 집중하였다.

(3) 교육제도

① 관공립소학교 : 1895년 소학교령에 의거하여 관공립소학교가 한양과 지방의 주요 도시에 설치되었다. 공립소학교는 관립소학교와는 달리 교원의 봉급만을 국고에서 지원하고, 학교설립이나 운영은 지방에서 담당하였다. 소학교에는 심상과와 고등과가 있었고, 수업연한은 심상과 3년, 고

등과 2~3년으로 정했다. 심상과의 교과목은 수신, 독서, 작문, 습자, 산술, 체조, 역사, 외국어 등이며, 고등과는 여기에 외국 지리와 외국 역사, 그리고 이과를 추가했다.

② 한성사범학교 : 1895년 5월에 설치된 한성사범학교는 소학교 교원양성기관으로 본과 2년, 속성과 6개월로 하였다. 교과목은 수신, 교육, 국어, 한문, 역사, 지리, 수학, 물리, 화학, 박물, 습자, 작문, 체조 등이었다.

③ 영어학교 : 1883년 묄렌도르프가 세운 최초의 근대학교로서 일명 통변학교(通辯學校)라고도 불렸다. 1886년 육영공원의 설립으로 폐교되었다.

④ 중학교 : 1895년 우리나라 최초의 학교법규인 한성사범학교관제에 따라 우리나라 최초의 사범학교인 관립한성사범학교가 설립되어 교원양성을 위해 운영되었다. 또한, 한성중학교는 1899년 중학교관제의 규칙에 따라 설립된 최초의 중학교이다.

3) 구한말 민족교육

(1) 개화기 민족교육

개화기 민족교육은 투쟁목표와 방법은 달랐지만, 국권회복을 목표로 하는 데에는 일치하였다. 서구의 문물뿐 아니라 서구식 민주주의를 지향한 개화사상가들은 반외세뿐 아니라 봉건제도를 타파하기 위한 반봉건운동도 함께 전개했다. 반봉건과 반외세를 동시에 주장한 대표적인 단체는 신민회와 배재학당의 학생들을 중심으로 발족한 학생단체인 협성회였다. 협성회는 국권회복과 개화사상에 기초하여 입헌적 민주국가의 수립을 지향했다.

(2) 민족사학의 성격

민족사학은 처음에는 선진 여러 나라의 문물을 받아들이려는 개화사상에서 출발했으나, 일제의 침략이 노골화되면서 민족주의적 성격을 띠었다. 민족사학은 을사보호조약(1905) 이후 독립운동의 성격을 띠었는데, 특히 을사보호조약 이후의 민족교육운동을 교육구국운동이라고 한다. 이런 취지로 설립된 민족사학은 개화를 통한 근대화의 지향, 민족의식의 고취, 교육을 통한 국권의 회복 등을 목적으로 했다.

① 원산학사(1883) : 강화도조약에 의해 개항하게 된 원산의 주민들은 일본 상인의 침투에 대항하기 위해서는 신교육이 필요함을 절감하고, 서당을 개량서당으로 발전시켜 '최초의 근대적 사학'(근대학교)인 원산학사를 설립했다. 갑오개혁 이후 중학교와 소학교의 기능이 분화되었고, 이후 문예반만 갖춘 원산 공립소학교로 전환되었다.

원산 소학교

대성학교

② 흥화학교(1895) : 민영환이 세운 학교로 영어와 일어, 측량술 등을 가르쳤다.

③ 점진학교(1899) : 도산 안창호가 그의 고향인 강서지방에 세운 소학교이다.

④ 보성전문학교(1905) : 대한제국의 이용익이 설립한 최초의 사립전문학교이다.

⑤ 기타 : 엄주익의 양정의숙(1905), 민영휘의 휘문의숙(1906), 이승훈의 오산학교(1907), 안창호의 대성학교(1908) 등 많은 민족사학이 설립되어 1908년에는 그 수가 5,000여 개에 이를 정도였다. 통감부는 「사립학교령」(1908)을 공포하여 민족사학을 탄압했다.

4) 교육사상가

(1) 남궁억(1863~1939)

남궁억

일본 강점기에 민족교육에 힘쓴 교육가이다. 황성신문을 발행하였으며, 1908년에는 「교육월보」를 순 한글로 간행하여 통신교육을 하였다. 특히, 역사교육을 강조하여 『동사략』, 『조선이야기』 등을 저술하였고, 무궁화 선양사업을 전개했다. 무궁화에 대한 사랑과 애국애족하는 국민육성을 교육의 목적으로 하였고, 이에 부합한 교육내용은 역사교육, 예능교육, 실업교육, 언어교육 등이다. 실업교육을 위해 학생들과 함께 풀베기, 나무하기, 꽃가꾸기, 자리짜기 등을 강조했다. 저서는 『조선이야기』, 『동사략』, 『조선어법』 등이 있다.

(2) 이승훈(1864~1930)

남강 이승훈

이승훈은 일제 치하에서 의병활동을 하여 애국정신을 실천한 애국지사이다. 독립을 위한 교육을 강조하여 1907년에 오산학교를 설립하기도 했다. 학교운영에서 강조한 교육의 목적은 성(誠), 애(愛), 경(敬)을 실천하는 애국인의 육성이었다.

(3) 안창호(1878~1938)

사상가, 정치가, 교육자인 동시에 민족지도자이다. 소년 시절 조부로부터 한문을 배웠고, 열네 살부터 열여섯 살까지 유학의 기초서적들을 공부했다. 1907년에 비밀결사단체인 신민회를 조직하고, 전국 곳곳을 돌며 민중의식교육을

안창호

전개하였다. 강연을 통해 국민들에게 일제로부터 독립의지를 고취시켰고, 점진학교, 대성학교 등 교육기관을 설립하였다. 그의 교육이념은 자아혁신, 무실역행, 점진공부이다. 자아혁신을 통해 인격혁명을 이루고, 인격혁명을 통해 자주독립을 이루고자 하였다. 1909년에는 최남선, 김좌진, 이동녕 등과 함께 청년학우회를 조직하여 민족계몽운동을 주도하였다. 미국으로 망명한 후 1913년에 로스앤젤레스에서 흥사단을 결성하였다. 청년들에게 민족성과 독립의지를 일깨우는 교육운동이 흥사단을 중심으로 전개되었다. 무실역행 원칙에 따라 지덕체의 교육을 실행하여 건전한 인격육성과 협동단결을 이루고자 하였다.

안창호는 건전한 육체에서 건전한 정신이 나온다는 취지에서 지육보다 체육을 강조했다. 또한, 일인일기(一人一技)를 실천할 수 있는 실용교육을 강조했다. 교육방법으로는 성실성과 점진성을 제시했다. 건전한 인격을 형성하기 위해 갖추어야 하는 4대 정신으로 무실, 역행, 충의, 용감을 강조하였다.

토론 및 심화과제

1. 다음의 교육 일람표를 참고하여 각 시대별 교육제도가 다음시대에 어떠한 영향을 주었는지 토론하시오.

삼국-조선시대 교육제도 일람표

종류 / 시대		관학		사학		
		고등	중등	고등	중등	초등
삼국시대 (4세기 초~ 7세기 중엽)	고구려	태학(372)				경당
	신라	국학(682)				
	백제					
고려		국자감(992)	학당(5부 학당) 향교(향학)	12공도 문헌공도		서당
조선		성균관(1398) 종학(왕족 자녀)	4학(4부 학당) 향교(향학)		서원	서당

2. 조선의 잡과 선발에 대해 토론하시오.

3. 갑오개혁의 교육적 의의에 대해 토론하시오.

4. 서원의 발전과 폐해에 대해 토론하시오.

5. 성균관 유생들의 자치활동과 권한에 대해 토론하시오.

6. 다음 단어에 대해 살펴보시오.

> 양현고, 서당, 이이, 정약용, 안창호

CHAPTER

10 근 · 현대의 교육

역사의 시대분류에서 현대는 1차 세계대전 이후부터이다. 1차 세계대전 당시 우리나라는 1910년 한일합방 체결 이후 일제 강점기였다. 1945년 해방을 맞았지만, 한반도에는 미국과 소련의 남북한 분할정치로 인해 3.8선이 그어졌고, 6 · 25 동란을 겪은 후에도 휴전선이 계속 남아 있어 현재까지 분단국가 상태이다.

이와 같은 역사직 격동시기에 전개된 우리나라의 교육은 크게 민속주의 교육, 민주주의 교육, 그리고 신자유주의 교육으로 특징지을 수 있다. 일제 강점기에 민족말살정책의 하나로 4차에 걸친 조선교육령이 시행되었다. 그러나 민족의 끈기 있는 항일운동과 독립의지를 고취하기 위해 만족지도자들은 학교를 설립하고 흥사단과 같은 단체를 운영했다. 해방 후 미국으로부터 도입된 민주주의 교육제도는 학제개편, 의무교육, 남녀평등, 아동교육 등 혁신적인 형태를 갖추었다.

1954년 1차 교육과정 발표 이래 현재까지 7차에 걸친 교육과정의 개정을 시행하였는데, 국가수준의 교육과정이 너무 잦게 개정된다는 지적도 있다. 특히, 7차 교육과정의 배경에 신자유주의 경제원칙이 있다. 신자유주의 시장경제구조에 맞춰 교육에서 경쟁과 효율성을 진작하는 정책이다. 학교선택권과 교육의 자율성을 보장하는 조치의 하나로 자율형 사립학교와 같은 학교제도들이 등장했다. 그러나 신자유주의 교육의 이면에 공교육의 부실과 교육복지의 한계 또한 드러났다.

01 일제 강점기의 교육

1) 제1차 조선교육령 시기(1910~1922)

1910년 8월 29일에 체결된 한일병합조약 이후 일제는 조선총독부를 두고 우리 민족을 강압적으로 지배하였다. 1912년 일제는 전국토지조사사업을 벌여

토지를 약탈하였다. 식민정치의 탄압이 거세지면서 항일독립운동이 나라 안팎에서 가열차게 일어났다. 항일단체 가운데 광복회는 대표적인 독립운동단체로서 국민에게 독립의 경각심을 불러일으켰고, 학교, 종교단체, 농민들과 결성하여 민족운동을 주도하였다.

1차 세계대전 이후 등장한 민족자결주의 경향에 힘입어 세계 곳곳에서 독립운동이 일어났다. 우리 민족은 1919년 3월 1일 거국적으로 독립운동을 일으켰다. 독립운동 단체들은 일제의 무력에 대항하며 독립투쟁을 주도하였다.

조선총독부

일제의 강요로 한 신사참배

일제 치하 충량한 국민을 만드는 것을 교육목적으로 일본의 식민지 정책에 순응하는 충성스러운 신민을 양성하고자 했다. 고등교육을 억제하고 기초실업교육을 시행하였다. 1910년 발표한 1차 조선교육령에서 교육연한을 단축하여 보통학교는 6년에서 4년으로, 고등보통학교는 7년에서 3~4년으로, 상공학교는 4년에서 2년으로 변경되었다. 아울러, 한성사범학교를 폐지하였고, 관립 고등보통학교에 1년 과정의 사범과와 1년 이내의 교원속성과를 두었다.

교육과정에서 일본어를 집중교과로 했고, 수신교과를 중시했으며, 박물, 물리, 화학을 이과로 통합했고, 실업과 법제와 경제를 실업으로 통합했다. 또한, 외국어학교를 폐지하였고, 성균관도 폐지하여 학원으로 바꿨다.

2) 제2차 조선교육령 시기(1922~1938)

일제 강점기의 학교 수업

3.1운동 이후 일제는 이른바 문화통치를 내세워 유화적인 태도를 보였다. 수업연한을 보통학교는 4년에서 6년으로, 고등보통학교는 4년에서 5년으로 연장하였는데, 이는 1차 때에 단축했던 것을 다시 복귀한 것이다. 실제로 개선된 것은 없었다. 또한, 고등교육기관으로 사범학교를 설립했고, 대학교육에 대한 조항이 신설되었다. 수업연한은 예과 2년, 본과 3~4년으로 하였다.

교육령 제2조와 제3조에 한국 내에 있는 일본인을 위한 교육제도와 한국인을 위한 교육제도를 따로 마련하는 이른바 복선제를 도입했다. 또한, 학교에서 조선어를 필수과목으로 부과하였다. 겉으로는 완화한 듯한 방책이었지만, 사실은 일본사와 일본어 수업시간을 더 늘리는 조치에 그쳤다.

3) 제3차 조선교육령 시기(1938~1943)

1930년대는 일본의 식민통치가 극심했던 시기이다. 1937년 중일전쟁이 일어났고, 1941년에는 일본이 미국의 하와이 진주만을 기습하여 태평양전쟁이 터졌다. 일제는 군수물자를 보급하기 위해 우리나라의 농산물, 광산물 등 온갖 물품들을 수탈하였다. 징병제를 내세워 우리나라 청년들을 강제로 차출하여 전쟁터로 내몰았다. 일제는 이에 그치지 않고 12~16세의 처녀들을 징집하여 일본군 위안부로 강제동원한 만행을 저질렀다. 1938년부터 신사참배를 강요했고, 일본어만 사용하도록 하였다. 1940년에는 「동아일보」와 「조선일보」가 강제 폐간되었다. 일제는 마침내 국민의 성과 이름도 일본어로 바꾸도록 하였다.

교육 또한 민족말살정책의 목적으로 시행되었다. 조선총독부는 1941년에 「국민학교령」을 발표하여 소학교를 국민학교로 개칭하였다. 또한, 고등보통학교, 여자 고등보통학교의 명칭이 중학교, 고등여학교로 변경되었다. 조선어는 수의 과목으로 전락되었고, 수신과에 황국의 3대 강령을 주입하는 학습을 하였다.

4) 제4차 조선교육령 시기(1943~1945)

일제는 태평양전쟁 시기에 학교를 전시동원체제로 전환하였다. 대륙을 점령하기 위해 한반도를 병참기지화하였고, 징병제를 강화하여 수많은 청년이 전쟁에 끌려갔다. 1943년 3월에 공표한 제4차 조선교육령은 황국신민화에 역점을 둔 것이었다. 일제치하의 식민화 교육은 1945년 8월 15일 일본의 무조건 항복으로 끝이 났다.

〈일제시대의 교육정책〉

연도	법령	내용
1938	제3차 조선교육령	• 한민족을 황국의 신민으로 예속하려는 민족말살정책의 목적 • 한국어 교육 금지 · 신사참배 강요 • 한국인 교사를 일본인 교사로 대치 • 보통학교를 소학교로, 고등보통학교를 중학교로 명칭 변경
1941	국민학교령	• 군국주의적 야욕에서 실시 • 소학교를 국민학교로 개칭
1943	제4차 조선교육령	• 학교를 전시동원체제로 전환
1906	사범학교령	• 교사양성법규를 일본식으로 개정 • 사립사범학교 불허
1908	사립학교령	• 민족사학의 탄압을 목적으로 제정 • 모든 사립학교는 정부의 인가를 받도록 함
1908	교과용 도서 검정 규정	• 교과서의 국정교과서화로 교육내용을 통제
1911	제1차 조선교육령	• 한국민의 신민화와 우민화를 위해 고등교육은 억제하고, 실업교육 강화 • 보통학교 : 4년, 실업학교 : 2~3년, 전문학교 : 3~4년 • 일본어 교육 강화, 외국어 교육 폐지
1913	사설학습 강습회 규칙	• 야학, 학술강습회 등 소규모 민족교육 탄압을 위해 제정
1918	서당 규칙	• 근대 학교로 발전해 가는 '개량서당' 탄압
1922	제2차 조선교육령	• 한국민의 반발 무마책으로 제정 • 보통학교 수업연한 확대(4년 → 6년) • 한국민의 대학 입학 허용 • 복선제의 도입

5) 일제 치하 민족교육

한일병합 이후 일제로부터 국권을 다시 찾으려는 운동이 전개되었다. 국민의 자각심을 만들어주기 위해 무엇보다 한국사와 한글교육이 중요했다. 장지연, 신채호 등 민족사학자들은 전쟁영웅들의 전기를 써서 국민의 사기를 높이고자 하였다. 국어교육에서는 지석영, 주시경 등 학자들이 국어연구를 하여 국어의 이해와 보급에 기여하였다. 안창호 선생은 1907년에 비밀결사단체인 신민회를 조직하고 전국 곳곳을 돌며 민중의식교육을 전개하였다. 강연을 통해 국민에게 일제로부터 독립의지를 고취했고, 점진학교, 대성학교 등 교육기관을 설립하였다.

또한, 1913년에 미국 로스앤젤레스에서 흥사단을 결성하여 청년에게 민족성과 독립을 계몽하는 교육운동을 전개하였다. 우리 민족은 1926년 6월 10일에 만세운동을 일으켰고, 이 운동을 시점으로 전국의 학교에 항일결사단체가 결성되어 나라의 독립을 위해 투쟁을 계속하였다.

1913년 창단한 흥사단

(1) 민립대학 설립 시도

1910년 일제의 탄압에 저항하고 민족의 주체성을 찾기 위해 일어난 3.1운동은 민족교육에 대한 필요성을 인식하는 계기가 되었다. 정치, 종교 등 각계 지도층이 주축이 되어 대학 설립을 추진했다. 조선총독부의 방해로 성사되지 못했지만, 1925년 국립 경성제국대학의 설립에 지대한 영향을 주었다.

(2) 문맹퇴치운동

일제의 탄압정책에 저항한 애국지도자들은 우리 문화를 보존하기 위해 문맹퇴치운동을 주도했다. 가장 대표적인 것이 「동아일보」에서 실시한 브나로드 운동이다. 이 운동은 방학을 맞아 귀향하는 학생들에게 고향의 문맹자들에게 한글과 기초 산수를 가르쳐주고, 애국심을 고취하게 한 농촌계몽운동의 하나였다.

(3) 서당의 민족교육

관립학교들이 일제의 통제 아래 힘을 잃었을 때 전국에 산재했던 서당에서 민족지도자들과 유생들이 백성들에게 민족의식을 심어주었고 한글교육을 했다.

(4) 신간회의 민족교육운동

新幹會創立總會

신간회 창립총회 신문기사

1920년대 독립운동 단체가 민족주의와 사회주의 진영으로 양분되는 일이 벌어지자, 진영 논리를 벗어나 독립의 대의를 추진하는 데에 뜻을 모아 1927년 2월에 신간회를 설립하였다. 신간회는 독립투쟁을 주도하였고, 교육활동을 추진했다. 식민지 교육에서 벗어나기 위해 아동의 의무교육제, 야학 등 교육개혁을 시도했고, 비밀결사조직을 통해 독립투쟁을 주도하였다. 또한, 조선어학회와 함께 문자보급에 노력했다. 신간회는 일제의 탄압으로 결국 1931년에 해체되었다.

(5) 국외의 민족교육운동

민족운동가들은 갈수록 악랄해지는 일제의 강압에 조국을 떠나 만주, 연해주 지역으로 망명하였다. 난민의 신분으로 고초를 겪으면서도 이들이 곳곳에 설립한 학교는 독립운동의 기지로서, 그리고 민족교육의 터전으로서의 역할을 감당했다.

① 서전서숙(1906) : 고종의 밀사 이상설이 설립한 학교

② 명동서숙(1908) : 간도의 대표적인 민족교육기관. 1909년 명동학교로 개편

③ 신흥무관학교(1910) : 무관양성을 목적으로 이동녕, 이시영 등이 설립한 학교

④ 계동학교(1907) : 블라디보스토크의 신한촌에 설립된 학교

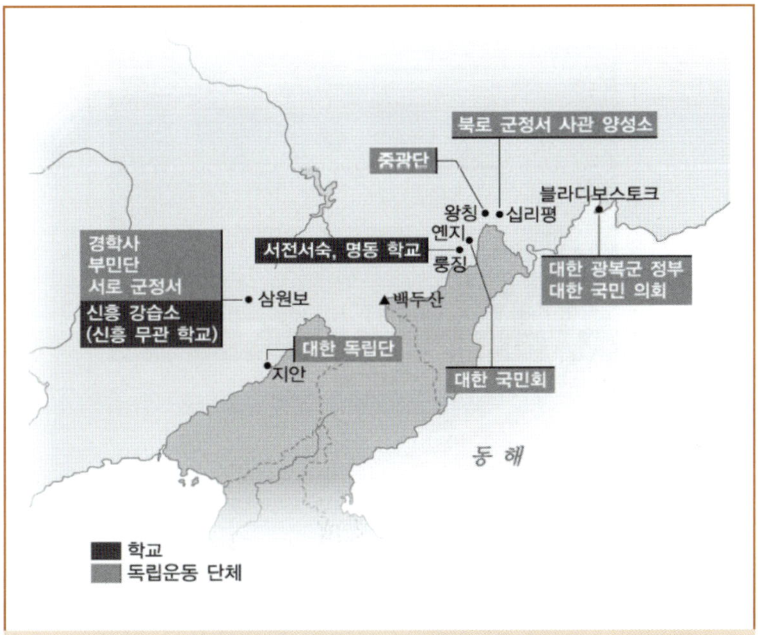

일제 강점기의 독립운동단체와 학교들

02 해방 후 현대교육

1945년 8월 15일, 제2차 세계대전에서 연합국이 승리하면서 일본은 무조건 항복을 선언하였고, 우리 민족은 식민통치에서 해방되었다. 한반도는 연합국 미국과 구소련의 선택 때문에 남과 북이 갈라지는 운명에 처하게 되었다. 북위

38도를 기준으로 갈라진 영토에 미국과 구소련 군대가 진입하였다. 남쪽에는 미군정이 시작되었다. 남과 북, 미국과 구소련이 갈수록 이념의 대립으로 긴장 상태가 고조되는 가운데 남쪽에서라도 정부를 세워야 한다는 게 미국의 입장이었다. 임시정부 주석 백범 김구의 반대에도 결국 1948년에 남한만의 총선이 시행되었다. 그해 8월 15일에 대한민국 정부가 수립되었고, 이승만이 초대 대통령으로 취임하였다.

1948년 대한민국 정부 수립

1) 미군정기 교육

미군정시대 한국교육위원회가 교육문제 전반에 대한 심의와 결정을 하였고, 지방의 교육행정직 인사도 의결했다. 한국교육위원회의 심의를 거쳐 1945년에 교육방침이 공표되었다. 주요 골자는 민주교육이념의 보급, 교과서 편찬, 교육제도의 민주화, 교육행정의 자치화 및 지방분권화, 문맹퇴치를 위한 성인교육 추진 등이다.

교육방침의 목표는 평화와 질서유지이다. 그 내용을 보면,

> "평화와 질서의 유지만이 조선의 장래를 광명으로 인도하는 것이요, 투쟁과 혼란은 국가 백년대계를 그르친다는 것을 교육의 전면을 통하여 철저하게 하며, 교육을 실천적으로 하여 공리공론에 떨어지지 말도록 하고, 생활의 실제에 적합한 지식기능을 반복연습하고, 근로를 애호하고, 흥업치산의 지조를 굳게 할 것이다"

교육상 유의할 점으로 투쟁과 혼란을 그치고 공리공론에서 벗어나 실천적인 교육을 함양한다는 것이다. 또한, 예체능교육을 강조하여 조화로운 품성을 도야하도록 하였다.

(1) 미군정기의 교육개혁

일제의 복선형 학제를 단선형으로 개편했다. 학교계통을 학령전교육, 초등교육, 중등교육, 고등교육, 특수교육의 5종으로 하였다. 교육연한은 6－3－3－4제에 따른 16년과 유치원 교육 및 대학원 각 2년을 합하여 총 20년이다. 중등교육은 초급과 고급과정으로 나뉜다. 기존의 전문학교는 대학으로 전환하였다.

미군정기 교과서들

일제의 식민지 교육에서 벗어나기 위해 국어와 국사교육을 강화했다. 교과서의 상용한자는 1,000자로 했고, 한글 전용과 가로쓰기를 원칙으로 정했다.

교사양성을 위해 사범학교에 강습과와 초등교사 양성과를 설치했다. 중등교사 양성을 위하여 경성사범대학, 대구사범대학이 설립되었다.

교육제도의 개편에서 집중했던 분야는 초등교육의 의무교육이었다. 이것은 교육의 기회균등을 실현할 계획으로 추진했다.

미군정 하에서 우리 교육은 제도적으로 과거 일제하에서의 차별교육, 불평등 교육으로부터 벗어나 발전할 수 있는 여건을 마련할 수 있었다. 특히, 교육수혜자의 확대를 위한 많은 과감한 정책들은 비록 지나친 교육열에 따른 부작용을 수반하기는 했으나, 국가발전을 위한 여건조성에 기여하였음은 분명하다.

그러나 부정적 측면도 있다. 우리나라의 교육여건을 고려하지 않은 교육제도를 시행했으며, 획일적 교육제도로 다양성이 상실되었고, 미국 의존적 교육제도에 따른 고유한 민족교육의 부실이 초래되었다.

(2) 새로운 교육운동

새로운 교육운동은 초대 문교부장관 오천석이 민주주의 교육이념과 미국식 진보주의 교육방법을 도입하여 국민의 교육을 개혁하고자 한 사조이다. 새 교육은 인간을 도구화하는 전례에서 벗어나 사람 자체를 목적으로 하는 교육을 지향했다. 즉, 자유인의 교육을 추구하고 개인이 개성을 발휘하는 교육을 시도하였다.

새 교육의 교육방법은 교사 중심에서 아동 중심 교육방법으로 전환되고, 주입식 교육에서 자발성의 교육, 획일적 교육에서 개별적 교육, 교과서 위주에서 아동의 경험 중심 교육을 시도했다.

2) 대한민국 정부수립과 6.25 동란기의 교육

1949년 12월 31일 「교육법」이 공포되면서 우리나라 교육의 기본방향이 확립되었다. 홍익인간의 이념 아래 인격을 완성시키고 널리 인간을 유익하게 하는 인간의 양성이 교육의 주된 목적이었다.

1950년 6월 25일 새벽에 북한의 남침으로 한반도는 동족상쟁의 역사를 겪었다. 유엔 안전보장위원회의 결정으로 16개국에서 유엔군이 파견되었다. 맥아더 장군의 지휘로 인천상륙작전이 감행되었고, 국군은 전세를 몰아 북으로 진격했으나, 중공군의 역공으로 38선 이남으로 후퇴하였다. 2년여 지속된 전쟁은 1953년 7월 27일에 체결된 휴전협정으로 멎었다.

휴전 이후 한국 사회는 재건과정을 거쳤다. 교육제도에서는 교과서의 개편, 학습지도, 교육방법, 생활지도의 능률화 방안 연구, 전인교육의 시행 지향, 지역사회교육, 향토학교운동 등이 추진되었다.

03 1960~1980년대의 교육

1960년 3월 15일에 치른 대통령선거가 부정으로 얼룩지자 국민이 시위를 벌였다. 시위가 점점 확대되어 4월 19일에는 서울의 모든 학교에서 학생들이 거리로 쏟아져 나왔다. 국민은 대통령의 하야를 외쳤고, 정부는 군대를 동원하여 막으려 했다. 희생자만 셀 수 없이 늘어나고 사태가 걷잡을 수 없이 심해지자 마침내 이승만 대통령은 자리에서 물러나고 말았다.

4·19혁명 유신정권 시기

여고생의 교련교육

1960년 8월에 대한민국 2공화국이 들어섰지만, 한 해도 못 넘긴 1961년에 5·16 군사 쿠데타가 발발했다. 쿠데타의 성공으로 박정희는 일약 통치자가 되었고, 1963년 대통령에 당선되었다. 박정희 정권은 1962년부터 경제개발 5개년 계획을 추진하였다. 1970년대에는 농어촌 개발정책으로 새마을운동이 등장하였다. 이와 함께 국민교육헌장의 공포, 유신교육 등 교육체제가 속속 진행되었다.

정치적 변환기에 맞춰 국가 주도의 교육과정이 대폭 개편되었다. 진보주의 교육사상이 쇠퇴하고, 학문 중심 사상이 도입되어 지식의 구조화, 탐구학습, 발견학습 등의 학습방법이 강조되었으며, 1980년대에 제3차 교육과정이 개편된 이후 학문 중심 사조가 쇠퇴하고, 인간 중심 교육사조가 강조되었다. 교육의 기본방향이 국민정신교육의 체계화, 전인교육의 실천, 과학기술교육의 강화에 있었고, 기술능력의 배양, 도덕적 인격의 형성, 민족공동체 의식을 고취하는 교육이 이행되었다.

04 1990년대 이후의 교육

우리나라는 경제개발 계획을 추진하면서 괄목할 만한 경제성장을 이루었다. 그러나 독재정권이 횡행하던 1980년대 초까지 사상과 언론의 자유가 제한되었다. 인권이 유린당하고 반대시위가 계속되는 과정에 1987년 6월, 드디어 직선제가 관철되었다.

1990년대에 신자유주의 정책 및 2000년대에 지식기반사회 조성이라는 사회적 변천과정이 가속되면서 사람들은 새로운 체제에 적응하였다. 지식기반사회란 경제발전을 이룩하며 개인의 사회적 행위와 사회에서의 지위확보 등에 필요한 조건으로서 지식이 핵심적인 요소가 되어 가는 사회를 의미한다. 여기서 지식은 하나의 생산요소로서 가치를 내포하고 있다.

지식의 급격한 팽창과 과학의 발달에서 오는 고도산업화, 정보화 시대에 능동적으로 대처하고 국제관계의 다양한 변화에 주체적으로 대응하며 자유민주주의의 굳건한 바탕 위에 조국의 평화적 통일을 현명하게 주도하면서 모든 국민이 쾌적한 환경 속에서 행복한 삶을 누릴 수 있는 복지국가를 건설하기 위한 교육과정이 대폭 개정되었다.

1995년에 발표된 5.31 교육개혁안은 신자유주의의 시장경제구조에서 교육의 지향과 방법을 적용한 조치로써 수월성 교육 추구라는 명분 아래 특수목적고등학교 설립이 권장되었고, 자립형 사립학교 제도가 도입되었다.

〈사립고 유형 비교표(2009. 04. 09. 중앙일보)〉

구분	일반계 사립고등학교	자립형 사립고등학교	자율형 사립고등학교
현황	665개교	6개교	없음
법적 근거	초중등교육법 제4조	없음(시범 운영)	초중등교육법시행령 제106조(신설)
지정권자	교육감	사학법인	사학법인
운영주체	사학법인	사학법인	사학법인

구분		일반계 사립고등학교	자립형 사립고등학교	자율형 사립고등학교
학생 선발	모집 단위	• 평준화 지역 : 학군별 모집 • 비평준화 지역 : 시 · 도별 모집	전국 또는 지역별 모집	시 · 도별 모집
학생 선발	방법	• 평준화 지역 : 학군별 배정 • 비평준화 지역 : 학교별 선발	학교별 선발 (필기고사 금지)	• 평준화 지역 : 시 · 도 교육감 결정 • 비평준화 지역 : 학교자율(필기고사 금지)
사회적 배려 대상자		해당 사항 없음	해당 사항 없음	정원의 20% 의무 선발
교육과정		초중등교육법 준수	국민공통교육과정 의무 이수	국민공통교육과정 일부 자율
수업일수		220일	10% 범위 내에서 감축	10% 범위 내에서 감축
납입금		시 · 도 교육감이 정함	당해 지역 일반계 고등학교의 3배 이내	시 · 도 교육감이 정함
법인 전입금		수익용 기본재산 발생 수익의 80% 이상	학생 납입금 총액의 25%	• 광역시 : 납입금의 5% 이상 • 도 : 납입금의 3% 이상

분단별 협동학습과 토론수업

통일에 대비하는 교육

21세기의 한국 사회는 전 세계에서 마지막 분단국가라는 오명을 벗어야 하는 과제를 안고 있다. 통일을 위해서 해결해야 할 과제들이 많다. 무엇보다 오랫동안 다른 체제와 다른 문화구조에서 적응해 온 남과 북의 국민이 적대감을 불식하고 이질감을 극복해야 사회 혼란을 줄일 수 있다. 독일의 통일사례에서 알 수 있듯이, 갑자기 닥쳐올지 모르는 통일에 대비하여 교육의 정책과 과정의 개혁이 차근차근 이행되어야 할 것이다.

토론 및 심화과제

1. 일제 강점기의 교육이 우리나라 현대교육에 미친 영향에 대해 토론하시오.

2. 미군정기 교육이 일제 강점기의 교육 잔재를 불식시키고 평화와 질서유지를 위하여 행한 교육활동에 대해 토론하시오.

3. 1960년대 정치적인 상황과 교육에 대해 토론하시오.

4. 해방 이후 교육과정의 변천을 살펴보고 교육과정의 개정과 정치적 변화의 관계를 알고 교육과정의 의미에 대해 토론하시오.

5. 다음 단어에 대해 살펴보시오.

   조선교육령, 복선형/단선형 학제, 교수요목, 반공, 국민교육헌장

CHAPTER 11

현대사회의 진단과 교육의 과제

사회의 현대화에 기여하였던 교육은 또한 기술의 지배로 인해 파생된 현대의 위기에 대해 회피할 수 없는 책임이 있다. 이미 현대사회에서 일어나는 문제에 대해서는 환경문제같이 사람들의 피부에 직접 와 닿는 문제도 있고, 대부분 의식하지 못하는 문제들도 있다. 자연의 순환을 파괴하고 역행시키면서 산업기술을 일으키고 거대한 시장경제구조를 만든 목적은 인간의 행복이었다. 그러나 자연파괴는 환경파괴를 초래하였다. 코로나 19 상황은 인간의 환경에 대한 관심을 더욱 높였다. 또한 AI(인공지능)의 발달은 미래의 인류를 어떻게 바꾸어 놓을 것인가? 환경문제에 대한 윤리적 소비문제, 인공지능 발달에 따른 윤리의 문제는 인류에게 던져진 또 하나의 교육의 문제일 것이다.

이 장에서는 먼저, 기술의 진보시대와 교육의 과제, 두 번째, 지식 기반사회와 교육의 과제, 세 번째, 환경문제와 교육의 과제, 마지막으로 신세대 문화와 교육의 과제를 중심으로 다루었다.

01 기술의 진보시대와 교육의 과제

교육은 기술의 진보라는 사회적 요구를 충족하는 역할을 하였다. 근대사회 자연과학의 발달과 함께 교육에 대한 사회적 요구에 따라 제도적인 교육기관이 확충되었다. 그러나 기술진보의 이면에는 사물화된 인간, 주관성을 상실한 채 전체적인 체제의 한 부분으로 흡수되는 인간의 모습이 드리워져 있다. 현대의 위기에 대한 교육의 책임은 현대화에 관여한 한 피할 수 없다. 그러나 교육의 현실은 특히 우리나라의 경우 아직도 기술시대에 적응하는 방향에 치우쳐 있다.

교육의 체계화를 강조하고 교육방법의 프로그램화를 진척시킴으로써 교육이 조직화되고 교육과학화를 이룬다는 교육학의 한 분야인 교육공학의 범위는 동화(同化, Aneignung) 이상은 아니다. 동화를 넘어 인간의 성숙과 같은 것은 교육공학의 연구대상이 되지도 않고, 될 수도 없다. 현대의 위기에 대한 원인분석과 함께 동화에만 초점을 맞춘 교육에 대한 비판이 과제가 된다. 이러한 점을 참조하여 1960년대의 신행동주의 이론과 컴퓨터 매체로써 교육의 체제화를 시도한 교육공학을 살펴보자.

1) 교육의 공학화 노력에 대한 명암

교육공학은 1960년대 이후 교육학의 한 분야로 자리매김을 하면서 수업모형 개발, 프로그램화된 교수체계 등 이론이 미국을 중심으로 전개되었다. 교육공학은 인간학습에 포함된 모든 문제점을 분석하여 이에 대한 해결책을 고안하고 실행하며 평가·관리하기 위하여 사람, 절차, 이념, 장치 및 조직을 포함하는 복합적이고 통합된 과정이다.

교육공학에서의 기술적인 기능이론은 인간의 지적 학습이라는 어느 한 면만을 강조한 체계이다. 합리적 체제로의 편향성, 개인적 감성의 경시 등 교육에서 문제 되는 것들을 교육공학에서 어떠한 대책으로 이행하였는지 의문이다. 교육공학에서도 행동주의 심리학의 한계를 인식하고, 인본주의 심리학 등 다른 학문분야 간 학문적 접근을 시도한다. 문제를 구체적으로 접근하기 위해 교육공학에서 다루는 시청각 매체들 가운데 첨단기술로 만들어진 작품인 컴퓨터의 교육적 기능에 대해 자세히 살펴보자.

2) 교육매체로서 컴퓨터의 기능

컴퓨터는 현대 과학기술로 탄생한 가장 전문적이면서 대중적인 작품이다. 컴퓨터의 덕으로 현대사회는 정보화 시대로 신속하게 편입되어 간다. 학교나 가정, 그리고 사회 곳곳에 장치되어 있는 컴퓨터에 학생들은 빠르게 적응한다. 불과 20여 년 전에는 컴퓨터의 기능이 데이터베이스의 계산, 입력, 저장 정도였다. 오늘날처럼 고도로 발달한 인터넷이 다양하게, 그리고 광범위하게 이루어지리라는 예상은 미처 하지 못했다. 10대 청소년들이 즐겨 사용하는 컴퓨터 통신에서 SNS에 들어가 보면, 얼굴도 알지 못한 채 대화하기도 하는데, 내용은 대개 즉흥적이고 저속한 언어의 연속이다. 신속하고 다양한 의사소통의 수단이 학생들에게는 비어나 속어의 남발 통로가 되고 있다. 인터넷 게임 역시 청소년들 사이에서 대단한 인기를 끌고 있다. 게임이 도전성과 호기심을 일으키기에 충분하여, 지루하게 반복학습만 강요하는 학교에 마지못해 다니는 학생들이 쉽게 빠져들 수 있는 놀이이다. 착실하게 공부 잘하던 아이가 갑자기 인터넷 게임에 빠져 게임방에서 몇 밤이고 새우는 통에 가슴 졸이는 부모들이 늘어나고 있다. 컴퓨터시대라 해서 가정마다 컴퓨터를 들여놓고 자녀들에게 학습의 보조수단으로 사용하기를 권장하기도 하지만, 몇 번 클릭만 하면 연결되는 포르노 같은 성인 프로그램에 자녀들이 물들까 봐 부모 마음은 불안하기만 하다.

(1) 컴퓨터의 교육적 활용

위에서 학생들의 컴퓨터 사용에 대한 부정적인 예를 들었는데, 물론 학습에 효과적인 예도 있다. 학생들은 과학시간에 인터넷에 들어가 그리니치 천문대의 1999년 8월 11일 개기일식 자료를 영상으로 받아오거나 역사시간에는 발칸반도에서 벌어졌던 유고전쟁의 자료를 받아볼 수 있다. 이러한 학습활동은 교과서에 의존하던 방식과는 사뭇 다른, 생생하고 신속한 정보를 통한 학습효과를 얻는다. 수집된 자료를 참고하여 세계 곳곳에서 일어나는 일을 분석하고, 우리에게 당면한 주요과제가 무엇인지, 해결방안은 어떤 것들이 있는지 생각할 수 있고, 가만히 앉아서도 SNS를 이용하여 여러 사람이 함께 토론할 수 있는 기회도 있다. 컴퓨터통신의 대중화로 지리적으로 격리된 지역에 있는 학생들이라든지 신체적 장애가 있어 운신이 어려운 사람들에게 교육의 기회를 보다 많이 제공해준다. 컴퓨터에 의해 일어나는 교육적 변화는 다음과 같이 정리할 수 있다.

① 인터넷시대에는 학생 중심으로 경험들이 많이 이루어진다. 컴퓨터는 학

습프로그램을 통해 학생들의 수준에 따라 개별화 학습을 가능하게 하며, 다양한 그래픽과 음향효과 등 증강현실 시스템으로 학습동기를 고취시키고, 학생참여를 높여 사고력을 촉진시키는 수단이다.

② 컴퓨터가 학교수업에 도입되면서 교사-학생의 관계구도가 변화된다. 컴퓨터 매체가 없었던 때에는 교사가 학생들에게 커리큘럼에 따른 정보를 제공하고, 학생들은 수동적으로 배운다. 그러나 컴퓨터 앞에서 학생들은 자신의 학습에 적극적으로 관여할 수 있다. 학습과제의 선택에도 참여할 여건이 조성된다. 학습자는 개인으로 또는 소집단으로 과제이행에 적절한 환경에서 학습한다. 교사는 더는 지식의 전달자 역할에 그치지 않는다. 컴퓨터의 데이터베이스와 네트워크에 연결된 지식의 양은 많고, 학생들은 굳이 개별적인 지식을 암기할 필요 없이 원하는 지식의 자료를 얻을 수 있다. 따라서 교사는 학습자료의 관리자 또는 학습조언자의 위치로 바뀌고 학생은 학습환경 및 경험을 선정하고 체험하고 다른 학생들과 의견을 교환하는 등 적극적인 학습을 할 수 있다.

③ 컴퓨터 통신으로 학생들은 더욱 확대된 의사소통 관계를 형성할 수 있다. 첨단 정보통신기구가 수업에 도입되어 교사와 학생에게 풍부한 자료를 제공해 주고, SNS 커뮤니케이션을 활성화하면 교육의 상호작용이 촉진되며 정보화 조류에 원활하게 적응할 수 있는 이점이 있다. 이 경우 컴퓨터 인터넷은 단순히 정보교환의 장일 뿐만 아니라 토론의 장 역할까지 하게 된다. 즉, 많은 학생이 수집한 정보에 대하여 각자의 의견을 계속 교환함으로써 문제를 공동으로 해결하는 통로가 된다. 컴퓨터의 네트워크는 학습자 상호 간의 정보와 의견을 효율적으로 연결할 수 있는 여건을 제공함으로써 학습문제에 대한 이해를 촉진하고 협동적으로 문제해결을 하게 해 준다. 이처럼 컴퓨터 네트워크는 과거의 전통적인 방식에서 추구할 수 없었던 새로운 방식의 교수학습을 실현해 준다는 점에서 의미가 있다.

④ 건국 이후 새 교육, 프로그램 학습, 열린 교육 등 많은 교육개혁안과 마찬가지로 학습비디오가 출현하고 EBS의 방송수업, 위성과외 등 교육기회

개선의 노력이 계속 있었지만, 예상했던 것만큼 효과적이지는 못하였다. 그러나 정보화 시대에 부응하여 교육 일선에서는 컴퓨터를 이용한 수업이 확대되고 있다. 최신 IT 프로그램을 연수 받은 선생님들이 CAI(학습보조프로그램)를 활용하여 사이버 공간에서 원격수업을 하고, 학생들이 인터넷에 연결해서 필요한 자료를 받아볼 수 있는 교육환경은 단순한 가상현실이 아니다. 이미 부분적으로 실행되는 일이며 전국적으로 보급될 날도 머지않았다.

(2) 컴퓨터의 역기능 문제

그러나 과다한 재정을 소모하여 장치한 컴퓨터가 금방 낙후되어, 계속되는 지원에 적지 않은 부담이 된다. 또한, 인적 자원을 양성하기 위해 부단한 연수를 함에 따른 교사나 연수담당기관의 부담 또한 적지 않고, 아무리 첨단시설을 갖다 놓아도 획일적이고 수동적인 교육과정으로 수업이 운영되거나 소프트웨어가 학습에 그다지 도움이 되는 내용이 아니어서 무용지물이 되기도 한다. 단기적인 가시 효과에 그치기 쉬운 점이 교육 정보화 계획에 내재한 현실적 문제들이다.

컴퓨터의 역기능 문제를 사회적 차원에서 청소년으로 돌리면 더욱 심각해진다. 컴퓨터에서 불건전한 정보들이 버젓이 유통되고, 불법복제라든가 음란한 채팅 등이 청소년 사이에 확대되고 있다. 컴퓨터가 기하급수적으로 보급되고 정보통신기술이 발달한다고 해서 정보화 시대가 건설되는 것이 아니다. 문제는 이를 효과적으로 사용하느냐 그렇지 않으냐 하는 데에 있다. 컴퓨터의 불법·유해 사이트가 청소년의 탈선을 부추기는가 하면, 말초신경만 건드리는 선정적인 프로그램의 유통에 따른 정서의 오염 또한 심각하다. 컴퓨터의 오·남용은 비행을 유발하는 신종범죄의 수단이 되고 있음을 간과해서는 안 된다. 무엇보다 심각한 것은 사고와 행동이 컴퓨터에 적응되어 간다는 점이다. 컴퓨터 게임에 빠지다 보면, 재미있고 단순한 방식에 물들게 된다. 추상적이면서 복합적인 과제를 풀어갈 능력은 점차 쇠퇴한다. TV가 우리의 사고에 미치는 영향 이상의 추상적·복합적 사고능력의 훼손이 컴퓨터의 오용에서 파생된다.

3) 기술진보의 속성과 교육문제

(1) 기술의 진보가 교육의 미래를 보장하는가

이러한 문제점을 볼 때 우리는 컴퓨터 기술에 대한 반성적 인식을 해야 한다. 첨단기술이 교육에 활용되는 영역이 확장되면 컴퓨터에 의한 새로운 학습방법은 교육을 보조하는 단순한 매체에 그치지 않는다. 컴퓨터가 사회 및 교육의 모든 분야에 보편적으로 작용하게 됨에 따라 21세기에는 컴퓨터교육이 일반교육(Allgemeinbildung)으로 되지 않을지 논의되기도 한다. 교육공학에서는 첨단 컴퓨터－정보기술이 교육의 미래에 새로운 패러다임의 변화와 비전을 제시한다는 입장이다. 즉, 멀티미디어 수업환경, 네트워크를 통한 커뮤니케이션의 확대, CAI(학습보조프로그램)를 활용함에 따른 교수방법의 수준 향상 등으로 우리의 교육은 질적으로 변화할 수 있다는 전망이다. 그러나 여기에서 '기술의 진보가 교육의 미래를 보장하는지' 물어볼 필요가 있다. 정보사회의 비중이 높아지고 매체기술의 발달이 가속됨에 따라 매체활용의 순기능뿐 아니라 매체기술의 역기능 및 한계성을 인지해야 하기 때문이다.

교육공학이 정보화 시대의 사회적 요구에 적응되어 있다는 것으로 정당성을 어느 정도 확보할 수 있겠으나, 계산적 사고방식으로 대체된 이성, 전체 체제에의 적응, 그리고 개인적 감성의 경시 등 교육의 공학화 과정에서 문제가 되는 것들에 대해 어떠한 책임을 이행하였는지에 대한 문제가 제기된다. 이 문제에 대해 깊이 접근하기 위해 기술진보의 속성과 이에 따른 교육의 문제를 살펴보기로 한다.

(2) 기술진보의 속성

근대 이후 급속히 발전한 자연과학에 힘입어 자연에 대한 지배의식이 점증되면서 합리성도 더욱 요구되었다. 베이컨은 지식을 힘과 직결시킨 사람이다. 수학, 물리학과 같은 자연과학의 엄밀한 지식은 세계에 대한 설명을 객관적으로 입증할 수 있고, 이러한 세계에 대한 계산과 지식내용은 인간에게 자연에 대한 신비로운 생각을 버리게 해주고 자연을 지배할 가능성을 제시한다. 자연과학의 실험을 통해 객관화된 지식은 자연 지배를 위한 힘으로 발휘된다.

사실 인간은 발달한 기술의 덕으로 인간의 요구를 더욱 편리하고 신속하게 충족할 수 있게 되었다. 기술의 개발로 전보다 일에 걸리는 시간이 줄어들었고, 그만큼 여가를 즐길 수 있다.

특히, 컴퓨터는 계산적이고 기능적인 분석경험을 확대한다. 컴퓨터는 정밀성이나 신속성을 갖추어 경험을 다양하게 제공한다. 하지만 컴퓨터는 인간의 언어와 사고를 계산적이고 단선적으로만 쓰게 하는 속성 또한 있다.

컴퓨터를 활용하여 전문지식을 제공하는 교육은 사회의 요구에 순응한 합리적인 지식의 교육과정에 따른다. 하지만 '지식으로 인간은 행위능력을 갖추기도 하지만 반면 행위의 객체'가 될 수 있음을 지나쳐서는 안 된다. 컴퓨터의 학습프로그램은 전문지식 습득에 치중되어 있다. 지식의 습득으로 인간은 어떤 특수한 분야에 대해 능력을 갖출 수 있을지는 몰라도 자기 스스로 행위에 대한 결정을 할 수 없는 단선적 사고상태에 그친다. 다시 말하면, 기술진보 경향에 의해 조직화된 합리성과 경직화된 가치체계들 사이에서 사람들은 스스로 숙고할 능력을 잃기 쉽다. 기술능력에 통제되어 가는 인간의 계산적 사고방식이 고도의 기술지배시대에 더욱 여실히 나타난다.

(3) 감성의 소멸과 인간성의 상실

기술의 발달로 인해 파생되는 문제 가운데 고려할 내용은 계몽주의시대 시작된 기술사와 함께 이성과 감성의 분리, 정신과 육체의 구별, 그리고 개인과 사회의 분리가 강화되었다는 점이다. 두 요소 간의 순환적인 상호작용이 기술의 발전과 함께 진보적이고 획일적인 구조로 되어 갔다는 점을 우리는 인식할 필요가 있다.

엘리아스(Elias, N.)가 1968년에 착수한 시도인 '감성통제의 확대된 강화와 차별화를 지향하는 인간의 구조변환'에서 보여주고자 했던 것은, 어떠한 식으로 사회 안에 계몽된 목적설정으로 이행되는 발전과정에서 인간의 감성과 충동, 그리고 여성이 점진적으로 이성과 분리되어 나갔는지에 관한 것이다. 계몽의 차원에는 "동정심은 하나의 약함이고, 불안과 불행에서 잉태된 것이다." 감성을 분리하는 절차를 통해 이성의 역사는 시민사회의 형성과 발전을 도모하였다.

감성의 소멸은 인간성을 메마르게 하고, 인간을 자연으로부터 격리하며 맹목적인 도구로 전락하게 한다. 전쟁을 예로 들자. 현대의 전쟁은 깨끗하게 치러진다. 지척에서 적을 맞대고 싸우지 않고 고도의 정보통신망을 동원하여 수집된 정보들은 컴퓨터에 의해 분석되고 몇 번의 버튼 조작으로 최신예 전투기가 날아가 목표지점에 폭탄을 정확하게 발사한다. 컴퓨터 레이더 장치를 동반한 정보망으로 상대 국가를 꿰뚫어 보고 첨단기술이 만들어 낸 미사일이 원격조종으로 표적을 정확하게 맞히는 전쟁 상황을 TV에서 통신위성으로 생중계해 준다. 군인들은 임무이행만 하면 될 뿐이어서 전쟁의 참혹함을 느끼지 못한다. 어떠한 사람도 피 흘리며 죽어 가는 사람을 보면, 동물이 아닌 이상 뜨끔함을 느끼지 않을 수 없으리라. 그러나 오늘날 치러지는 전쟁은 하나의 게임이고 사람들은 축구경기 보듯이 구경한다. 수많은 사람의 죽음과 고통은 단순히 숫자의 통계로 처리된다. 사람을 죽이면서도 죽인다는 잔인성을 느낄 줄 모르는 전쟁이 계속된다면, 전쟁의 게임은 그치지 않을 것이다.

또한, 컴퓨터–정보기술의 발달을 통해 커뮤니케이션의 범위가 더욱 넓게, 그리고 양적으로 확대되었지만, 이는 단지 정보의 교환일 뿐, 여기서 인간 간의 돈독한 감정을 기대하기 어렵다. 사이버 공간에서 만나는 교수(또는 교사)에게서 정보는 쉽게 얻을 수 있을지 몰라도 교사–학생의 친밀한 감정은 조성되기 어렵다.

4) 과학기술시대에서 교육적 과제

오늘날 우리는 모두 데이터베이스와 네트워크 안에 포획되어 있다. 은행이나 동주민센터에서 주민등록번호만 입력하면 자신의 신상기록, 신용도가 어느 정도인지, 어떤 자동차를 소유하고 있는지에 대한 정보를 얼마든지 찾아낼 수 있다. 이런 식으로 기술은 모든 대중에게 파고들어 있다. 이제는 기술의 체제에 적응하지 않으면 살아남기 어렵다.

여기에서 고려해야 할 교육적 과제는 어느 정도로 교육이 학생들에게 체제에의 적응을 위한 교육내용을 제공하였는지, 그리고 학생의 행동발달과정에서 통합적인 행위규범을 요구하지 않았는지에 대한 것이다. 컴퓨터-정보기술을 활용하는 교육에서 학생의 개별학습을 위한 학습프로그램이 제공된다. 컴퓨터가 학생의 학습수준을 점검하고 성취도를 평가하면서 개별학습을 주도한다는 것이다. 컴퓨터에서 제시하는 학습체제에 학생들이 지시대로 수업통로를 거쳐 학습목표에 도달하는 과정은 그러나 적응과정 이상은 아니다. 정보사회체제의 적응과정뿐 아니라 기술체제 통합에 대한 비판의식을 함양하는 교육이 교육의 발전을 위해 요구된다.

02 지식기반사회에서 교육의 명암

1) 신자유주의 교육정책의 문제

한국교육의 수월성과 평등성 관계는 1990년대 후반의 신자유주의 정책 및 2000년대 지식기반사회 조성이라는 사회적 조건에서 정치경제논리에 맞춰 대립구도로 이끌려갔다.

1997년부터 적용된 제7차 교육과정에서 신자유주의 명목으로 수준별 선택형 교육과정이 시행되었다. 수월성 교육은 성적평가에서 우수한 학생들을 선발하여 다른 학생들로부터 구별된 집중교육에 수용되었다. 수월성의 교육을 주장하는 입장은 고교평준화 정책이 과다한 평등성 추구 때문에 수월성을 저해한다는 논리를 내세웠다. 즉, 평등이라는 이념을 앞세운 고교평준화 정책은 경쟁원칙과 수월성이 배제되어 교육의 질적 수준과 경쟁력 저하가 파생되고 있다는 입장이다.

(1) 신자유주의 교육의 실태

이러한 교육정책의 배경에는 신자유주의 경제원칙이 있다. 신자유주의는 교육에 시장메커니즘을 도입하여 경쟁과 효율성을 강조한다. 교육공급자 간에 경쟁을 유발하면 교육상품의 질이 높아지고 국가경쟁력에도 기여한다는 논리이다. 이러한 입장을 고수하는 이론들은 '교육의 상품화', '소비자 주권' 등을 내세우고, 정책들은 시장구조논리에 따라 교육을 평가하고 고교평준화 제도의 하향평준화라든가 학교선택권, 교육의 자율성 등을 근거로 하여 자립형 사립학교를 비롯한 학교제도의 개선책을 주장한다(강무섭, 1995: 221~224; 이주호, 2004: 239). 교육은 더는 공적인 일이 아니라 사적인 영역으로 옮겨지고, 교육권은 마치 시장에서 물건을 선택하는 소비자 주권으로 전용되고, 교육공급자 입장에서는 시장경쟁의 원칙에 따라 교육상품에 대한 경쟁을 조장한다. 공교육의 재정감축과 교육복지정책의 부재는 신자유주의 교육의 피치 못할 소산이다(김용일, 2002: 22~24).

(2) 신자유주의 교육의 문제

신자유주의 교육에 따른 결과는 교육의 불평등 심화를 초래하고, 인종 간의 불평등 심화 등의 부작용이 있다. 교육시장에서 거래와 경쟁이 보장되면 교육의 민주화와 학력의 하향평준화 문제를 해결할 수 있고, 중앙의 권한과 책임을 단위학교에 이양하면 교사의 자율성과 전문성이 강화될 것이기에 사회적 경쟁력이 강화된다는 주장은, 그러나 기대와는 달리 교육의 질은 향상되지 못하고 오히려 교육의 평등만 저해할 뿐, 별로 효과 없다는 것이다(김용일, 1999: 449; 고병헌, 2003: 128~129). 신자유주의와 같은 경제논리 또는 정치 이데올로기에 따라가기 수준에서 만들어진 교육이론이나 정책에서는 교육권이 경제논리의 시장구조 차원에서 왜곡된다. 또한, 교육상품의 고액화 현상[1]으로 인한 학교선택권의 제한이 따르게 된다. 그러나 교육이 언제까지나 시장경제의 논리에 따를 수는 없다. 교육의 의의와 논리에 따라 목표가 설정되고, 교육내용의 과정과 평가 등이 이행되어야 한다.

1) 한국교육개발원 이광현 부연구위원의 「자립형 사립고등학교 현장방문평가보고서」(2005)에 의하면, 자립형 사립고의 등록금과 수익자 부담비용(기숙사비, 특기적성교육비, 급식비 등)을 합한 연간 총 교육비가 민족사관고의 경우 3,011만 원, 상산고 768만 원, 해운대고가 1,101만 원이다. 이 통계를 보면 학교선택권이 고액의 교육비를 낼 수 있는 부유층 자녀들에게만 기회가 있을 수밖에 없다는 점이 파악된다.

2) 지식기반사회에서 교육의 문제

(1) 지식기반사회에서의 교육

교육이 정치경제논리에 따라가기 수준으로 각인된 또 하나의 예는 지식기반사회의 경우이다. 적어도 1995년 5월 31일 정부의 교육개혁안 발표 이후 지식기반사회 조성이라는 과제는 교육정책의 핵심이 되었다.

지식기반사회에서의 교육은 그 자체가 지식기반산업으로 이어지고, 따라서 일과 학습은 분리되지 않는 형태로 전환되고, 국가경쟁력을 갖춘 인재의 양성을 목표로 지식의 학습과정을 효율적으로, 그리고 생산적으로 이행함이 강조된다. 그러나 교육의 수월성 문제와 관련하여 어떤 지식이 인간 이성의 자율적 능력을 충분히 활용하는 것인지에 대해 검토할 필요가 있다. 어느 정도로 교육이 학생 개인의 관심과는 무관한 획일적인 교육내용을 제공하는지, 그리고 생산구조혁신이라는 명목 아래 학생의 행동발달과정에서 도구적인 행위양식을 정당한 것으로 권장하지 않는지에 대한 것이다.

(2) 도구적 이성의 지식

지식기반사회에서 효용 있는 지식은 그러나 '도구적 이성'(Horkheimer, M., 1967)의 일종으로 볼 수 있다. 도구적 이성개념은 호르크하이머와 아도르노가 이성의 이중적인 특성을 논의하면서 지칭한 용어이다. 이성의 특성에서 하나는 자유로운 공동체적 삶에서의 자율성 이념이고, 또 하나는 계산적 사고의 총체로서 도구적 이성이다(Horkheimer, Adorno, 1971). 계산적인 사고는 인간의 자유로운 공존에서의 사고와는 구별된다. 계산적 사고는 인간의 사회와의 관계 또는 다른 사람들과의 경화된 관계를 조성한다. 기술진보에 따른 정보화 시대에 작용하는 이성은 도구적 이성이 되기 쉽다. 도구적 이성에 의해 행동하는 인간형은 공존의 삶에서의 자유로움을 상실한 존재양식이다. 마르쿠제가 지적하는 기술지식은 '지배의 새로운 형태'(Marcuse, 1967)로서 후기 자본주의시대에 들어서 경제적 관계의 짜임이 확대되는 가운데 기술이 하나의 수단 이상으로 작용하여 인간을 위한 기술인지 기술의 조정에 짜 맞추어진 인간인지 알 수 없는 혼란을 초래하였고, 기술은 인간의 새로운 지배형태로 등장하였다. 확장된 기술진보 경향에 의해 무반성적 목표, 그리고 경직화된 가치체계들 사이에서 사람들은 점점 소외되어 간다는 것이다.

(3) 신지식정책의 문제점

신지식정책은 지식기반사회를 표방하며 정부에서 주도하는 정책이다. 이 정책에서 요구하는 지식은 그러나 인간의 자율적 이성에 근접하지 못하고, 오히려 경제적인 이해관계에서 생산과 분배가 결정되는 과정에서 사회적 불평등을 심화한다. 정보와 지식의 힘으로 국가 간, 지역 간, 그리고 계층 간의 불평등구조와 인간소외현상이 가속화할 것이라는 비판적 입장에서 지식의 자율성과 창조성을 추구하는 교육지향이 고려된다. 지식기반사회에서 수월성의 교육은 자유로운 공존의 삶에서 자율적인 이성을 계발하고, 남다른 판단을 할 수 있는 창의적 지식을 터득하는 과정이라고 볼 수 있다.

3) 평등성과 수월성을 함께 살리는 교육

(1) 수월성 교육정책에서 평등성 문제

1995년 5·31 교육개혁안 이후 특수목적고등학교와 자립형 사립학교 제도가 도입되는 과정에 수월성의 교육을 강조하는 쪽에서 고교평준화 정책이 수월성의 교육에 지장을 준다는 논리를 내세웠다. 평등도 좋지만, 경쟁을 통한 수월성 교육이 국가경쟁력 강화를 위해 적극적으로 권장되어야 한다는 것이다. 정부의 최근 입장인 수월성 교육대책에도 평등성과 분리된 양상을 볼 수 있다.

정부의 수월성 교육에 대한 대책은 편향된 수월성에 치중하는 경향의 한 사례이다. 이는 수월성 교육에 평등성이 함께 반영될 수 없다는 고정적인 사고방식에서 나온 교육대책이라고 볼 수 있다.

(2) 수월성과 평등성을 추구하는 교육

그러나 교육에서 수월성과 평등성은 서로 대립하거나 분리할 수 없는 관계개념이다. 교육정책에서도 수월성과 평등성은 분리되지 않아야 함이 타당하다. 프랑스 교육에서 평등성과 수월성의 균형이 참고될 수 있고, 독일의 경우 국민이 신분, 성, 인종, 국적의 구별 없이 자신의 소질에 맞는 교육을 받을 수 있는 교육의 제도적 장치가 오랜 역사 속에 유지되고 있다. 독일에서 평등성의 교육이 밑받침되는 가운데 개인차에 의한 수월성의 교육이 지속해서 추진될 수 있는 원인 중 하나를 들면, 학교교육과 직업현장이 조화롭게 연결되어 있다는 점이다.

수월성과 평등성을 추구하는 교육은 교육주체들 간의 평등한 교류관계에서 개인별로 다양한 영역에 대한 고유하고 탁월한 성취를 이루는 것이다. 수월성 교육정책에서는 학력 상위권의 소수 학생을 분리하여 집중교육을 시행한다. 그러나 분리선발에만 치중할 뿐, 남다른 교육목표라든가 집중교과에 대한 기준이 제대로 마련되지 않고 있다. 이러한 분리교육체제보다 다양한 가치를 가진 학생들이 자신의 가치와 다른 가치의 비교와 수용을 할 수 있는 분위기에서 지식을 습득하고, 이를 통해 주체적 판단력을 갖출 수 있는 교류의 교육이 수월성을 기르는 교육에 포함되어야 한다.

03 문화예술과 통합교육

1) 사회적 통합과 문화예술교육

(1) 사회적 통합을 위한 노력들

사회적 통합이란 다민족사회에서 대다수를 차지하는 민족과 소수민족 간의 이질적 요소들, 그리고 잡다한 문화를 초월하여 함께 살아가는 형태에서 유래한다. 이러한 통합의 이념에는 소수민족도 차별 없이 참여와 평등이 보장되는 것을 내포하고 있다. 사회가 다양하게 발전되어 가면서 계층 간, 세대 간 갈등이 심각한 상태에 처하게 되는데, 통합을 위한 복지정책이 어느 정도 확보되느냐에 따라 사회적 성숙도의 차이가 있다.

사회적 통합은 단지 문화예술교육영역에서 실행될 과제는 아니다. 사회적 불평등구조의 개혁 없이는 통합교육이 실현되기 어렵고, 문화예술교육 요구 역시 긍정적인 수용이 어렵다. 그동안 사회적 불평등구조를 개혁하려는 노력은 역사적 변천과정에서 지속해서 요구, 관철됐다. 예를 들면, 근대 말까지 지속하였던 사회에서의 남녀 불평등은-아직도 지구상에 심각한 남녀 차별사회가 존속하지만-점증적으로 평등성으로 전환되어 가고 있다. 가부장적 사회에서 남성들이 독식하던 사회구조에서 양성평등을 위한 계속된 투쟁으로 어느 정도 진전된 성과를 얻었다. 그러나 사회적으로 장애·비장애의 불균형문제는 더욱 심각해지고 있다. 이 차이는 교육의 차별로 연결되기 쉬운 상황에서 사회의 불평등구조 개선을 위한 방향으로 가닥 잡아야 통합교육이 장애 및 비장애인의 인간적 발달과 사회구조 개혁에 기여할 수 있으리라고 본다.

(2) 통합교육의 개념과 의의

통합교육이란 장애를 가진 학생과 비장애 학생들이 함께 생활하고 배움으로써 서로를 이해하고 편견 없이 상호 협조하여 공동체 의식을 함양하고자 하는 교육환경을 의미한다. 통합교육의 개념에 대해 학자마다 약간의 차이를 두고 있으나 대부분 일반교육과정에 특수아동을 포함하는 것을 공통으로 하고 있다. 통합교육은 다양한 교육적 필요와 능력을 지닌 학생들이 함께 교육받는 프로그램으로서, 그 특징은 장애 아동과 비장애 아동이 사회적 활동이나 교수 활동에서 의미 있는 상호작용을 하는 것이다.

통합교육의 의의는 장애·비장애 학생의 상호작용을 통해서 서로 원만한 관계를 유지하는 데 있다. 즉, 비장애 학생은 모든 사람은 차이가 있음을 인정하고, 그들과 더불어 살아가는 방법을 터득하며, 장애 학생은 비장애 학생과의 생활을 통하여 사회적응능력을 향상한다. 그러나 현재 한국의 통합교육 양상에 대한 문제인식이 또한 요구된다. 통합교육의 내실화를 위해 제기된 문제들은 통합교육 정의의 부재, 분리에 대한 의미해석의 다양성, 통합교육을 지향하는 합의 구축의 결여 등을 들 수 있다. 이에 따라 장애·비장애 통합교육은 사회적 통합은 물론, 심리적 통합 및 정서적 통합까지 포괄하는 범위에서 과제와 역할을 설정해야 한다.

(3) 문화예술교육에서 통합교육

이러한 통합교육을 위해 문화예술교육에서 이행할 수 있는 과제가 고려될 수 있다. 우선 장애·비장애인 개인의 능력을 최대한 계발하는 가운데 저마다 지향하는 다양한 가치들을 계발하는 교육의 지향이다. 또한, 개인차에서 태생적으로 혹은 후천적으로 열등한 장애인들의 경우, 주어진 여건의 열악함으로 자신감을 잃기 쉬운데, 이들을 위한 배려와 문화예술교육 개발이 요구된다. 즉, '최소 수혜자 계층에 대한 최대의 이익'이 뒷받침되어야만, 불리한 개인차를 지닌 이들과 동시에 그렇지 않은 계층에게 명실상부한 교육의 기회균등이 가능하기 때문이다.

또한, 사회적 힘으로 제약 당함 없이 관계 상대들과 동등하게 교류하는 문화예술교육의 과제가 있다. 이 연구는 이와 같은 과제를 이행함에 다양한 가치개발의 문화예술교육, 최소 수혜자 장애인을 위한 문화예술교육 및 문화예술교육에서 장애·비장애 교류를 구성요소의 분석을 통하여 문화예술 통합교육의 실천적 방안을 제시하고자 한다.

2) 문화예술 통합교육의 실천적 방안

(1) 다양한 가치 계발의 문화예술교육

현대사회의 특징 중 하나는 다원화 현상이 지속되어 간다는 점이다. 세계는 절대적인 차원에서 운영되는 것이 아니고 상대적인 것을 인정하여 다양한 연관 속에 존립하는 것이기에 절대성의 원리는 상대화로, 전체성은 개별 부분들의 가치의 연관성으로의 인식전환이 타당하다. 다원화된 문화양상에서 개인의 요구가 또한 다양하기 때문에 어느 한 편만을 유리하게 하는 교육제도로는 그 요구에 부응할 수 없다. 문화예술교육에서는 무엇보다도 개인에 따라 다양한 가치를 창출하는 개별화의 교육으로 전환해야 하는 과제가 있다.

교육이 개인의 타고난 잠재능력을 최대한 계발하는 목적과 방법을 이행한다는 것은 곧 저마다의 능력과 관심에 따라 자아실현을 성취하는 것을 의미하는데, 이 과정에 개인별 가치가 계발된다. 개인차를 고려한 문화예술교육은 학생의 능력과 적성, 학습동기, 환경적 배경, 그리고 사회문화적 가치관 등을 참작하여 교육목표를 정하고, 교육내용과 방법을 이행하는 것이다. 그러나 태생적으로 혹은 후천적으로 열등한 개인차를 가진 장애인의 경우, 주어진 여건의 격차로 인한 교육의 불평등이 야기되기 때문에 이를 방치한다면 교육의 기회균등의 원칙에 한계를 보여줄 수밖에는 없는 것이어서 개별적으로 다양한 가치를 창출하는 교육의 기능 역시 제한될 수 있다. 다양한 가치의 인정과 계발에 장애가 있는 사회의 특징은 기존 사회의 정해진 가치체계에 장애인과 비장애인을 획일적으로 맞추게 하려는 경향이 있다. 태어나면서 또는 후천적인 장애의 경우, 장애 자체에 대한 차이를 인정받으면 다른 이들과 더불어 다양한 가치창출을 기대할 수 있겠지만, 기존의 일반적인 체계 속에 차이가 인정되지 않는다면 사회는 그만큼 불평등과 편견으로 찬 장애현상이 나타난다. 이를 극복하고 문화 다양성을 기반으로 하는 통합을 이루기 위해 역차별정책이 요구되는 바, 문화예술교육은 최소 수혜자들인 장애 학생에 대한 최대의 이익을 보장하는 방법을 강구하여 장애, 비장애인이 함께 다양한 가치의 생성을 정당하게 펼칠 수 있도록 한다.

(2) 최소 수혜자를 위한 문화예술교육

능력별 기회균등은 개인차에 따라 기회를 균등하게 보장해야겠지만, 장애 때문에 상대적으로 열등한 개인차를 가지고 있는 사람들은 그렇지 않은 사람들에 비해 차별대우를 받게 된다. 롤스(Rawls, J., 1993)의 경우, 평등원리에 대한 논의에서 '최소 수혜자의 최대이익'이 보장될 수 있도록 해야 평등성이 확보된다는 입장이다. 성별, 지역, 장애-비장애인 간의 차이가 차별적 대우를 일으킬 때 약자 쪽에서 받는 불이익을 줄이기 위한 배려와 지원이 필요하다. 환경의 차이나 개인차로 인한 불이익을 줄여야 전체 구성원들의 명실상부한 교육의 기회균등이 되기 때문이다(윤정일·정수현, 2003). 롤스의 사회정의 원리를 참고하여 교육의 평등을 제시하면, 우선 모든 사람은 최소한의 기본적 교육을 받을 수 있어야 하며, 학습자의 교육 선택권이 보장되어야 한다. 사회적 통합을 위한 문화예술교육은 바로 열악한 교육환경에 처한 장애 학생들과 비장애 학생들이 예술교육프로그램을 함께 참여하여 통합에의 접근을 이행하는 데에 의미가 있다. 교육인적자원부의 교육복지투자우선지역지원사업이 시범적으로 이루어지고 있고, 문화관광부 청소년위원회의 청소년 방과 후 아카데미라든가 보건복지부의 지원정책 등이 있다. 사회적 불평등구조에서 빈곤의 세습을 막고 사회적 통합을 지향하는 의미에서 교육복지투자우선지역지원사업은 지원사업의 내용이나 실현방식에서 최소 수혜자들에게 실질적인 이바지를 할 강화방안이 필요하다.

(3) 문화예술교육에서 교류

교육을 둘러싼 사회의 모습이 불평등의 극단화 상태에 있고 이성의 도구화로 인한 계산적 사고방식으로 팽배해 있을 때 과연 교육의 역할은 어디에 있는가? 통합을 위한 시도로써 교류가 가능할지 논의의 여지가 있다. 지배와 종속 관계구조의 사회에서는 인간관계의 양상 또한 경제적인 상태에 의해 더욱 사물화의 현상이 심각해지고 있음은 주지의 사실이다. 교육 외적으로 교육에 힘을 가하는 여건에 대해 교육이 무관심의 자세를 갖는다면 아무리 좋은 교육이론, 교육방법이라 할지라도 실현하기 어렵다. 교류는 그 사회의 양상에 대한 비판적 분석과 아울러 올바른 의식을 함양할 수 있는 인간적 교류의 가능성을 논의하는 가운데 그 실천적인 방향이 모색된다.

① 교류의 개념 규정

교류는 화폐교환식의 단순한 교환작용과는 다르다. 교류의 기능은 지배요구의 관철에 대항하고 자기보존의 모순으로부터 전환을 전제하면서 남성과 여성, 동양과 서양, 강한 자와 약한 자의 평등한 관계를 조성하는 것이다. 이러한 작용의 계속성을 위해서는 약한 요소들이 사회적인 권력에 의해 제약 당함 없이 상대요소와 함께 조화로운 여건 안에 동등하게 교류하는 과제가 있다. 교류의 작용에는 인간 간의 이분적인 구별에서 벗어난 상호순환작용이 들어 있고, 마찬가지로 정신과 육체, 개인과 사회의 동등한 관계가 유지된다. 교육의 수월성을 위해서 일방적으로 밀고 나가는 경향을 지양하고 상대적으로 지금까지 소홀히 취급당했던 최소 수혜자들을 재인식하는 노력에서 형성된다. 최소 수혜자들을 살려 교육의 의미와 원리를 규명하는 일은 교육의 기회균등을 위한 본연의 과정이다. 기회균등이 잘 돼야 각자의 능력을 최대한 우수하게 키우는 과제가 정당한 힘을 얻는다. 교류의 과제를 이행하는 노력은 교육의 각 분야에서 이행되어야 한다.

② 문화예술에서의 교류

교류와 균형의 개념에는 이분적인 구별에서부터 벗어난 상호순환작용이 들어 있고, 마찬가지로 정신과 육체, 개인과 사회의 동등한 관계가 유지된다. 문화예술에서도 유럽의 문화예술을 다른 나라의 문화예술과 차이를 둔다든지, 고급 예술과 통속적인 예술을 가려내는 등의 분리감을 조성하는 것과는 대조적으로 상호 교류를 원칙으로 한다. 문화예술교육은 따라서 예술교육의 과학화를 위해서 일방적으로 밀고 나가는 합리성의 원칙을 지양하고, 상대적으로 지금까지 소홀히 취급당했던 요소들을 재인식하는 노력이 요구된다. 문화예술교육이 분리의식에 찬 사회에서 일어나는 문제들을 간파하여 의사소통이 마비된 현상 또는 위기 등 해결되지 못 하는 일들을 과제로 이행하는 것이 어떻겠는가. 새로운 시대를 위해 균형이라는 시대정신을 담으려는 문화예술교육은 인간과 사회의 성숙에 궁극적인 방향이 있다. 교류라는 새로운 시대정신에서 고려될 수 있는 것은 동양과 서양이 동등하게 하나의 세계를 지향한다. 또한, 교류의 의미를 담는 교육은 사회의 통합에의 지향이 있다.

③ 교육에서의 교류작용

교육에서의 교류작용을 살피면, 우선 학교 내의 교사–학생 간의 상호작용이 있고, 사회적 관계들 가운데 불평등요인이 포착되는 도시–농촌 간의 교육적 교류, 장애–비장애의 통합, 그리고 제3세계 출신 외국인노동자 자녀들과의 교류 등이 있다.

- 교사–학생 간의 상호작용: 교사와 학생의 관계는 여러 가지 인간관계 중 하나의 특수한 경우이다. 부모–자녀관계와 같이 혈연으로 맺어진 것도 아니고, 의사–환자의 관계와 같이 특수한 목적에서 맺어진 것 역시 아니다.

교사와 학생의 관계는 학자들의 관점에 따라 다양한 특성으로 설명되고 있다. 그 가운데 몰렌하우어(Mollenhauer, K.)는 의사소통적인 교육을 제시하였다. 그에 따르면, 사회 안에 펼쳐진 교육의 장에서 세대 간의 관계, 불평등, 사회적 권력 등의 문제들이 의도 없는 의사소통행위를 통해 전개되고 해결된다는 것이다(Mollenhauer, K., 1976). 이와 비슷한 방향에서 샬러(Schaller, K.)의 의사소통의 교육, 그리고 이와 결합된 펠쉐스(Fellsches, J.)의 참여의 행위 등이 아도르노와 하버마스(Habermas, J.), 미드(Mead, M.) 등의 이론을 참조하여 교육학적 관계이론에 사회비판적 지평을 마련하였다. 사회적 비인간화 문제로 인해 교육적 관계가 갈등을 빚기도 하지만, 올바른 의식을 함양할 가능성은 역시 교육의 장에서 이루어져야 한다. 교사는 지식을 선달하는 역할에 그져서는 안 되고 학생늘과 상호작용을 하면서 그들의 경험을 서툰 것이라 하여 무시하지 않아야 한다. 학교에서 학생들을 학력수준에 따라 분리하는 일은 다양한 가치를 지닌 학생들 간의 토론과 합의를 통한 지식의 습득과정에 오히려 역기능을 한다. 학력수준의 잣대로 나누어지는 분리교육체제는 재고되어야 할 필요가 있다. 교사-학생의 상호작용을 위해 문화예술교육은 중요한 매개역할을 한다. 다양한 가치를 가진 학생들이 예술적 표현을 통해 자신의 가치와 다른 가치의 비교와 수용을 할 수 있는 민주적인 분위기를 습득하고, 이를 통해 주체적 판단력을 갖출 수 있는 능력은 통합된 형태의 문화예술교육의 장에서 가능하다.

- 도시-농촌학교 간의 교류: 사회구성원 간 상호교류는 사회통합을 위한 작용인데, 한국의 경우 대도시와 중소도시, 그리고 농어촌 지역 간의 심한 경제·문화적 격차 때문에 농어촌 지역의 소외문제가 대두된다. 태어나 자란 곳이 농어촌이라는 이유로 취약한 환경에서 교육받아야 하고, 그러다 보니 사회에서도 낮은 지위와 대우를 받을 수밖에 없는 식의 악순환은 단지 교육상의 문제가 아니다. 농어촌 학생의 문제는 최대한의 이익을 보장하는 교육복지 차원에서 해결을 모색할 필요가 있다. 예를 들어, 농어촌 학생의 보상교육이나 대학입시에서 정원 외 특별전형 정책은 낙후지역 학생들에게 교육기회의 불균등 및 과정의 불평등으로 파생된 교육의 결과에

대한 역차별 지원을 제공함으로써 교육의 결과에 대한 평등을 실행하려는 방안이다. 또한, 지역 간의 교류를 권장하기 위해 초등학교에서부터 도시와 농어촌 학교 간의 교류를 위한 체험학습활동제도가 도입되었지만, 실제로 이행한 사례는 극소수에 불과하다. 농촌체험학습을 정규교육과정에 편성하는 것은 학생들이 사회공동체 의식을 올바로 함양하기 위해 실제 적용이 가능한 방법이다.

- 장애-비장애 학생 간의 교류: 장애·비장애의 통합은 사회적 통합을 위한 교육목표이자 과정이다. 장애인의 사회통합은 소수인 장애인이 비장애인과 함께 살아가도록 하는 데에 필요한 여건의 조성 및 시행을 통해 사회의 한 구성원으로 생활하는 것을 의미하는데, 가능한 한 어릴 때부터 함께 배우며 생활하는 것이 사회통합을 위한 교육의 지름길이다. 일선 학교에서 통합교육을 시행하는 경우 한 학급에 소수의 장애 학생들이 구성되어 전일제 또는 시간제 통합교육과정을 진행하는데, 이러한 물리적 통합은 정부의 지원에 힘입어 양적 성장은 하고 있지만, 통합교육에 대한 잘못된 인식 때문에 장애 학생들에게 오히려 소외감을 심어주는 역효과 문제가 생기기도 한다. 통합교육에서는 무엇보다 장애인과 비장애인의 편견을 불식시키는 것이 중요하다. 비장애 학생들에게는 자아개념이 형성되는 학생 시기에 장애 학생을 도와주고, 때로는 장애를 체험하면서 터득하는 등의 배려가 중요한 교육적 태도이다.

장애로 인한 차이를 적극적으로 고려하지 않고, 기존 사회의 가치 속에 장애인을 귀속시키려는 공통점이 있다. 즉, 장애로 인한 차이로 발생하는 새로운 가치를 창조하기보다는 기존의 신체의 정상성과 모델 속에 차이를 환원시키고자 하는 동일성의 논리를 가지고 있다. 그래서 이 관점을 비판적으로 보며 등장하고 있는 것이 몸의 모델로 장애를 가진 신체적 차이와 그로 인한 차이의 정체성을 적극적으로 인정하는 데 있다. 그리고 신체적 차이를 지닌 몸의 경험을 통해 기존 사회의 정상성에 대한 비판을 제시하고, 새로운 상호주체성과 관계, 소통의 방식을 문제시해야 한다고 말한다. 최소 수혜자인 장애인을 위한 교육의 목적과 수단이 가능한 한 정상화 원칙에 의해 충족될 때, 장애 학생들은 자신을 극복하고 장애 속에 비범함을 발견할 수 있다.

- 다문화가정 자녀들과의 교류 : 학생들은 앞으로 현재보다 다양한 민족의 문화와 함께 생활하는 것에 더욱 익숙해지게 될 것이다. 다양한 문화를 체험하기 위해 다른 나라를 여행하거나 장기간 체류하기도 하지만, 우리나라에 거주하는 다문화가정 자녀들과 함께 교육활동을 하는 것도 좋은 방법이다. 다양한 문화교류시대를 살아나가야 할 학생들이 제3세계 국가에 대한 인종차별적인 사고방식을 가진다면 그만큼 폐쇄성에 갇히는 것이다. 이질적인 문화양식을 가진 다문화가정과 교류하는 기회를 자주 가진다면 문화에 대한 올바른 시각과 문화적 풍부함을 체험할 수 있다. 다양한 문화교류는 다른 나라에 대한 편협한 생각에서 벗어나 풍부한 문화감수성을 얻을 수 있게 한다. 따라서 다문화가정 자녀와 함께하는 교육은 교실의 문화적 다양성을 풍부하게 만들어 주고 다양한 문화를 경험할 수 있어 학생들 상호 간 혜택을 받기에 적합한 형태이다. 현재 문화체육관광부 지원 정책의 하나로 사회단체에서 제3세계 출신 다문화가정 자녀와의 통합교육 프로그램을 간헐적으로 시행하고 있다. 비록 교류의 빈도가 낮고 참여 숫자도 제한되어 있다. 통합교육프로그램들이 체계적인 과정을 갖추기에 미흡한 점이 있지만, 이러한 교류를 통해 문화적 편견을 해소하고 다양한 문화의 경험이라는 교육적 효과를 얻을 수 있다.

앞에서 서술한 바와 같이, 교육의 교류작용에서 장애·비장애 통합교육은 장애학생들에게 오히려 소외감을 심어주는 문제를 해결하고, 장애인과 비장애인의 편견을 불식시키는 과정이 요구된다. 장애·비장애 통합교육 프로그램들은 통합교육기관에서 언어학습, 신체활동, 정보화교육, 예술표현활동 등 다양한 영역에서 시행하고 있다. 특히, 문화예술활동이 통합의 요소인 심리적·정서적 통합, 그리고 사회적 통합을 이루는 데에 가장 효과적이다. 즉, 예술의 통합적 기능이 장애와 비장애인 간의 거리를 좁히는 문화적 통합에 기여하는 양상을 교육적인 과정으로 구체화하여 교사–학생 간, 장애–비장애 학생간의 교류에서 그 실제적인 통합작용의 효과를 얻고자 하는 것이 장애-비장애 통합을 위한 문화예술교육의 의미와 역할이다.

3) 문화예술 통합교육 프로그램 개발

(1) 통합과 교류를 위한 프로그램의 전개

통합교육을 위한 노력에 교과과정의 통합이 포함된 바, 문화예술교육 프로그램은 예술적 소양과 심리, 정서 통합을 위한 방향 등 두 가지 면을 고려하여 구상, 전개되어야 한다. 통합교육 프로그램들 가운데 문화예술 관련활동이 특징이 있다면, 그것은 무엇보다 문화-예술이라는 명확한 대상영역에서 학생들이 저마다의 소양을 개발하는 것이다.

문화예술교육에서 통합을 위한 프로그램은 우선 물리적 통합에 충족되는 내용을 고려해야 한다. 학급의 장애-비장애 학생들, 또는 다문화가정 학생들이 모두 함께 참여하는 교실을 만드는 것이 우선되어야 하고, 학생들이 서로에 대해서 배울 방안을 마련해야 한다.

(2) 장애-비장애 통합교육 프로그램

장애-비장애 통합교육 프로그램에서는 비장애자들이 장애 학생과 활동하면서 때로는 교사와 같은 역할까지도 수행하게 되는데, 이런 경험은 비장애자에게 성숙한 리더십을 형성하게 한다. 비장애자들은 장애 참가자들의 활동 가능성에 대한 새로운 인식을 하게 된다. 장애 학생들은 문화예술교육 프로그램을 통해 조금씩 자기 행동의 변화를 겪는다. 장애 참가자들은 또래 비장애 참가자들을 통해 정서적 공유를 느낀다. 장애 참가자들은 비장애 참가자들을 통해 자신감을 키우기도 하며, 장애 참가자들만 모여 있을 때보다, 교육목표 수치가 높아지고, 그 과정에서 미처 보지 못했던 장애 참가자들의 행동을 느낄 때도 있다.

통합교육은 사회적 통합은 물론, 심리적 통합 및 정서적 통합까지 포괄하는 범위에서 과제와 역할을 설정해야 한다. 이러한 통합교육을 위한 문화예술교육의 과제로서 개인의 능력을 최대한 계발하는 가운데 저마다 지향하는 다양한 가치들을 계발하는 교육의 지향을 확고히 해야 하고, 개인차에서 태생적으로 혹은 후천적으로 열등한 장애인들의 경우 주어진 여건의 열악함으로 인해 자신감을 잃기 쉬운데, 이들을 위한 배려와 문화예술 교육개발이 요구된다. 또한, 사회적 힘으로 제약 당함 없이 관계 상대들과 동등하게 교류하는 문화예술교육의 과제가 있다.

04 현대사회의 환경교육

1) 현대사회의 환경문제

현대는 과학기술문명사회이다. 하루가 다르게 발전하는 기술에 힘입어 자연을 개발하여 인간에게 편리한 기능을 제공하고 있다. 그러나 기술의 발전은 사회적인 부작용을 낳기도 한다. 특히, 기술개발로 인한 환경문제는 우리들의 일상생활에 고통을 주고 있을 뿐만 아니라 사회발전을 저해할 정도로 악화되었다. 고도의 경제성장을 추구하던 시대는 환경문제가 크게 대두되지 않았다. 경제성장 정책이 가져다 준 결과는 양적 성장과 물질적 부유였다. 이러한 것들이 사람들에게 인간다운 삶을 보장해 주지는 못했다. 과학기술문명의 발전에 의존한 산업사회의 발전은 자연에 대한 무차별적인 개발을 도구로 하였으며, 이러한 산업화의 과정에서 인간은 소외되었다(Ekins, P., 2000). 환경에 대한 위기의식에서 나온 환경교육은 환경문제에 대한 근본적인 원인을 찾아 해결해야 하는 과제를 가지고 있다.

자연 파괴로 인해 인간의 삶은 위기상태에 처하게 되었다. 자연을 보존하고 환경을 지키려는 교육이 등장한 것도 우리사회, 나아가 이 지구와 온 인류가 파국을 맞게 될 것이라는 위기의식에서 비롯된 것이다. 환경에 대한 위기의식은 90년대 초 발생했던 페놀 사태나 전 지구적 규모로 확대되고 있는 지구 온난화 및 엘니뇨현상과 열대림의 화재 등이 잇달아 일어나면서 증폭되었고, 국지적인 가뭄과 홍수, 이상기온 등에서 심각성이 더해지고 있다. 이제 환경문제는 단순한 자연보호운동의 차원을 넘어서서 인류의 미래와 직결된 문제로 인식되었다. 따라서 환경문제에 대한 해결방식은 다양하게 전개되고 있다.

먼저 자연과학의 발전에 의존하여 환경문제를 해결하려 했던 기술적인 환경 보존책이 있다. 환경문제를 자연과학자들이 해결할 수 있다고 믿는 입장이다. 대학에서 환경공학과를 신설하여 환경오염을 측정하고 공해방지체제를 구축하는 학문적인 노력을 하고 있다. 각 관청에서는 환경부서가 지역의 환경보존을 위해 기술적인 지원을 하고 있다. 한편, 자연과학 발전의 한계를 깨닫고 환경에 대한 인간의 윤리의식을 일깨우는 생태학적인 환경론이 또한 있다. 공해시설에 대해 정화기술을 발전시키는 기술적인 개선방안이 필요하지만, 문제에 대한 근본적인 해결은 될 수 없다. 해결과정에서 윤리적인 면을 경시하고 결과만을 중시하게 되면 더욱 커다란 문제를 불러일으킨다. 기술적인 방안에만 의존하지 않고 자연과 인간의 조화로운 관계를 조성할 수 있는 생태학적인 개선안이 따라야 한다. 환경문제들을 극복하고 새로운 사회-환경을 이룩하기 위해 가장 중요한 주제는 환경이라고 말할 수 있다. 환경문제를 교육적으로 파악하고 해결하는 환경교육이 절실한 때이기도 하다.

환경교육은 "인간, 인간의 문화, 그리고 인간과 생물·물리학적 환경 간의 상호관계를 이해하고 올바로 평가하는 데 필요한 기능과 태도를 개발시키기 위하여 가치를 인식하고 개념을 명백하게 하는 과정이다(최석진 외, 1999)." 환경교육을 통하여 인간과 자연의 관계가 밀접해지고 환경에 대한 올바른 태도와 가치관 및 환경문제에 대한 책임감을 느끼게 하는 것이다.

우리나라에서 환경교육의 중요성이 학문적으로나 사회적으로 널리 인식되기 시작한 지 20여 년이 지난 현재, 환경교육은 학교교육의 한 교과과정으로 시행되었고, 사회환경교육 또한 활발하게 시행되고 있다. 환경에 대한 중요성은 사회 전반으로 높아져 환경에 대한 관심과 기본적인 지식 정도는 상당히 많은 진전이 있었다.

이러한 사회적 추세와는 달리, 학교의 환경교육은 크게 발전을 이루지 못한 면이 많다. 학교마다 교과목의 운영에서 매끄럽지 못한 문제가 나타났다. 물론, 관련 교사와 학생 또는 이를 지원하는 많은 사람의 관심과 성의 부족에 원인이 있다는 것은 아니다. 이외에 환경교육과목에 대한 제도적인 미비점이 주된 원인이라고 본다.

그러면 환경교육의 성립과 발전과정을 살펴보고 환경교육의 문제점이 무엇인가를 파악하여 개선점을 찾아보고자 한다.

2) 환경교육의 성립과 발전

환경교육의 정립과 발전을 위해 1970년대부터 범국가적인 노력을 하였다. 1970년 미국의 환경교육법(Environmental Education Act)에서 '환경교육은 인간에게 있어서 자연환경과 인공환경과의 관계를 다루는 과정'으로 정의하였다. 이렇게 환경교육에 관한 논의가 시작되고, 그 의의가 성립되기 시작하면서 환경교육의 의미는 여러 가지로 정의되고 왔다. 1972년 스톡홀름에서 개최된 인간환경에 관한 UN회의에서 환경문제가 본격적으로 다루어지면서 국제적인 환경교육의 출발점이 되었다. 이전까지 환경에 대한 관심은 대부분 산업화된 선진국들의 문제였다. 그러나 이 회의 이후 환경과 개발 사이의 상관관계가 받아들여지게 되었다. 유네스코와 유엔 환경계획은 국제적인 환경교육 프로그램을 제시했다.

1975년 유고슬라비아의 베오그라드에서 열린 국제환경교육회의에서 「베오그라드 헌장」이 채택되었다. 이 헌장에는 환경교육의 철학적 기초와 인간 상호 간의 관계 등을 밝히고 있다. 환경교육의 중요성을 언급하고 구체적인 실천을 위한 지침들을 담고 있다. 환경교육의 목적을 살펴보면, 환경과 연관된 문제들에 관심이 있는 전 세계 인구수를 증가시켜야 하며, 지식, 기능, 태도와 의지를 다지고 현재의 문제해결에 공헌할 수 있도록 개인이나 집단으로도 공헌하여 현재뿐 아니라 미래의 새로운 문제에도 공헌할 사람들을 기르는 것이다. 이와 함께 개인 및 사회집단이 구체적인 실천행동을 위해 필요한 항목으로 관심, 지식, 태도, 기능, 평가능력, 참여의 6개 항목을 제시하고 있다.

(1) 환경교육에 대한 필요성

1992년에 브라질 리우에서 열린 유엔환경개발회의(UNCED)에서 세계 111개국 정상과 178개국 대표가 참가하여 환경문제 해결을 위한 국제적 협력 및 환경교육의 필요성을 강조하였다. 특히, 「지탱 가능한 사회건설과 전 지구적인 책임감을 기르기 위한 환경교육협약」이 채택되었다. 이 협약에 의하면, 환경교육은 모든 생명에 대한 존중에 바탕을 둔 지속적인 배움의 과정으로, 인간 및 사회의 개혁과 환경보전에 기여하는 가치체계와 행동양식을 길러주는 것이다. 1996년 UNESCO-UNEP가 주최하는 아시아·태평양 환경교육 심포지엄이 호주에서, 1997년에는 방콕에서 열렸다. 이러한 일련의 국제회의는 ① 환경교육의 목적, 내용, 방법의 탐색 및 의견의 교환, ② 환경문제, 교육정책과 계획, 프로그램과 관련된 문제의 해결, ③ 효과적인 환경교육 프로그램의 개발을 합의함으로써 환경교육의 확산과 활성화에 크게 기여하였다.

환경교육의 발전과정을 보면 환경교육은 다양성을 인정하고 상호의존성을 바탕으로 살아갈 평등하면서도 환경적으로 건전한 사회를 건설하기 위한 교육이며, 그러기 위해서는 무엇보다도 지역, 국가 또는 전 지구적 차원에서의 개인적인, 그리고 집단적인 자각과 책임의식이 요구된다. 우리시대의 위기상황들 모두가 기본적인 가치체계의 상실, 인간소외, 그리고 거의 모든 인간이 자신의 미래를 설계할 참여기회의 박탈에서 연유한다. 우리는 이제 인간의 삶의 질, 방식, 그리고 개인적인 행동양식에 대한 의식변화, 또 인간 사이는 물론 다른 생명과의 사이에 조화를 회복하기 위한 개혁을 환경교육을 통해서 긴급히 달성하지 않으면 안 된다고 밝히고 있다.

(2) 우리나라의 환경교육 발전과정

우리나라의 환경교육 발전과정을 보면, 환경부에서 1982년 「효과적 환경교육 실천을 위한 정책연구」를 시행하고, 1983년에는 환경교육에 관한 심포지엄을 개최하였다. 그 결과를 토대로 교육부에 체계적인 환경교육 시행을 위한 정책을 건의하면서 구체적인 정책의 발전이 시작되었다. 이후 수차례의 환경정책 발표와 전문가들의 심포지엄 등을 거쳐 환경부에서는 1985년부터 현장에서 시범적인 환경교육을 시행해 봄으로써 학교 환경교육의 기본 모델을 만드는 데 그 목적을 두고 환경보전 시범학교를 운영하고 있다. 1995년부터 적용된 중학교에는 '환경' 과목이 한문, 컴퓨터 과목과 함께 선택과목으로 신설되었고, 1996년부터 적용되는 고등학교에는 '환경과학' 과목이 철학, 심리학 등과 함께 선택과목으로 채택되었다.

3) 환경교육의 실태

환경교육은 초·중등학교에서부터 대학의 학교기관에서 시행하는 학교 환경교육과 사회 환경교육이 있다. 학교 환경교육이 미래를 위한 환경교육이라면, 사회 환경교육은 현재를 위한 기성세대들에 대한 환경교육이다. 사회 환경교육은 교육추세에 따라 환경부 등 공공기관에서 시행하는 교육과 민간단체에서 시행하는 교육으로 나누기도 하고, 교육의 전문성에 따라 전문교육과 일반교육으로 분류하기도 한다.

(1) 환경교육 실태

학교 환경교육에서 특히 초·중·고등학교의 환경교육은 학교 실정에 맞는 환경교육 프로그램을 개발하고 학습내용을 체계화하여 생활과 연결된 교육이 필요하며, 가정에서의 환경실천 사례 등을 중심으로 시행되고 있다. 예를 들면, 환경교육 관련 가정통신문 발송, 환경보전시범학교 운영, 환경의 날 환경보전캠페인, 환경전시회 개최(학생, 학부모 작품) 등이 있고, 학생들의 자연보호 봉사활동을 권장하여 환경문제에 대한 직접적인 체험을 할 수 있도록 추진하고 있다. 대학교에서는 환경 관련 전문학과가 신설되어 분야별 환경 전문인력을 양성하고 있다. 또한, 환경 관련 연구소들이 설치되어 환경 관련 전문연구를 수행하고 국제교류에도 힘쓰고 있다.

학교 환경교육 못지않게 사회 환경교육이 중요하다. 공공기관들 가운데 국립환경연구원과 같은 환경관련기관에서 실시하는 전문교육은 법정교육으로서 고급기술연수과정, 방지시설연수과정, 자가측정대행연수과정 등 5개 과정으로

운영되고 있다. 또한, 환경보전협회는 법정교육으로 환경관리인 교육, 폐기물 처리담당자 교육, 오수·축산폐수처리시설 기술관리인 및 위생처리시설 설치요원 교육, 급수장치·저수조 위생관리 교육 등을 시행하고 있으며, 한국화학물질관리협회에서는 유독물질관리자 기본교육과 양성교육을 시행하고 있다.

이러한 전문교육 외에도 각 시·도와 민간단체에서도 환경교육을 시행하고 있다. 교육내용은 대부분 환경에 관한 초보적인 이론에서부터 비디오 상영 등을 통한 실천방법을 제시하고 있을 뿐 아니라 환경탐사, 산업체 현장 방문 등 다양한 방법을 통하여 생활 속의 환경실천을 유도하고 있다.

(2) 중학교의 환경교육

이처럼 우리나라의 전반적인 환경교육 실태를 살펴보았는데, 이제 중등학교 교육과정에 의한 환경교육과 이에 관련된 사항을 중점적으로 다루기로 한다. 신설교과였던 환경교육은 학교에서 수업이행에 많은 어려움이 있었다. 특히, 환경교과가 단독 교과목으로 출발할 수 있게 되어 환경교육의 독립성 확보에 큰 성과는 있었지만, 이에 따르는 교육목적과 내용, 방법 및 교사양성에 이르기까지 난관이 많았다.

그러면 중등학교 교과과정에 환경교육이 제도적으로 시작된 후 10여 년이 된 시점에서 환경교육에 어떠한 문제점이 있는가, 특히, 환경교육의 개별과목 분산형태와 독립형태의 비교, 환경 교사양성에 따른 문제 및 학교에서 환경과목 선택에 따른 문제점 등에 관하여 살펴본다.

그런데 학생 개개인이 환경에 대한 올바른 태도를 양성할 수 있는 가장 중요한 시기인 중학교에서 환경교육이 시행되고 있는데, 이에 따른 문제점이 있다. 전국 중학교 중에서 극히 일부분만이 환경과목을 선택하여 가르치고 있기 때문이다.

4) 교육과정 개편과 환경교육의 전개

(1) 학교 환경교육의 목표

환경교육은 다른 과목들–경제·산업이해, 건강교육, 직업교육과 진로지도, 시민교육–의 교육과정 주제와 밀접히 연계되어 있다. 환경교육은 학생들에게 환경문제의 심각성을 소개하고 학생들에게 윤리적, 사회적 책임을 지도록 가르치는 것이기 때문에 환경문제에 대한 의사결정은 경제·산업과의 관련성을 맺으면서 시행되고 있다.

학교 환경교육의 목표는 영국의 예를 참고하여 '환경에 관한 교육', '환경을 위한 교육', '환경 안에서의 교육' 3가지를 통합하여 설정된다. 환경에 관한 교육은 환경보전이나 환경개선을 위한 목적을 가지며, 환경 안에서의 교육이란 아동들의 생물·물리적, 사회적 환경에 따른 활동을 관찰, 기록, 해석 및 과학적, 지리적 자료의 토의를 위한 태도나 기술로 이끄는 내용으로 구성되어 있다(김남일 외, 2001).

(2) 국가 교육과정에서 환경교과의 변천경과

우리나라에서도 제도적으로 교육과정에 의한 학교 환경교육이 시작된 것은 환경교육내용이 교과별로 포함된 제4차 초·중·고등학교 교육과정부터이다. 이 교육과정은 학교 환경교육에 대한 규정을 제창한 것이라고 할 수 있다. 즉, 총론에서 환경교육이 교과목 전반에 걸쳐 이루어지도록 명시하고, 각론에서는 환경 관련 교육내용이 제시되었다. 이 시기의 교육과정에서는 자연의 보호와 관리에 주안점을 둔 정도였다. 그 후 제5차 교육과정에서는 모든 국민이 쾌적한 환경 속에서 행복한 삶을 누릴 수 있는 터전 마련에 관한 사항과 자연을 아끼는 교육과정 방향을 제시하여 환경교육을 구체적으로 제시하게 되었다. 제6차 교육과정에서는 중학교의 선택교과 중에 환경과목이 1995년부터 신설되었고, 고등학교에서도 1996년부터 교양선택교과로서 환경과학이 개설되었다. 2007년도부터 시행된 7차 교육과정에서는 농업고등학교에 환경보전과목이, 공업고등학교에서는 환경기술이 신설되었다. 초등학교 과정에서는 관련과목에 환경 내용이 부분적으로 강화되었다. 이러한 과정은 이 시기에 우리나라가 직시하기 시작한 여러 환경문제의 예방과 해결 차원으로의 교육적 접근을 위하여 학교 환경교육의 필요성이 강력히 제기됨에 따라 필요하였기 때문이었다.

제7차 교육과정의 중요한 특징은 환경교과가 독립교과로 된 점이다. 중학교 '환경' 교육과정은 중학생의 인지발달 수준에 적합하게 구성된 것이다. 주요 제목은 공기, 물, 토양의 환경오염을 중심으로 건강하고 쾌적한 환경, 환경의 변화와 지속가능발전, 자원과 에너지, 지역환경과 지구환경, 환경과 나의 관계 등으로 되어 있다.

고등학교의 환경 교육과정은 '인간과 환경', '자원과 에너지, '환경문제의 이해와 대책', '지역환경과 지구환경', '지속가능발전과 사회 및 생활양식, '지속가능 사회의 구현' 등 6개 영역으로 구분되었다. 지속가능발전 교육은 세계적인 추세에 맞추어 최근 환경교육에서 강조되어 온 것으로서, 2007년 교육과정에서 본격적으로 도입되었다.

5) 환경교육의 개설 형태

신설과목으로서 환경교육은 몇 가지 문제들을 가지고 있는데, 특히 전통적인 교육과정체계에 잘 맞지 않는 점을 들 수 있다. 환경교육은 특성상 인문학(윤리, 사회)과 자연과학(물리, 생물, 지리 등)을 포괄하는 간학문적인 교과인 데 반해, 기존의 중등학교 교과과정이나 교사자격증, 교사양성제도는 고유의 학문 분야를 갖고 있어서 환경교육은 이러한 기존 과목의 형태와는 맞지 않는 문제가 있다. 환경과목이 기존 과학과목이나 사회과목의 한 부분으로 구성되는 경우가 좋겠지만, 현재대로 개별 과목에 속하게 되면 환경교육의 특성상 잘 맞지 않는다. 더욱이 이들 과학과 사회과목계열 간에는 현행 제도상으로 교육과정상에서 연계가 이루어질 수 없다.

환경교육은 그 특성상 생물, 물리, 화학, 지리, 역사, 문화, 사회, 윤리 등 여러 요소가 관련된 간학문적 성격을 갖고 있다. 환경교육의 목표가 한 가지 이상의 분야가 필요하다고 할 때 여러 분야로 구성되는 간학문성을 어떠한 형태로 구성해야 할 것이냐는 문제가 있다. 실제로 환경교육에서 다루어져야 할 통합교과적인 유형은 전통적으로 잘 정립된 교과목에 맞지 않을 수밖에 없고, 기존의 어느 과목보다도 더 광범위하게 구성되어야 하는 어려움이 있다. 이것은 오늘날 주요 관심사인 환경문제의 발생원인이 과학기술적인 데에 있고, 그 문제에 관련된 행위는 사회적인 방면으로 다루어져야 하기 때문이다.

우리보다 환경교육이 앞선 영국, 미국, 오스트레일리아, 뉴질랜드 등 여러 나라에서는 기존의 교육과정 내에서 환경교육이 이루어지는 형태를 취하고 있다. 환경교육학자들도 간학문적이라는 환경교육의 의미를 인식하고 있지만, 실제 학교에서 환경과목을 신설할 경우에는 기존 과목과 중복되는 부분이 있게 되고, 기존 교과과정마저 초과상태인데, 여기에 새로운 분야를 추가해야 한다는 부담도 지적되었나.

따라서 환경교육을 기존 과목내용에 통합하는 것이 바람직하다는 방안이 제시된다. 환경교육의 통합이 가능한 것은 기존 과목의 학습목적에서 환경교육의 학습과 관련이 있는 부분이 있기 때문이다. 그러나 환경교육이 분산형태로 여러 교과목에서 조금씩 이루어지게 될 때는 여러 개별 교과목 사이에서 공통된 방향 없이 과목 간의 연계가 이루어지지 않아 환경교육 본래의 통합적인 관점을 잃게 되는 문제가 또한 있다. 그런데도 환경교육에서는 환경에 대한 복합적인 특성과 여러 내용요소들 간의 상호관련성이 중요하게 다루어져야 하므로 하나의 통합교과적인 과목으로 구성되는 것이 바람직하다고 본다.

이러한 통합적인 교과목으로서 환경과목을 실시할 경우, 자연과학에서부터 인문학에 이르는 통합적인 환경교육을 맡을 훌륭한 교사를 양성해야 하는 과제가 남게 된다. 여러 개별적인 분야에 대한 깊은 지식과 이들을 환경과 관련하여 통합적인 관점에서 다룰 수 있는 교사양성은 간단히 이루어지기 어려운 실정이다. 학교의 환경교육은 시작된 지 오래되지 않았고, 학문적으로도 다른 과목에 비해서 정립이 잘 되어 있지 않은 상태이기 때문에 과목의 내용조직과 교수방법에 많은 논의가 요구된다.

6) 환경교사의 문제

환경교육에서는 무엇보다 환경에 대한 올바른 가치관을 갖도록 하는 데 역점을 둔다. 올바른 가치관 형성에서 교사는 객관적 시각을 갖추어야 한다. 교사를 포함하여 사람들은 자기가 성장한 사회환경의 영향을 많이 받게 된다. 사회의 일원으로서 누구나 특정 지역, 사회 또는 시대적인 가치관이나 환경의식을 무의식적으로 받아들이는 경우가 많고, 환경의식에 대해서 비판적으로 살펴보는 경우도 드물다. 때로는 학교 또는 다른 기관에서 교육을 받는 과정에서 이러한 관점이 수정되거나 상당히 바뀔 수도 있다. 일반인과는 달리, 환경교사는 환경이라는 다면적인 과목 특성을 다루는 데 다른 가치관이나 환경의식을 서로 비교할 수 있고, 상반되는 점들을 제시할 수 있는 객관적 관점을 가지고 있어야 한다. 그러므로 교사양성을 담당하는 교육과정에서는 특정 환경주제와 관련된 과학적 및 기술적인 모든 면을 이해할 수 있고, 사회적·정치적 및 문화적인 면을 함께 고려할 수 있는 교사를 양성할 수 있도록 최선을 다해야 한다.

환경교육이 이상적으로 이루어지기 위해서는 지식적인 교육을 중심으로 하는 그 외의 많은 과목과는 달리 교육을 통하여 친환경적인 가치관과 태도를 기르고 기능을 길러 행동에 이어지도록 하는 것이 주목적임을 고려할 때 현행과 같은 교사양성제도는 재검토되어야 한다.

우리나라의 환경교육에 대한 문제들을 살펴보았는데, 환경교육은 제도적인 문제로 형식적인 과목으로 취급당하지 않고 자연에 대한 올바른 인식과 환경문제에 대한 보다 과학적인 지식을 갖추어야 한다. 현 7차 교육과정에서는 환경교육이 영어, 수학 등 주요 과목과 비교하면 부수적인 과목으로 취급되고 있다. 환경교육이 경제적, 기술적인 면과 사회적, 윤리적인 측면이 균형을 이루면서 시행될 수 있도록 해야 하지만, 제대로 실천되지 않고 있다. 또한, 환경교육에서는 교사뿐 아니라 학생과 학부모들이 능동적으로 참여하여 각자의 역할을 분명히 설정하고, 이에 대한 평가가 반영될 수 있도록 체계를 마련해야 할 필요가 있다(한국교육과정평가원, 2009). 환경교육은 실현성 없는 단순한 지식의 주입이 아니라, 실제 문제에 대한 체험과 이를 해결하고자 하는 실천에 기초해야 하기 때문이다.

7) 환경교육의 방향과 과제

(1) 환경교육에 대한 인식 전환

이러한 점들을 고려하여 환경교육의 나아갈 방향은 환경교육에 대한 새로운 인식을 정립하는 것이다. 우선, 환경교육은 생태교육으로 이해돼야 한다. 생태윤리라는 것은 인간과 자연, 또는 인간과 환경의 관계가 자연의 원리에 적합하게 조성되기 위해 인간이 지녀야 할 가치, 태도를 말한다. 환경교육의 내용이 지나치게 자연과학적이고 기술적으로 다루이진다면 자연을 보호하는 것이 아니라 새로운 환경문제를 유발하기도 한다. 따라서 환경교육에서는 환경에 대한 가치관 교육이 선행되어야 한다. 우리가 살고 있는 땅은 오랜 역사를 거쳐 보존되어 온 자연인데, 앞으로 우리 후손의 미래를 위해서 자연을 잘 보존하고 생태계의 구조를 훼손하지 않는 것이 환경교육의 목적이자 방법이다. 또한, 학생들에게 환경에 대한 지식을 함양하는 교육과정이 체계적으로 이행되어야 한다. 따라서 환경교육은 공해나 오염을 방지하는 기술적인 교육에서부터 자연친화적인 교육으로 전환해야 한다. 또한, 교실에서 이론 중심으로 이루어지는 학습에서 실제 현장학습으로 전환되어야 한다. 환경교육은 일시적인 방법보다는 지속적이고 환경가치를 강조하는 교육으로의 방향설정이 중요하다.

(2) 학교에서의 환경교육과제

학교에서의 환경교육은 정규 수업시간과 교외 봉사활동을 통해 시행되고 있는데, 수업시간에 학생들의 자세를 적극적인 참여로 유도해야 한다. 수업의 진행에서는 도입단계에 학습내용을 교사가 주도적으로 설명하는 것이 효과적인지, 실제적인 환경문제에 대한 학생들의 문제의식을 발표하고, 그 내용이 수업의 도입단계가 되게 할 것인지, 환경문제의 구제적인 문제에 대해 어떻게 심층적으로 다룰 것인지 등을 파악하여 수업지도를 해야 한다.

환경교육과정에서 교사와 학생은 함께 연구하는 평등한 관계가 조성되어야 한다. 환경교육은 교사 주도로 지식을 주입하는 수업에 의존할 수 없고, 환경문제에 대한 구체적인 문제를 가지고 실제적인 차원에서 교육이 이루어져야 진정한 환경교육이 된다. 교사는 학생 스스로 환경문제의 외형적 증세, 원인 및 가능한 해결책과 대안들을 발견하는 데 도움을 주어야 한다. 복잡한 환경문제들을 도입하기 전에 학생들의 주변 환경의 단순한 사례를 활용하여 학생들에게 환경적 감각, 이해, 문제해결 능력, 가치를 개발하도록 하여야 한다. 구체적인 환경문제를 다룰 때, 부분적인 또는 지역적인 문제들이 다루어지기도 하지만, 이러한 문제들을 통해 전체적인 환경을 고려해야 한다. 환경교육은 균형유지 관점이 제공될 수 있는 종합학문적이어야 하기 때문이다. 환경적, 사회경제적 결과를 검토하는 과정에서 교사와 학생들은 대화와 타협을 통하여 지속가능한 미래가 확보될 수 있는 환경적·경제적 필요 사이의 균형이 유지되는 방안을 고려해야 한다.

실천적 활동과 일차적 경험을 강조하기 위하여 다양한 학습장면과 교수, 학습 전략들을 활용하여야 하고, 학생들에게 그들 자신의 학습경험을 계획하는 데 역할을 할 기회를 주며, 그 결정에 대한 책임을 받아들이도록 한다.

이러한 환경교육을 위해 정책시행에서의 관료와 교사 간, 그리고 교육과정에서의 교사와 학생 간 서로 신뢰하고 승인하는, 수평적이고 민주적인 관계가 정착되어야 한다. 이러한 환경교육으로 인간과 자연은 그 영역과 기능을 제대로 발휘할 수 있고, 아울러 사회는 환경을 잘 보존하여 건강한 상태를 유지하게 될 것이다.

종래의 환경교육이 공해측정이나 오염방지기술 교육에 치우친 경향이 있지만, 앞으로는 친환경적인 교육으로의 전환이 이루어져야 한다. 또한, 환경교육은 교실 중심, 교과서 중심 학습에서 실제 현장에서 체험하는 활동으로 전환해야 한다. 환경교육은 단기적인 방책을 추구하는 것보다 지속적이고 전체적인 시각에서 환경의식을 일깨우는 교육으로 전환해야 한다. 환경교육에 대한 새로운 인식을 가져야 할 과제가 있다.

05 신세대 문화와 교육

1) 신세대 문화

신세대 문화라는 말은 '대항문화'라는 말보다 우리 삶에서 비롯된 것이라는 느낌을 준다. 세대에 따른 문화적 차이는 사회가 변하는 한 있기 마련인데, 이를 '신세대 문화'라 부르고자 할 때는 무엇인가 심상치 않은 현상이 벌어지는 것을 암시한다. 신세대가 기성세대와 달라지기를 원하는 의도에서, 기성문화와 단절을 하려는 의도에서 신세대 문화라는 새 문화양식이 고유명사처럼 우리사회 속에 영향력을 확대하고 있다. 이 연구는 신세대 문화를 이해함으로써 신세대의 교육적 과제를 제시하는 데 목적이 있다.

2) 신세대 문화의 성립과 성장

신세대 문화에 대한 전반적인 특징을 살펴보기 전에 서양에서 일어난 신문화에 대해 알아보자. 먼저, 현대화 과정에서 신세대 문화의 역할에 대해 알아보고, 다음으로 우리사회의 '신세대 문화'에 대해 살펴본다. '신세대'이고자 하는 이들이 이 사회에 하나의 대항문화 운동으로 나서게 될 것인지, 그래서 어떤 측면에서 문화변동을 이루어낼 수 있을지에 대해서는 더욱 면밀한 검토가 필요하다.

서양에서 청소년의 저항은 끊임없이 일어났다. 미국의 경우를 보면, 신세대들의 저항은 2차 세계대전 후 두드러지게 나타났는데, 「이유 없는 반항」이라는 영화제목도 있듯이 이들의 저항은 기성세대들에 대한 막연한 주제로부터 시작했지만, 60년대 들어서서 마틴 루터 킹 목사가 주도한 흑인의 민권운동을 중심으로 민권운동이 일기 시작했고, 때마침 베트남전쟁 파병에 반대하는 운동이 미국의 대학을 중심으로 격렬하게 일어났다.

젊은이들은 자신이 원하는 방식대로 살겠다는 의지를 표면적으로 드러냈다. 히피들과 성해방주의자, 마약중독자들이 거리에서, 대학에서 저항의 세력으로 번져갔다. 미국의 반전운동은 후기산업사회에서 물질적으로 가장 풍요한 시대에 자랐던 신세대들에 의해 베트남전쟁이라는 구체적인 이슈를 들고 사회의 부조리를 거칠게 폭로한 운동이었지만, 이후 이들의 행동은 정치, 사회, 경제 문제 등 매우 다양한 방향으로 전개되었다.

미국 반전운동의 영향은 유럽에서 일어난 학생사태로 심화되었다. 독일과 프랑스 등 유럽의 대학교에서 일어난 학생운동은 미국보다 공산주의적 경향이 강하게 작용한 정치적인 성향을 띠었고, 과격한 성향을 보였다. 프랑스의 1968년 5월 항쟁이나 독일의 학생운동이 그 대표적인 예이다. 1970년대 들어 사회적으로 특별히 젊은이들을 흥분시킬 주제가 없어지고 골치 아픈 정치문제에 싫증을 느끼는 분위기에 맞춰 록음악이 유행하면서 대중문화 운동이 새로운 문화로 정착되었다. 이 문화는 정치적 영역과는 관계없이 예술과 삶의 문화를 다르게 바꾸려고 시도했다는 점에서 전환적 특징을 갖는다. 당시 신세대 대부분은 그냥 자신이 원하는 대로 노래를 불렀고 새로운 삶의 방식을 찾아 나섰다.

3) 한국 신세대 문화 변천과정

이제 우리 문화 쪽으로 눈을 돌려보자. 먼저, 젊은이들이 기성세대 문화에 대항하는 움직임을 일으킨 적이 있는지부터 알아보자. 1960년대 초 5·16쿠데타로 집권한 박정희 정권은 반공이데올로기를 정권유지의 유효한 방편으로 삼고, 각 매스컴을 통해 체제를 확산하였다. 경제적으로 수출 주도의 고도 경제성장정책을 추진하여 한국 사회는 급속도로 변화되었다. '초가집을 없애고 마을길을 넓히는' 새마을운동에 맞춰 온 국민이 근면, 검소한 생활을 하면서 수익의 극대화를 위해 땀 흘려 노력하면 잘살 수 있다는 신념이 끓어올랐던 시대가 1970년대 후반까지 갔다. 1970년대 후반에 대학을 다닌 필자는 유신정권의 종말과 함께 1980년 봄을 혼란스러운 분위기 속에 보냈다. 대학에서 "양키, 고 홈!"이라는 반미운동의 표어를 쉽게 볼 수 있었고, 독재정권에 대항하는 시위가 끊이지 않았다. 독재정권은 1980년대에도 계속되면서 청년문화는 규제와 검열의 통제 아래 놓이게 되었다. 1986년 아시안게임과 1988년 올림픽 유치는 국가적 차원에서 질서 있고 화합 잘하는 시민으로 만들기에 아주 효과적인 기회였다. 세계에 알리는 자랑스러운 대한민국 국민으로서 교통질서와 복장단정, 예의 등에 손색없는 교육이 거침없이 행해졌다. 1980년대 대중문화 및 청년문화는 이러한 사회적 분위기 속에 제한적이기는 했지만, 대중음악이 성행했고, 차별성 있는 옷차림, 남녀 간에 반말을 하는 등 반권위주의적 움직임이 일기 시작했다.

1990년대에는 새로운 문화가 돌출하였던 것이 특징이다. 신촌의 록카페, 압구정동의 '오렌지족'으로 대표되는 이색적인 풍조가 신세대 사이로 급속도로 퍼져갔다. 기성 언론에서는 신세대 소비문화를 주도하는 이들을 오렌지족이라 이름 붙이고, '졸부의 자식들', '국적 없는 소비자들'이라고 비난했다. 이때부터 유행처럼 떠오르는 말이 신세대 문화였다.

신세대 문화는 경제성장이 고도로 이루어졌던 풍요의 시대에 소비문화를 주도하면서, 인터넷과 핸드폰 등 첨단기술산업의 발전과 함께 새로운 감각을 추구하는 특징을 갖고 있다. 본격적인 영상세대라 해도 지나치지 않다. 정보통신 혁명과 영상기술의 발달은 이들의 감성적 욕구를 충족하기에 충분한 능력을 갖췄다. 기존의 문화채널이 소수의 공중파에 의한 일방적 커뮤니케이션이라 한다면, 신세대 문화의 채널은 그 수를 헤아리기 힘들 정도로 다양하다. 신세대의 영상세대적 감수성은 기성세대의 그것과는 판이해서, 때로는 감각적으로 때로는 저항적으로 나타난다. 신세대 문화의 다양한 특성을 발 빠르게 상품화하는 전략이 문화산업의 관건이 되었다. 이렇게 1990년대에 들어 탈이념, 탈냉전 분위기가 퍼지고 대학생을 중심으로 하는 젊은 층의 이념적·문화적 혼란과 다양성이 드러나게 되었다. 민중문화, 이데올로기 등은 퇴조한 반면, 소비적 대중문화가 파고든 것이다.

4) 신세대 문화의 특징

신세대 문화는 급속도로 변화하는 사회현상의 산물이다. 포스트모던한 사회로 이행되는 과정에서 여러 가지 다른 문화의 수용과 다양한 사고방식을 가지게 되었다. 신세대 문화는 사회적으로 주체의 해체, 이데올로기의 퇴화, 영상 문화의 만연, 소비사회화의 흐름에서 성립, 진행되고 있다. 사회의 경제적 현대화 과정에서 내버려 두었던 인간성, 도시문명의 갖가지 문제들을 점진적으로 취급하기 시작했다. 아방가르드, 패러디, 해체, 차연, 이중 코드, 반형식주의, 의미의 부정 등 현대사회의 포스트모던한 경향 아래 신세대들은 새로운 시도를 하였다. 아무리 학교에서 교훈을 되새겨 주고, 국기에 대한 맹세를 외우게 하고, 등하교 시 용의검사를 하며, 테크노댄스를 못 추게 하고, 힙합 바지를 못 입게 해도 신세대 학생들은 이미 신세대 문화에 젖어 들었다.

포스트모더니즘의 학자들은 현 시대에 대한 인식을 가치의 다원화, 장르의 해체, 탈중심의 개념으로 우리사회에 드리워진 물질주의, 불확실성 등을 논의한다(Jencks, 1984). 정보화사회, 컴퓨터 기술의 진보, 후기자본주의사회의 문화는 분명 과거와 다른 자세로 합리적 기술과 도구적 이성의 폭력성에 대결해야 하는 데, 이것이 바로 신세대 문화가 추구하는 것이다.

포스트모더니즘은 각자의 자유로운 표현방식에 따라 진행되기 때문에 그 흐름을 제대로 파악하기는 쉽지 않다. 혼성모방, 패러디, 모조, 차용, 이중 코드 등으로 신세대 문화의 속성을 일단 짚어볼 수 있다. 혼성모방의 경우 전통과 현대, 동양과 서양, 고급문화와 대중문화 등 이분적 구조를 지양하고, 이들을 자유롭게 넘나들며 표현방식의 풍성함을 확보한다.

1970년대부터 불기 시작한 서양 문화의 경향은 합리적으로 사물화된 사회에 대한 저항의식에서 소재나 기법에서 전적인 무형식으로 새로이 시도되고 있다는 점이다. 이러한 시도는 새로운 차원을 열기 위한 시도라고 말하면 더 할 말은 없겠지만, 적어도 미적 감흥을 주는 예술성이 있는지 의문을 갖지 않을 수 없다.

신세대 문화의 표현방식인 패러디(아이러니한 모방), 재현 등은 현대예술의 모방 또는 차용방식에서 빈번히 볼 수 있는 패턴이다. 패러디는 단순한 복제가 아니다. 현대의 예술가들은 역사의 재현을 위해 과거의 작품들을 발굴하여 시대에 맞게 모방하는 시도를 하였다. 과거는 이미 지나간 단절된 시간이 아니고, 현재와의 연속성을 갖는다는 것이 이들의 입장이다. 작가들에 따라 리얼리

즘에 입각하여 현실을 그대로 재현하는 경향이 있고, 비판적 의식으로 재해석하여 작품을 만들기도 한다. 현실의 리얼한 재현이라 해서 가치가 떨어진다든지 비판, 해체의식이 담긴 작품이라 해서 높게 평할 수는 없지만, 예술적 구성 작품에서 창조성과 사회적 현실문제의 반영이 어느 정도 미적으로 표현되었는지 분석, 평가할 필요가 있다. 사회의 사물화 현상의 단순한 모방은 예술을 점점 무기력하게 하기 때문이다.

포스트모더니즘의 작가들은 모방의 방식에 대한 여러 가지 시도를 한다. 장르의 해체를 우선 꼽을 수 있다. 모더니즘이 평면의 세계를 못 벗어난 반면, 포스트모더니즘은 평면에서 입체차원으로의 전환을 시도한다. 영상매체의 형태가 그 중 하나이다. 또는, 음악·연극·미술의 장르를 종합한 퍼포먼스의 도입이라든가 산업폐기물도 재료가 되어 표현의 극대화에 기여한다.

(1) 신세대 문화의 특징 – 총체성의 부정

신세대 문화의 특징은 총체적 지식의 부정이라는 말로 표현된다. 이 말은 권력과 이데올로기의 지배로 만들어진 지식의 객관성에 대한 비판적 대응으로 거론되기도 하는데, 총체성의 부정으로서만 예술에서 다양한 표현의 확대가 가능하다. 총체성의 부정에 대한 철학적 논의에는 아도르노의 '비동일성', '불협화음', 푸코의 '불연속성', 이합 핫산의 '불확정성' 개념이 명백한 입장에 있다. 데리다의 사유에도 등장하는 비동일성 개념은 아도르노와 피상적 관련 내용만은 아니다. 리오타르 역시 아도르노와 '의미의 부정'의 면에서 대립적 공통점이 있다. 이들의 사상에는 전반적으로 현대사회와 이성이 틀어쥐고 있는 통합성과 의미 종합의 허구성에 대한 회의가 깔려 있다. 비통합적인 것, 주체와 괴리된 것, 무의미한 것들을 현대예술이 받아들이게 됨으로써 더욱 고도의 유연성과 개성을 지닌 구성능력이 요구된다.

이상에서 보듯이 새로운 문화란 보편적으로는 사회적 삶, 그리고 문화적 양상의 사물화에 내재적으로 저항하는 데서 얻어지는 미적 근거, 즉 추상의 본래적 경향의 맥락 속에서 불협화의 원리에 의해 발생하는 부단한 새로움의 미적 변증법을 지시하는 것이다. 모방적인 것이 합리화되어 갈 뿐 아니라 외부적 현실이 주체를 지배하는 힘이 가중될 때, 자율적 작품의 내재적인 역동성은 불협화음 속에 등장하게 된다.

이상과 같이 살펴본 신세대 문화는 기성사회의 문화를 지나치게 가치의 혼돈으로, 불확실성으로 몰고 가는 것은 아닌가? 하는 물음이 나올 수 있다. 우리의 것과 서구적인 것을 구별하는 일이 어려울 정도로 현대사회는 정보기술의 발달, 매체의 혁신, 다국적 기업의 현상으로 세계화되어 가고 있다. 싫든 좋든 신세대 문화가 이미 우리 곁에 만연된 상황에서 신세대 문화현상 및 이론에 대해 더욱 진지한 태도가 필요하다.

(2) 신세대 문화 특징 – 다양함의 추구

분명한 것은 '신세대'들이 획일적인 양식을 거부하고 있다는 사실이다. 남과는 다른 개성을 추구하고 다른 사람과의 차이를 인정한다. 획일주의와 집단주의적 방식을 과감히 탈피하고 자유분방한 패턴을 따라 개성을 발휘하는 다양한 문화를 창출한다. 1960, 70년대에 청바지가 청년문화의 상징이다시피 되었던 시대에 젊은이들은 너도나도 청바지를 입었다. 21세기의 신세대들은 청바지라도 같은 모양을 탈피하고 싶어 군데군데 찢어 입는다. 다르게 찢어진 모습이라야 만족한다. 자신들 사이의 차이를 무시하거나 여러 개의 목소리를 무시하고 거부한다면 저항한다. 신세대 문화는 생활의 현장에서, 캠퍼스에서, 음악에서, 언어에서, 어디에서든지 무엇이든지 새롭고 다양한 문화를 창출하고 있다.

이상에서 살펴보았듯이, 신세대 문화는 차이와 다양성의 인정을 특징으로 한다. 차이와 다양성을 포스트모더니즘 학자들 가운데 데리다는 '해체'의 개념으로, 푸코는 역사의 '불연속성'을, 그리고 리오타르는 '단편화'를 언급하였다.[2] 세계는 절대적인 차원에서 운영되는 것이 아니고 상대적인 것을 인정하여 다양한 연관 속에 존립하는 것이기에 총체성의 원리는 상대화로, 부분들은 다양성의 연관으로 인식전환이 필요하다.

2) Derrida, J.(1976). Of Grammatologie. Baltimore: Johns Hopkins University Press; Foucault, M.(1980). Power/Knowledge, Selected Interviews and Other Writings. New York: Pantheon Books. 홍성민 역(1991). 『권력과 지식』. 서울: 나남; Lyotard, J. F.(1984). The Postmodern Condition: A Report on Knowledge. Manchester: Manchester University Press. 참조.

(3) 신세대 문화의 특징 – 정보화 문화의 주도

산업사회에서 정보사회로 변천하는 시대에, 공중파방송뿐 아니라 수많은 유선방송, 위성방송, 인터넷방송시대, 그리고 다매체 다채널시대로 이동되었다. 과거에는 공중파방송에서 일방적으로 내보내던 방송패턴은 다채널의 선택권이 강화된 대중에 의해 쌍방적인 미디어시대로 변해 갔다. 영상매체는 감각과 감성의 표현을 직접 전달하는 효과를 준다.

신세대들은 영상매체의 확산현상 속에 성장한 세대이다. 어릴 때부터 TV와 비디오, 전자게임, 인터넷, 화상 핸드폰 등 새로운 영상매체들을 계속 접하면서 자라난 신세대들은 더욱 첨단적이고 자극적인 것을 추구한다. 이들은 책이나 신문 등의 활자매체보다 시각적인 감각을 자극하는 영상매체를 선호한다.

신세대 문화시대는 1990년대 고도성장시대에서 경제적으로 부유한 혜택을 받고 있다. 신세대층의 소비문화는 경기의 흐름을 바꿀 정도로 영향력이 대단하다. 핸드폰, 컴퓨터, 음반과 같은 소비재 상품이나 문화산업제품들은 신세대의 취향에 따라 판매량이 달라진다. 한국사회의 소비문화에서 정보통신산업, 패션산업, 영상·영화산업, 요식업 등은 신세대들에 의해 판매량이 좌우될 정도이다. 빈곤과 절약이 몸에 밴 기성세대와는 달리, 돈을 못 벌어도 구매력은 강한 신세대는 한국 자본주의 문화를 생산 중심에서 소비, 서비스 중심으로 전환하고 있다. 하루가 다르게 신세대의 욕구를 간파한 소비상품과 문화상품이 시장에 출품된다. 신세대층은 기성세대가 매일 제공하는 새로운 상품들을 소비하고 있다.

(4) 신세대 문화의 특징 – 육체성 표현

랩 음악은 미국 대도시 주변의 빈민가 흑인들이 사회에 대한 불만을 담아 내뱉듯이 흥얼거리던 것이 음악의 장르가 되어 퍼진 경우이다. 랩은 화음이나 멜로디와 같은 음악의 기본화성은 전혀 무시되고 엇박자의 불협화음으로 이루어져 있어 기존의 음악양식으로부터 탈피하려는 모양을 보이고 있다. 가사 대부분은 저항적이고 공격적인 내용으로 되어 있고, 강한 리듬에 실려 그 뜻을 제대로 알아듣지도 못하게 한다. 상상할 수 없을 정도의 괴이한 음향이 동원되기도 하고, 괴성이 전자음향 장치에 의해 환각적 효과를 노리고 있다. 한국에서 1980년대부터 유행했던 '서태지와 아이들'의 노래들이 랩 음악이다. '난 알아요', '교실이데아' 등의 노래를 보면 알 수 있듯이, 빠른 속도로 뱉어내는 가사와 리듬은 사회에 대한 불만이나 저항을 직접 표현하지 않은 듯하면서도 기성세대들은 따라 부를 수도 없고 이해할 수도 없는 리듬에 가사가 얽혀 과격한 댄스로 신세대들을 끌어들인다.

일상 언어를 파괴하는 가사, 빠른 리듬과 비트, 기이한 몸놀림. 랩 음악의 의미는 파괴적인 표현이다. 기성세대의 윤리관과 가치가 전혀 받아들여지지 않는다. 지배를 거부하고 강요된 질서에서 벗어나려는 이 문화의 핵심에는 육체성이 있다. 기성세대 문화에서 볼 수 있는 질서 있게 정제된 육체가 아닌, 자유롭고 자극적인 육체의 미와 쾌감을 추구하는 욕구가 랩 음악을 통해 표현된다고 할 수 있다. 랩 음악에서 나타나는 육체성은 1990년대 이후 신세대 문화를 특징짓는 경향이다. 이 경향은 음악에서뿐 아니라 영상, 영화, 그림 등에서도 두드러지게 나타난다. 1950, 60년대식의 '그리움에 지쳐서 울다가 지치는' 사랑에는 케케묵은 신파극을 보듯이 거리감을 가지고 조소한다. 감정만 꽂히면 하룻밤에 끝을 내는 사랑에 거부감이 없다. 육체성은 감각적인 특징을 가진다. 권위나 관습 따위는 인정하고 싶지 않고 인간의 육체 자체를 강조하는 그것을 더욱 새롭게 표현하고 싶어 하는 경향이 신세대 문화 전반에 나타나고, 이 경향을 정확히 겨냥한 영상이나 영화는 대박을 터뜨린다.

(5) 신세대 문화의 특징 – 문화의 단절

신세대들은 기성시대의 이데올로기를 걷어내고 자신들의 감성을 충분히 나타낼 수 있는 그들만의 신세대를 만들고자 한다. 자신들의 내면의 소리를 듣고 만들어 가겠다는 것이다. 그들의 언어는 분명히 새롭다. 인터넷에서 신세대들이 통용하고 있는 한글은 맞춤법이 무시되고 소리 나는 대로 제멋대로 변형되고 있다. 그들은 기성세대가 합법화하고 정당화해 놓은 기존의 설명들을 거부하고, 그들만의 언어문화를 창출하여 그들끼리만 통하게 하고 기성세대와 차별을 두려고 한다.

신세대들은 경제적으로 풍요로운 환경에서 자라났으며, 더는 봉건적 가부장제 문화를 받아들일 수 없을 정도로 달라져 있다. 이들은 문화적 단절을 요구하면서 자기분열을 방치하지 않으려는 경향이 있다. 자기 개인이 중심이 되기를, 그리고 자기표현이 튀기를 기대한다. 이러한 경향은 기성세대의 사고방식과는 달라서 이를 이해하기에는 차이의 폭이 크다는 데에 문제가 있다. 그렇다고 그들은 기성세대와 타협하려고도 하지 않는다.

신세대들은 그들이 살아온 이전 시대보다 더 빨리 모든 것을 바꾸어 가려 한다. 세대차가 30년이었던 기존의 공식은 깨진 지 오래다. 신세대 문화의 특징은 기성세대 문화와의 단절에 있다. 우리나라의 경우 그 격차와 단절의 폭이 크다는 데에 문제가 있다. 조부모와 부모, 자녀, 손자세대가 전근대, 근대, 현대, 초현대 시대를 급속도로 한꺼번에 겪으면서 복잡한 양상을 초래하였다. 4세대가 음식점에 가려 해도 전통한식, 양식, 피자, 퓨전요리를 서로 고집하다 보면 갈팡질팡하게 된다. TV가 1대밖에 없는 집에서는 「가요무대」, 「야인시대」, 「때려」, 「MTV」(최신음악유선방송) 등의 프로그램을 놓고 채널 싸움이 일어날지도 모른다. 세대 간의 급격한 단절은 우리사회 전반적인 모순이자 갈등으로 자리 잡고 있다. 한 문화를 제대로 익히지도 않은 상태에서 새로운 문화가 단절을 선언하면 그 문화의 특징과 경향이 사람들 사이에서 익숙해지기도 전에 또 다른 유형의 문화가 돌출하게 되는 혼란을 피할 수 없을 것이다.

신세대들은 팽창하는 자본주의사회의 산물이면서 다른 한편으로는 여전히 억압적인 부모와 사고의 자유로움을 체계적으로 막고 있는 입시 위주 교육제도 속에 살고 있다. 기득권을 유지하려는 엄청난 기성세대는 여전히 그들에게 심한 스트레스를 주고 있다. 엄청난 외부 억압으로부터의 탈출구 찾기에 급급한 이들은 손쉬운 해방감을 만끽하고 싶어 하고, 여전히 갖가지 상실과 상대적 박탈감으로 시달리고 있다. 새로움을 만들어 가기에 그들은 너무 외롭고 힘이 없다.

5) 신세대를 위한 교육

이상에서 살펴보았듯이 신세대 문화의 특징은 개성, 자유, 개인주의, 감각 등 개념으로 표현된다. 육체성과 탈중심성, 이미지 중심성의 표현이다. 기성세대의 획일성, 위계질서, 업적주의, 집단주의에 대한 반발이며 저항이다. 신세대 문화의 경향이 스스로 욕구를 조직하고 창출하는 것이 아니라 기성사회에서 제공한 문화상품을 소비하는 것에 한한다. 이러한 신세대 문화는 불안정하고 정체성이 없는 상태에 있다는 점을 부인할 수 없다. 또한, 세월이 갈수록 더욱 심해지는 입시제도는 신세대들의 취약성을 드러내 준다. 신세대 문화는 거의 반영되지 않는 수능 과목들 위주로 학교교육을 받는 10대 신세대들은 어쩔 수 없는 노선에 따라 가야 하는 형편이다. 돌출하는 욕구를 표출할 시간과 공간의 기회가 적어지고 기성세대에 대한 막연한 거부감을 가진다. 기성세대에 의존하여 살고 있지만, 기성세대에 대한 거부감이 생기는 현실에서 스스로 탈출하는 극소수를 제외하고, 대부분은 주어진 문화상품을 마음껏 소비하는 행동으로 풀어보려고 한다. 이러한 신세대 대부분이 교육받고 있는 학생들이다. 이 점에서 신세대를 위한 교육이 어떤 방향으로 세워져야 할 것인지 고려해 볼 필요가 있다.

학교나 교육학에서 도덕적 보수성 때문에 막연한 거부감을 가진다면, 교육의 미래는 아무 대책 없이 불투명해진다. 신세대 문화는 급진적이면서 불안정한 경향이 있기에 교육학의 원리와 방법으로 설명하기 힘들다는 견해는 바람직하지 못하다. 세대의 '단절'이냐, '극복'이냐의 사이에서 수많은 주장과 명분들이 이론적 갈피를 분명하게 세우고 있지 않은 상태를 고려하면, 신세대 문화에서 제시하는 새로운 지향성에 대해 무조건 수용하려는 자세 역시 문제이다. 신세대 문화에 대한 신중한 논의와 곁들여, 신세대 문화시대를 살아가는 이들의 현실을 파악하고 실천적 의미를 줄 수 있는 교육학의 정립이 요구된다. 구체적으로 교육은 학생 개별적인 경험과 그의 표현을 총체성에 매몰되지 않도록 다양하게 펼칠 수 있는 원리와 방법을 고안해야 하며, 사물화 현상이 팽배한 사회적 모순을 해결하는 데 이바지해야 한다. 그러한 경우에만 교육은 실천적인 의미를 가질 수 있다고 말할 수 있다.

토론 및 심화과제

1. 기술의 진보와 현대교육의 과제에 대해 토론하시오.

2. 지식기반사회에서 교육의 문제점 및 과제에 대하여 토론하시오.

3. 현대사회의 환경문제와 환경교육에 대하여 토론하시오.

4. 신세대 문화의 특징과 신세대를 위한 교육의 변화에 대해 토론하시오.

5. 다음 단어에 대해 살펴보시오.

   교육공학, 원격교육, 비대면교육, MZ세대, 탄소중립, 지구온난화

03 PART

교육철학

제12장 교육과 교육철학
제13장 교육철학의 유형
제14장 몇 가지 개념의 교육철학적 접근

CHAPTER 12

교육과 교육철학

교육이란 미성숙한 생명체가 본래부터 가지고 있는 잠재 가능성이 자연적으로 안에서부터 밖으로 성장, 발달해 나오는 힘과 미리 성숙한 자에 의하여 외부에서 계획된 이상적인 방향으로 그들의 가능성을 최대한 펴주려는 힘과의 상호작용관계이다. 다시 말하면, 교육이란 미성숙자의 안으로부터의 성장과 성숙자의 이끄는 상호작용으로 성립되는 것이다.

교육의 목표를 설정하는 일과 이를 수행하기 위한 정책을 수립하고 제도를 마련하는 일, 그리고 그에 따라 학교를 운영하고 교실에서 가르치는 일들이 나뉘어 있다. 이러한 교육활동은 상호 관련 안에서 이행되어야 목적을 달성할 수 있다. 각각의 교육활동이 전체로서 무엇을 의도하는 것이며, 어떤 방식으로 서로 유기적인 관련이 있는가를 파악하지 않고서는 교육의 효율성을 기대할 수 없다. 각각의 교육활동들을 분석하고 평가하는 데에는 전체적인 것을 볼 수 있는 교육철학적 안목이 필요하다.

이 장에서는 교육철학의 개념과 교육의 철학적 탐구 및 통합적 연구로서 교육철학이 서술되었다. 인간과 자연에 관한 연구는 교육학의 대상일 수도 있고, 철학 또는 과학의 대상일 수도 있다. 또한, 교육철학은 통합적 기능, 즉 하나의 현상이나 과정을 전체로서 파악하고, 여러 부분과 차원을 통합하여 이해하는 연구활동으로 파악된다.

01 교육철학의 개념

교육철학은 철학과 교육과의 상호관계에서 뼈대를 세우고 살을 붙여서 틀을 갖추는 학문이다. 교육철학의 이론적 배경에는 철학이 있다. 진리와 본질적 가치가 무엇인가 하는 점을 주요한 과제로 하여 전개된 철학이론에는 세계와 인간과 사회의 현상에 대한 설명과 인식이 내포되어 있다. 철학이론들이 교육에 관하여 추상적이든 구체적이든, 어떤 식으로든 교육에 관련된 인간과 사회적 사상에 시사를 주기도 한다. 철학에서 다루어 오던 문제들이 교육에서도 똑같이 적용되는 것은 아니지만, 인간과 사회를 다루는 공통적인 기반에서 철학과 교육은 상호 긴밀한 관계를 갖는다. 인간과 사회, 자연, 문화, 경험 등 모든 개념에 대한 고찰과 비판이론들의 기초 위에서 교육의 현상과 문제가 인식되고, 이에 의한 교육원리를 세우는 것이 교육철학이다. 철학의 여러 가지 관점들 가운데 존재론, 인식론, 그리고 윤리학적 관점, 교육철학의 존재론적 관점에서 플라톤이 제시한 사상은 교육에서 인간 존재의 본질적 규명과 '교육목적'을 이상적으로 설정하고자 할 경우에 참조한다. 본질적 세계관들은 존재의 궁극적이고 본질적인 특징을 포괄적으로 파악하려는 철학적 노력이다. 궁극적으로 실재하는 것이 정신이냐에 물질이냐에 따라서 인생의 의미와 목적이 달라지고 교육의 목적과 이상에 대한 관점도 달라질 수 있다. 교육철학은 존재론적인 관점에서 목적의 설정을 근원적으로 세울 수 있다. 존재론은 근본적 실재에 관한 학문이기는 하지만, 이는 단지 신념 혹은 주장에 그칠 수 있다. 과학적 지식은 객관적으로 검증된 연구방법론에 의하여 세워진 것으로서 본질적이고 사변적으로 형성되는 존재론적 지식과는 다른 체계이다. 그러므로 존재론적 사고가 교육의 목적설정과 존재규명 과정에 과학적 보편성과 객관성의 원칙에 의해 적용된다고 할 수는 없다.

다음으로 교육철학의 인식론적 관점을 살펴보자. 교육은 지식의 본질에 관한 탐구작용이다. 학교에서 학생들이 받는 교육은 일차적으로 지식의 획득과 진리의 추구이다. 이러한 교육은 지식교육에 대한 체계를 '교육과정'이라는 구조로 세우고 점진적인 인식의 형성을 위해 다양한 교육방법을 동원한다. 인식의 형성과 교육은 불가분의 관계에 있다고 할 수 있다. 인식론은 존재론보다 교육에 훨씬 직접 의미 있는 이론적 근거를 제공하고 있다. 인식론은 교육을 통하여 전달될 지식의 성격을 규명해 주며, 지식의 탐구과정의 조건들을 제시한다. 또한, 지식의 특징과 기능, 그리고 논리적 과정에 관해 규정한다.

인식론적 입장에서 강조하는 지식의 교육에서는 명확성과 체계성이 관건이지만, 실제 교육의 문제를 들여다보면 지식만 가지고는 해결할 수 없는 요인들이 많이 포함되어 있음을 부인할 수 없다. 인식의 형성에서 명확한 지식이 교육적으로 의미 없는 것이라고 할 수는 없다. 그러나 인식론적 대상으로서 지식과 교육적 내용만으로는 인간의 교육을 전적으로 다룰 수 있는 것이 아니다. 인식론적 관점에 의한 교육철학은 한정될 수밖에 없다. 교육은 인식론적 관점에서 지식의 명확성에 의해서만 작용되지는 않는다. 교육에는 인식론적 관점에서는 다룰 수 없는 가치의 영역이 있다.

교육철학의 윤리학적 관점은 교육에서 가치에 대한 원리와 방법을 밝혀주고 있다. 철학에서 가치론은 선과 악, 미와 추, 그리고 목적과 수단에 대해 규명한다. 또한, 교육은 본질적으로 가치창출의 활동이며 동시에 가치판단의 과정이라고 할 수 있다. 교육에서의 가치는 인간과 사회문화의 맥락과 더불어 나타난다. 교육활동은 인간의 가치를 존중하고 가치를 창출하는 과제가 있다. 교육과정에서 가치추구의 과정이 실제 반영되어야 한다.

02 교육의 철학적 탐구

사람들은 나름대로 교육에 대한 철학을 갖고 있다. 교육의 목적이 무엇인가 하는 질문을 할 수 있다. 자기 삶의 목적이 무엇인가 하는 질문에 대한 대답과 같다. 교육철학은 특수한 학문이 아니라 교육과 관계있는 모든 사람의 철학, 교육에 대한 생각과 교육의 목적을 반영하는 학문이다.

19세기 말부터 20세기에 들어서 학문의 전문화와 세분화 경향이 나타났다. 철학에서 윤리학, 교육학, 심리학, 사회학 등이 분류되어 학문적 자명성을 구축하며 발전되었고, 자연과학 분야에서는 더욱 세분화된 분야의 학문들이 계속 발전되었다. 그러나 전문화와 세분화를 거듭해오던 경향을 보이고 있는 20세기 말부터는 인접학문 간의 상호작용을 시도하여 새로운 학문으로 발달하는 추세가 나타나고 있다. 교육학을 전공하는 사람들이 그들만의 아성을 고집하는 것이 아니라 철학, 사회학, 인류학, 심리학 등 인문학 분야는 물론 생물학, 물리학, 의학과도 교류를 하여 교육의 과제를 폭넓은 방면에서 탐구하는 것이 교육학의 최근 경향이다.

교육학의 이론들은 교육학에 한정되어 있지 않다. 교육학이 학문적 자명성을 위해 학습내용의 선정, 학습방법의 개발, 학교제도의 구성 등을 고유의 연구영역이라 하여 학문의 범위를 한정한다면 학문적 독단성에 빠지게 된다. 교육학의 고유 범위가 있을 수 없다. 사람과 그 삶에 교육학의 중심과제가 있다. 교육, 종교 정치, 예술, 사상, 제도 등 모든 삶의 움직임이 객관성을 갖고 나타난 것을 삶의 범주라고 한다. 이러한 삶의 범주는 문화를 통해 드러난다고 할 수 있다. 문화가 다르면 당연히 인간상도 다르다. 시간이라는 변인을 함께 고려한다면 역사와 더불어 변화하는 인간상, 사람에 대한 이해를 밝히는 일이야말로 인간의 삶을 연구하는 과학에서 가장 중요한 과제가 된다.

교육철학은 교육현상 전체의 의미를 연구대상으로 삼는다. 교육학의 주요 분야로 교육심리학, 교육사회학, 교육과정과 교육평가, 교육행정, 교육공학 등이 있는데, 교육철학은 그 한 부분이 아니라 교육현상 자체를 연구대상으로 삼는다. 교육학은 어떤 대상을 어떻게 연구하든 연구방법론이 적용되기 마련이다. 연구하는 방법, 사고하는 방법이 철학의 연구대상이다. 교육철학의 연구에는 어떠한 인간관과 어떠한 가치나 방향이 들어 있다. 어떤 대상을 관찰하고 연구할 때에 어떤 사고방법에 의존하느냐 하는 것은 연구대상에 따라, 연구자에 따라 달라진다. 교육현상에 대한 학문적 접근방법을 철학적 방법으로 다룰 때 교육철학의 연구방법이 된다.

교육철학은 교육을 철학적 탐구의 대상으로 삼는 학문이라고 정의할 수 있으나, 교육이라는 말과 철학이라는 용어가 독립적으로 사용되고 있기 때문에 교육철학이라는 용어도 보는 관점에 따라 다르게 이해되고 있다. 교육철학이라는 말은 다양한 상황에서 다양한 의미로 사용되고 있기 때문에 그 뜻과 범위를 확인할 필요가 있다.

교육철학은 교육사상과 같은 뜻으로 이해될 수 있다. 역사적으로 훌륭한 교육사상이 수없이 전해오고 있다. 이러한 교육사상들은 체계적인 내용도 있지만, 체계를 세우지 못하는 사상들도 있다. 교육사상이 실천되지도 않은 교육이상일 수도 있고, 혹은 이론적으로는 설명하지 않았어도 한 교육실천가의 업적에서 교육사상이 나타나기도 한다. 이러한 식으로 교육사상들이 다양하게 전개될 수도 있으나, 특징에 따라서 학문적인 분류를 함으로써 교육의 사상적 체계가 세워진다.

교육철학을 철학이론이 교육에 적용된 분야라고 말하기도 한다. 철학의 존재론, 인식론, 가치론, 논리학 등의 지식을 교육의 이론적 전개나 실천적 원리의 발견에 응용하는 것이다. 이와 비슷한 입장으로 교육철학을 교육을 연구대상으로 하는 철학적 탐구로 일컫기도 한다. 교육을 탐구대상으로 철학적 방법에 의하여 교육에 관련된 문제를 해결하는 것을 교육철학의 과제영역으로 보는 것이다. 이렇듯 교육을 철학적 방법으로 탐구하는 과정 그 자체를 교육철학이라고 한다.

교육철학은 역사적인 사상가의 교육관을 고찰하고 비교하는 학문이라고 보는 견해도 있다. 역사적 연구는 서양의 소크라테스에서부터 데리다까지, 한국의 원효에서부터 오천석에 이르기까지 여러 사상가의 교육관을 탐색하는 일로 특징을 나타내고 있다. 역사적으로 중요한 교육사상가들이 주장한 이론과 실천의 원리들을 탐구하는 것은, 현대교육을 지배하는 이론의 배경을 이해하는 데나 교사 혹은 교육학도가 자신의 교육관을 전개하는 과정에 도움이 되는 여러 가지의 지혜 혹은 원리들을 얻는 데에 도움을 줄 수 있다.

교육에 관한 역사연구를 교육철학이라고 말할 수는 없다. 과거의 교육이 어떠하였는가를 탐구하는 것이 교육철학과 연결되지 않는 경우가 많기 때문이다. 예를 들어, 조선시대의 교육제도에 대해 연구할 때, 그 내용이 교육철학과 관계없을 수 있다. 그러나 교육의 역사연구는 역사적으로 밝혀진 사실들에 대한 교육적 의미를 찾는다면, 이러한 탐구는 과거의 역사를 조명함으로써 현재와 미래의 교육에 대한 과제와 방향을 제시할 수 있다.

03 통합적 연구로서 교육철학

교육철학은 시대가 추구해야 할 새로운 가치를 제언하고 문제해결의 새로운 방향을 모색해야 한다. 새로운 가치의 창출은 철학적 방법뿐 아니라 사회학, 심리학과 같은 인문사회과학과 생물학, 공학과 같은 자연과학의 연구방법을 동원하여 통합적인 연구를 이행해야 한다. 통합적인 연구방법은 교육의 연구에서 현상이나 과정을 전체로서 파악하고, 여러 부분과 차원을 통합하여 파악하려는 논리에 의해 전개된다. 교육은 이론적으로 설명될 수 있지만, 교육 그 자체는 인간생활의 한 활동이다. 교육에는 설정된 목표가 있고, 목표를 성취하기 위한 특수한 방법과 기술이 있으며, 여러 가지 활동은 제도적으로 분할되어 있다. 즉, 교육의 목표를 설정하는 일과 이를 수행하기 위한 정책을 수립하고 제도를 마련하는 일, 그리고 그에 따라 학교를 운영하고 교실에서 가르치는 일들이 전문성에 따라서 제도적으로 분할되어 있다. 그러나 이렇게 분할된 일들은 서로 어떤 관련을 가지고 이루어져야 소기의 목적을 달성할 수 있다. 서로 분할된 각각의 교육활동이 전체로서 무엇을 의도하는 것이며, 어떤 방식으로 서로 유기적인 관련이 있는가를 알지 않고는 개별적인 활동이 효율성을 기할 수도 없으며, 전체적 활동의 성공과 실패를 판별할 수도 없게 된다. 이론적인 활동의 경우에 각각의 연구영역들을 전체로서 통합하고, 실천적 활동의 경우에 각각의 활동들을 서로 관계를 맺은 체제 속에서 파악하는 데는, 제반 원리들을 분석하고 평가하며 사색하는 것 이외에 전체로서 파악하고 전체 속에서 관련짓는 안목을 필요로 한다.

토론 및 심화과제

1. 교육의 개념과 교육철학의 특징을 고찰하시오.

2. 교육의 역사철학적 탐구에 대해 논의하시오.

3. 교육철학의 통합적 관점에 대해 규명하시오.

CHAPTER 13

교육철학의 유형

교육철학은 철학적 배경과 내용 및 방법에 따라 몇 가지 유형으로 분류된다. 관념론적 관점은 인간존재의 본질적인 규명과 교육목적을 이상적으로 설정하는 관점이다. 궁극적으로 실재하는 것이 정신인가 또는 물질인가에 따라서 교육의 목적과 방향이 달라진다. 교육철학의 실재론적 관점은 관념론적 접근보다 실제적인 근거를 제공한다. 교육의 목적을 실제적인 선의 실천과 행복이라는 인간의 현실적 차원에 두었다. 교육의 인식론적 관점은 지식의 개념과 과정을 강조하는 주지주의의 전통에 따른다.

자연주의 교육은 인간을 자연적인 잠재능력을 타고난 존재로 보고 자연의 원리에 따라 성숙한다는 교육철학이다. 실용주의는 20세기 미국의 대표철학으로, 관념적인 철학에서 벗어나 실제의 경험을 중시하는 철학이다. 실용주의를 배경으로 경험의 끊임없는 개조에 목적을 둔 진보주의 교육이 등장하였다.

변증법에 기반을 둔 교육철학은 소크라테스가 진리를 추구하는 방법으로써 변증법을 선보인 이후 모순의 논리로서 변증법, 유물론적 변증법, 사회과학에서의 변증법 논쟁을 거치면서 진리추구의 방법으로서, 교육학적 관계를 해석하는 논리로써, 의사소통의 관계형성과 사회적 허위의식을 비판하는 교육연구논리로 전개되었다. 또한, 인문주의 교육은 자연과학과 개념이나 방법으로 구별된 체계 아래 인간과 사회문화와의 맥락에서 교육의 가치를 이해하고 더 좋은 가치를 추구한다.

01 교육의 관념론적 관점

관념론이란 우주의 실재로서 절대불변의 진리를 기반으로 하여 인간의 보편적인 인식을 강조한다. 세계에 대한 인식은 이원론적 접근이다. 참되고 영원한 세계와 유한한 현상계는 빛과 어둠이 나누어지듯 분리되어 있다. 인간적인 것들의 세계와 신들의 세계로 비유될 수 있다. 보이는 세계와 보이지 않는 세계,

비존재 세계와 존재 세계가 양립하는 가운데 보편적 지식을 추구한다. 인간의 개별적 경험으로는 결코 보편적 지식에 도달할 수 없다. 플라톤에서 시작하여 데카르트, 스피노자, 라이프니츠, 버클리, 칸트, 헤겔로 이어지는 관념론은 깊이가 있고 폭이 넓은 지식을 통해 이성을 도야하고자 하여 지식 중심의 교육 전통을 형성했다.

관념론에서 교육의 목적은 이데아, 즉 우주의 절대불변하는 진리를 인식하고 깨닫는 것이다. 이성의 훈련이 최우선 과제였고, 이를 위해 논리학, 수사학, 변증법 등 과목을 학습한다.

02 교육의 실재론적 관점

실재론은 객관적으로 존재하는 사물이 있는데, 사물은 형상과 질료로 구성된다는 세계관을 기반으로 한다. 정신의 작용과 독립해서 존재하는 실재를 인정하고, 참된 지식은 관찰가능하고 객관적으로 증명 가능해야 한다. 실재론에서 인정되는 지식은 사물을 지배하는 객관적이고 보편적인 법칙을 설명해 줄 수 있는 체계이어야 한다.

실재론에서 교육은 사물에 대한 감각능력을 기르고 사물에 내재하는 자연의 법칙을 탐구할 수 있는 지적능력을 함양한다. 교육의 목적을 실제적인 선의 실천과 행복이라는 인간의 현실적 차원에 두었다. 합리적 실재론자인 아리스토텔레스, 토마스 아퀴나스의 실재적 철학론이 이후 아들러, 허친스 등에 계승되었다. 또한, 근대 이후 자연과학의 발달로 과학적 실재론이 등장했다. 베이컨, 로크, 코메니우스 등 학자들이 이 사조를 이어갔다.

03 교육의 인식론적 관점

교육의 인식론적 관점은 지식의 개념과 과정을 강조하는 주지주의의 전통에 따른다. 여기서는 교육의 개념과 역할을 '지식의 전달과 습득의 과정'으로, 또는 '지식을 통한 지력의 개발과정'으로 규정한다. 교육에 있어서 지식의 중요성을 강조하는데, 올바른 지식교육을 실현하는 데에 문제와 과제가 따른다.

교육의 인식론적 관점에서 우선 지식에 대한 기본적인 이해가 있어야 한다. 지식은 매우 거대한 영역이기에 이에 대한 다양한 측면의 접근이 요구된다. 지식의 개념과 조건을 규명하는 인식론적 측면, 지식의 발생과 지식습득능력의 요인에 중점을 둔 발생학적 측면이 있다. 또한, 방법론적 측면, 평가적 측면, 사회문화적 측면, 그리고 효율적인 지식전달 및 구성과정에 주목하는 교육적 측면이 있다.

교육의 인식론적 관점을 좀 더 들어가 지식의 종류에 대해 살펴보자. 지식은 크게 명제적 지식과 방법적 지식으로 구분된다. 명제적 지식(propositional knowledge)은 '무엇을 안다'는 대상에 대한 진위를 판별할 수 있는 지식이다. 지식의 대상은 명제나 신념이고 일정한 기준 아래 지식이 성립된다. 이에 따라 분류된 지식에는 사실적 지식, 논리적 지식, 규범적 지식 등이 있다. 사실적 지식은 사물에 대한 경험과 관찰내용을 판단하는 지식이다. 예를 들어, "인간은 죽는다"라는 지식이 있다. 논리적 지식은 사물과 문장의 논리적 관계가 타당한 지식으로서 "2×3은 6이다"가 그 예이다. 규범적 지식은 대상에 대한 가치나 합의된 규칙이 내포된 지식인데, "거짓말은 나쁘다"를 예로 들 수 있다.

명제적 지식의 판단방법은 인간행동과 명제내용의 사실 여부에 따른다. 명제적 지식의 성립조건에는 첫째, 신념조건으로 명제 A가 진리임을 믿어야 한다. 둘째, 진리조건은 객관적으로 타당한 신념이어야 한다는 것이다. 셋째, 증거조건이 있는데, 명제 A가 진리임을 입증할 증거를 제시할 수 있어야 한다. 마지막 방법 조건에서는 증거의 획득방법과 과정이 타당해야 한다.

지식의 다른 하나인 방법적 지식(procedural knowledge)는 "무엇을 어떻게 안다"로 표현되는 지식이다. 방법적 지식의 대상은 인간의 기능과 기술이고, 지식의 성립기준은 상황에 따라 다르게 적용된다. 지식 성립조건이 신념인 경우, 명제 A가 진리임을 믿는 것이고, 객관적으로 타당한 신념은 진리조건으로 명제 A가 진리임을 입증할 증거를 제시할 수 있는 증거조건, 그리고 증거가 획득되는 방법 또는 과정을 제시할 수 있는 방법조건이 있다.

교육의 인식론적 관점에서는 지식의 습득과정 및 인지능력의 개발과정에 초점을 두고 지식과 신념에 대한 철학적 탐구를 한다. 교육과정에 담긴 지식과 신념의 성립조건과 개념은 무엇인지, 지식과 신념을 어떻게, 왜 가르쳐야 하는가에 대해 심도 있게 규명하는 것이다.

04 자연주의 교육

인간을 자연의 일부로 보는 철학으로 자연주의에서는 인간을 자연적인 잠재능력을 타고난 존재로 보고 자연의 원리에 따라 성숙한다는 것이다. 루소, 프뢰벨, 페스탈로치, 헤르바르트를 거쳐 근·현대 교육의 기본적인 원리가 되었다.

자연교육은 자연과 교육을 대상으로 삼는 이론이라고 일단 정의할 수 있으나, '교육'이라는 말과 '자연'이라는 말은 각기 여러 가지 뜻으로 사용되고 있기 때문에 '자연교육'이라는 말도 매우 다양하게 이해되고 있다.

첫째, 자연교육은 '자연에 기초한 교육' 혹은 '자연을 위한 교육'과 같은 뜻을 가진 말로 사용되고 있다.

둘째, 자연교육은 교육의 목적과 방법이다.

셋째, 자연교육은 자연을 교육의 이론과 실천에 응용한 것을 가리키는 말로 사용되기도 한다. 교육과 자연의 관계는 흔히 자연원리가 교육의 과정에서 요구되는 원리들을 추출하는 기초가 될 수 있다는 생각에 따라서 성립된다.

넷째, 자연교육은 자연을 대상으로 하는 통합 교육적 탐구과정을 가리키는 말로 정의하기도 한다.

05 실용주의 교육

실용주의(Pragmatism)는 20세기 미국의 대표철학으로, 관념적인 철학에서 벗어나 실제 경험으로부터 도출되는 철학이다. 지식의 실용적 차원을 강조하면서 지식과 과학의 연관, 지식의 사회개조 역할 등을 기본노선으로 취하고 있다.

실용주의 교육관은 경험의 끊임없는 개조라는 기본입장이 있다. 존 듀이에 의하면, 경험의 재구성이란 새로운 한 경험이 다른 경험으로 대체되는 것이 아니라 기존의 경험세계에서 반성작용을 통해 재현되는 것이다. 경험의 재구성을 위해 아동의 흥미와 관심을 유발하는 교육이 요구된다. 학생들의 흥미를 고려하지 않고 지식을 전달하거나 학생들의 수동적인 자세에 대한 반성과 개조가 없이는 교육은 자발성의 원리를 상실하고 만다. 그러므로 교육은 가능한 한 여러 가지 방면에서 경험하게 함으로써 창조력을 발휘하는 작용이어야 한다는 것이다.

실용주의 교육은 민주교육 실천의 장으로서 학교를 강조한 점이 특징이다. 민주적 제도로서 학교는 평등한 교육이념과 인간을 존중하는 교육목적을 세우고 교사와 학생들이 함께 교육활동을 통해 학생들의 발전뿐 아니라 사회도 함께 발전할 수 있다. 이러한 목적을 달성하기 위해 요구되는 교육의 방법은 무엇보다 학생의 관심과 활동의 참여를 유도하는 경험적 방법이다.

경험적인 방법을 활용하면 학생은 대상에 대한 호기심과 사고를 자극받으며 문제의식을 느끼게 된다. 학생들은 스스로 찾아낸 문제들을 해결하기 위해 정보를 습득하여 연구하는 과정을 계속한다. 문제해결에 대한 정보와 연구과정이 학생들의 경험의 끊임없는 개조과정이다. 이러한 교육과정에 학교는 학생들의 관심과 흥미를 끌기 위한 다양한 매체를 제공하고 학생들의 문제해결 방책을 검증할 수 있는 실험실적인 기능을 한다.

06 변증법의 교육

변증법은 고대 그리스 철학에 연원이 있다. 'Dialetik'이란 용어가 그리스어의 'Dialogesthai'(서로 이야기를 나눈다)에서 유래되었는데, 이는 두 사람이 대화하는 상황을 개념화한 용어이다. 대화의 의미는 단순한 잡담을 늘어놓는 것에 그치는 것이 아니라 정확한 사고를 전개하는, 그리하여 진리에 도달하는 기술이었다. 대화로서의 변증법의 논리는 플라톤이나 그 스승인 소크라테스가 했던 철학하는 방식이었다. 학문의 궁극적인 목적은 진리의 발견인데, 참다운 지식을 얻기 위해서는 고립된 사고과정이 아닌, 서로 상대적인 개념과 의견들이 대립되고 종합되는 과정을 거쳐 통일된 논리를 정립한다.

1) 변증법의 전개과정

(1) 진리를 추구하는 방법으로써 변증법

소크라테스는 산파술이라 불리는 대화술 또는 문답법으로 철학의 길을 열었다. 대화의 논리는 상호대립되는 출발점을 전제로 하여 대립된 의견의 주체를 하나의 독립된 인격으로 인정할 때 성립한다. 단계적인 진술, 논박을 거치면서 상대의 입장에 어떠한 모순이 포함되어 있는가를 밝혀야 한다.

플라톤은 소크라테스와 같이 변증법을 학문의 중요한 방법으로 여겼다. 다만, 소크라테스는 변증법이 실제로 타인과 주고받는 대화술이었던 것에 비해, 플라톤은 진리를 탐구하는 사유방법으로 생각했다. 플라톤의 세계에 대한 인식은 이데아계와 현상계로 구분하는 이원론적 접근이다. 그는 동굴의 비유에서 현상계와 이데아 사이에서 인간이 본질을 추구하는 과정을 언급한 바, 교육을 통해 인간은 어둠에서 빛으로, 거짓에서 진리로 인도된다는 것이다.

(2) 오류를 비판하는 논리로써 변증법

칸트의 변증법은 소크라테스나 플라톤과 같이 진리를 탐구하기 위한 사유의 방법이 아니라 단지 참인 듯한 오류를 비판하는 논리로 규정되었다. 이성이 주관적인 행위들에 대한 지도의 기능을 함으로써 보편적인 도덕법칙이 실현된다.

(3) 모순의 논리로서 변증법

헤겔(Hegel)은 모순의 논리를 통해 변증법이 전개된다는 주장을 했다. 변증법의 3단계는 단순히 논리적인 구조가 아니라 절대자가 자신을 표출하는 방식이며, 절대자를 정신이라는 입장에서 절대정신의 발전단계이다. 즉, 논리의 단계는 우선 존재 자체(an sich)가 설정된다. 존재의 발전은 자신을 부정하고 반성하는 계기인 대자적 존재(Für sich sein)로 전환하는 과정을 거친다. 반성하는 자기의식, 즉 자신의 모순을 자각하는 태도는 존재의 발전을 위한 운동의 핵이다. 3계기인 즉자 대자존재(an und fürsich)는 추상적인 오성의 자기모순적인 규정을 모두 부정하며, 그러면서도 부정적인 것을 방기하는 것이 아니라 종합한다는 의미로서 총체적인 이념이다. 교육은 의식개념의 개별적인 상태에서 보편적인 차원으로 이르게 하는 과정이다.

(4) 유물론의 변증법

마르크스(Marx, K.)의 변증법은 헤겔의 정신적 변증법과 반대로 유물론에 기초한다. 유물론은 감각으로 지각할 수 있는 물질세계가 마음이나 정신과 독립하여 객관적 실재성을 갖고 있다는 이론이다. 프롤레타리아에 의해 창조된 세계가 실제로 노동에 참여하지 않은 자본가 계급에 의해 소유된다. 마르크스는 이러한 현실의 모순을 '소외'라는 말로 표현하고, 노동자 계급이 노동의 결실을 회복하게 되는 그날이 도래할 때 소외는 극복되고 모든 계급의 구분들이 사라질 것으로 보았다.

(5) 계몽의 변증법

아도르노(Adorno, Th. W.)는 호르크하이머(Horkheimer, M.)와 함께 쓴 『계몽의 변증법』에서 신화의 회귀를 내세우며 등장한 계몽의 독단적 과정을 신화와 계몽 간 엉킴의 구조로 전환하였다. 계몽은 더는 오성능력에 의해 주도되는 성숙의 과정을 의미하지 않으며, 계몽이 실제 역사적–사회적 맥락 안에서 작용되는 상태를 주시해야 한다. 아도르노는 헤겔의 변증법에서 기본적인 성향을 넘겨받았지만, 헤겔의 변증법적 동일성에 기인한 '전체성으로서의 국가'관은 받아들이지 않은 반면, 동일성 속에서 비동일적인 것을 확보하는 변증법인 부정의 변증법을 제시하였다.

이후 하버마스(Habermas, J.)는 의사소통 논리를 주장했다. 개인적인, 그리고 사회적 해방에 대한 변증법적 관심에서 하버마스는 의사소통의 이론을 전개하였다. 노동과 상호작용의 차별화 작업을 전개하는 과정에 도구적 행위를 비판하고, 사회적 구조들에 대한 인식의 지평에서 의사소통의 행위를 구상하였다.

2) 교육철학에서 변증법 논리

슐라이어마허(Schleiermacher)의 변증법은 플라톤이 마련한 기반으로부터 발전되었다. 그는 변증법을 '순수한 사유의 영역에 있어서 방법적인 대화'라고 정의했다. 변증법적 사유는 교육에서 교육의 평등과 불평등 관계, 만족 또는 불만족으로 교육인가, 교육은 만능인가 또는 무능인가 등의 대립적 관계구도 속에 종합적으로 귀결점에 도달된다. 슐라이어마허, 딜타이(Dilthey, W.), 놀(Nohl, H.) 등 교육학자들은 변증법과 연결하여 개인과 사회, 교사와 학생간의 관계, 이론과 실천관계를 전개하였다. 놀에 의하면, 교육운동의 변증법적 법칙은 그 역동성이 개인과 사회라는 이율배반에서뿐 아니라 기성세대와 성장세대 사이의 관계에도 있다. 교육은 두 세대 간의 모순을 해결해야 한다. 교육활동은 경우에 따라 학습자에게 원치 않는 쪽으로 될 수 있다. 교육은 이럴 때 부조화에서 어떻게 헤어날 수 있을까를 변증법적 관계에서 풀어볼 수 있다는 것이다. 한편, 비판적 교육학에서는 교육의 의사소통관계를 변증법 논리에서 파악했다. 교육은 교육받으며 자라는 이들에게 사물화된 사회에서 파생되는 의도적이거나 목적합리적인 적응요구에 단순히 빠지지 않도록 하고, 교사와 학생의 관계에 권위적인 태도를 지양하면서 무엇보다 상호 간의 의사소통을 통해 학생의 개인적인 능력을 사회문화적 관련 안에서 발전시킨다는 것이다.

(1) 교육의 의사소통관계

의사소통의 관계는 지배요구의 관철에 대항하고 자기 보존의 모순으로부터 전환을 전제하면서 남성과 여성, 동양과 서양, 강한 자와 약한 자의 평등한 관계를 조성하는 것이다. 의사소통 관계는 교사–학생 간의 상호작용에서 그 구체적인 경우를 파악할 수 있다. 다양한 가치를 가진 학생들이 자신의 가치와 다른 가치를 비교하고 수용할 수 있는 민주적인 분위기에서 지식을 습득하고, 이를 통해 주체적 판단력을 갖출 수 있는 능력은 상호통합된 교육의 장에서 가능하다.

(2) 사회문화적으로 확고한 의식의 형성

교육의 역할은 마땅히 허위의식을 조장하는 경제·정치적인 이데올로기와 적응의 메커니즘으로부터 자유로운 자아의식을 형성하는 이데올로기 비판교육에서 시작해야 한다.

07 인문주의 교육

1) 인문학의 발전과정

르네상스 휴머니스트들이 중세와의 단절시도로서 고대 그리스, 로마의 스투디아 후마니타스(studia humanitatis), 곧 인문학을 고유영역으로 강조하였다. 그러나 인문학은 스투디아 후마니타스 개념에 한정되는 학문이 아니다. 인문학은 고대로부터 중세를 걸쳐 근대까지 지속적으로 변천되어 왔다.

인문학이라는 말은 라틴어의 '후마니타스(humanitas)'라는 말에서 유래되었는데, 기원전 55년에 키케로가 제시한 웅변가 양성과정에서 처음 사용되었다. 중세 초기 성직자와 학자들은 기독교 교리를 세우는 과정에 키케로의 후마니타스를 교리교육의 과정으로 채택하기도 했고, 나아가 자유교양교육의 체계를 세우기 위한 노력으로 문법, 수사학, 변증법 등 3과와 산술, 기하, 천문학, 음악 등 4

과로 구성된 7 교양과목을 체계화하였다. 7자유교양과목은 카롤링 왕조시대부터 체계화되기 시작했다. 중세기 학교 교과과정에서 초중등 교육에 해당하는 단계에는 학생들이 기초적인 라틴어 읽기와 쓰기, 셈, 노래, 문법과 날짜계산법을 학습한 후 다음 단계에 7교양과목이 편성되었다. 7자유교양과목들은 문법(grammatica), 수사학(rhetorica), 변증법(dialectica)의 3과(trivium)와 산술(arithmetica), 기하(geometrica), 천문학(astronomica), 음악(musica)의 4과(quadrivium)로 구성되어 있다. 11세기경부터 이탈리아를 시작으로 유럽 각국에 대학이 세워지면서 7자유교양과목은 대학의 교과목이 되었다. 근대에 와서도 르네상스 인문주의자들이 제정한 스투디아 후마니타티스 과목이 있었지만, 대학에서는 7자유교양과목이 계속 채택되었다. 르네상스 인문주의자인 베르게리우스(1349~1428)는 인문주의 교육에서 덕과 지의 교육을 강조했다. 그는 교과과정에 역사, 윤리학, 웅변을 편성할 것을 주장했고, 이외에 시, 산수, 기하, 음악, 천문학을 포함하도록 제안했다. 그가 제안한 시, 산수, 기하, 음악, 천문학은 새롭게 만들어낸 것이 아니라 중세 7자유교양과목을 계승한 것이다. 이러한 점에서 르네상스기의 인문주의 교육은 교과목 내용의 획기적인 재편은 아니었고, 시대의 변화에 따른 제도상의 변화, 교과목에 대한 강조점의 변화였다.

14, 15세기 이탈리아 휴머니스트들이 키케로 저서의 교육을 위해 채택한 문법·수사학·시·역사·도덕철학을 가리켜 '스투디아 후마니타티스'라는 말을 썼는데, 이는 인문학이 신에 대한 연구가 아니라 인간과 고전에 대한 연구라는 것이다. 고전문학만이 인간성을 지적, 도덕적 자유를 전개시킨다는 이유로 고전교육의 중요성이 부각되었다.

16세기에는 에라스무스와 도미니쿠스 수사 등 학자들이 스투디아 후마니타티스가 오직 고대 그리스어·라틴어와 고전 문헌연구에만 몰두하는 무미건조한 학문이 되었다고 비난하기도 했다. 에라스무스의 인문주의는 한편으로는 중세적 특성과 스콜라 신학적 이념을 거부하면서도, 다른 한편으로는 이탈리아 휴머니즘 세계관과 자연관을 받아들이지 않은 특성이 있다. 그는 인문주의가 추구하였던 고대 그리스와 로마의 자유로운 이상들을 수용하여 신학과 인문주의의 접목을 시도하였다. 인문주의적인 완전한 인간, 즉 이성이 바르게 계발되어 지·정·의 측면에서 조화롭게 발달된 완성된 인간은 기독교적인 사고와 덕목을 통하여 더욱 완전해질 수 있는 것으로 보았다.

18세기에는 볼테르, 몽테스키외, 디드로, 루소, 칸트 등 계몽주의자들이 인간의 이성을 발현하기 위해 모든 속박으로부터 해방되는 것을 주과제로 한 인문주의사상을 전개하였다. 이 시기에 교육적으로 중요한 변화는 보통교육제도가 발달하게 되었다는 것과 아동 중심 교육이 싹트게 되었다는 사실이다. 보통교육제도는 교육의 기회를 골고루 제공한다는 취지 아래 종교개혁가 마틴 루터가 주장하였던 사항이었는데, 이후 근대교육 제도의 기틀을 마련하는 데 커다란 공헌을 하였다. 아동교육에 대한 관심이 생기게 된 것도 근대 후기였다. 영국의 존 로크(Locke, J.)와 프랑스의 루소(Rousseau, J. J.) 등 당대의 사상가들은 아동을 미성숙한 존재로 보았던 이전의 경향에 대한 비판과 함께 인간으로서 인격적 대우를 강조하였다. 교육의 구습은 전통과 권위를 강조하고 복종만을 요구하는 것이었다. 이러한 교육은 아동을 수동적인 존재로만 다루기 때문에 아동이 제대로 발달하는 데 걸림돌이 될 뿐이다. 루소의 교육관은 아동은 아동의 본성에 따라 알맞은 교육방법과 과정이 수반되어야 자연적인 본질이 발달된다는 입장이다. 18세기 말경부터 인간과 사회에 대한 교육학적인 연구에 진전이 있었는데, 페스탈로치가 대표적인 인물이다.

2) 인문주의 교육의 전개과정

르네상스가 진행되던 16세기에 등장한 초기 인문주의 교육은 고전의 해석과 암기 위주의 체계였고, 계몽주의에서 지나치게 이성을 강조했던 교육에서 벗어나 18세기에 페스탈로치에 의해 인간의 조화로운 발달을 목적으로 하는 신인문주의 교육이 펼쳐졌다. 그의 영향으로 프뢰벨은 아동교육에서, 헤르바르트는 교육학의 체계에서 인간의 조화로운 발달을 위한 교육을 설파하였다.

19세기에 인문주의는 과학이라는 명칭으로 체계화되었는데, 인문과학의 학문적 독자성을 신의 영역과 구별하던 종전의 틀에서 자연과학의 방법론과의 구분에서 확립되는 것으로 전환되었다. 세계와 자연현상을 객관적으로 연구할 것을 강조한 자연과학과 대조적으로 인문과학은, 인간의 가치와 문화 등을 연구하는 학문으로 자리 잡았다. 19세기 말 딜타이는 '정신과학' 또는 '인간과학'이라는 개념으로 자연을 설명하는 자연과학과 달리 정신을 이해하는 학문으로서 인문과학을 제시했고, 정신과학으로서 교육학의 체계를 세웠다.

토론 및 심화과제

1. 교육의 관념론, 실재론, 인식론적 관점을 비교하고, 교육철학의 의미를 고찰하시오.

2. 실용주의 교육의 장점과 한계점에 대해 토론하시오.

3. 인문주의 교육에 대한 변천과정을 살펴보시오.

CHAPTER 14

몇 가지 개념의 교육철학적 접근

인간과 자연, 발달, 모방, 도덕, 평등성 등은 교육과 교육철학에서 중요하게 회자되는 개념들이다. 이러한 주요 개념들에 대한 교육철학적 탐색은 통합적 접근으로 이행한다. 즉, 연구 대상인 개념에 대한 하나의 현상이나 과정을 전체와의 맥락 아래 파악하고, 여러 부분과 차원을 통합하여 해석하는 것이다. 이 장에서 다루는 교육철학의 개념 연구는 역사적인 흐름에서 교육학적으로 중요하게 여기는 개념들을 해석하고, 그 교육적 의미를 찾아 현대 교육에 시사점을 주는 순으로 살펴본다.

01 자연과 교육

1) 자연교육의 의미

자연교육은 자연과 교육을 대상으로 삼는 이론이라고 일단 정의할 수 있으나, '교육'이라는 말과 '자연'이라는 말은 각기 여러 가지 뜻으로 사용되고 있기 때문에 '자연교육'이라는 말도 매우 다양하게 이해되고 있다.

첫째, 자연교육은 '자연에 기초한 교육' 혹은 '자연을 위한 교육'이라는 뜻을 가진 말로 사용되고 있다. 우리 주위에서 일어나는 교육을 살펴볼 때, 왜 그것을 교육이라고 하는가, 그러한 일을 통하여 궁극적으로 달성하고자 하는 목표는 무엇인가, 그리고 그 일은 적어도 어떤 조건을 만족시켜야 하는가 등 이러한 질문에 일관되게 답하기 위해서 우리는 교육의 전반적 과정에 관한 포괄적인 이해와 소견을 가지고 있어야 한다. 이러한 이해와 소견을 우리는 교육관이라고 한다. 교육관은 매우 포괄적일 수도 있고 구체적일 수도 있다. 교육관의 다양성을 고려하면서 자연과 연관되는 교육관을 살펴보자.

첫째, 교육이란 미성숙한 생명체가 본래부터 가지고 있는 잠재 가능성이 자연적으로 안에서부터 밖으로 성장, 발달해 나오는 힘과, 미리 성숙한 자에 의하여 외부에서 계획된 이상적인 방향으로 그들의 가능성을 최대한으로 펴주려는 힘과의 상호작용의 관계이다. 다시 말하자면, 교육이란 미성숙자의 안으로부터의 자연적인 성장과 성숙자가 이끄는 상호작용으로 성립되는 것이다. 이러한 교육관은 때때로 전혀 실천되지도 않은 이상적 교육의 모습으로, 때로는 교육실천가의 노력으로 나타나기도 한다. 한 시대의 사회에는 다양한 의미의 자연교육관들이 공존할 수도 있으나, '자연에 기초한 교육' 또는 '자연을 위한 교육'으로 정리하여 파악할 수 있다. 자연교육관은 자연에 기초하는 세계관, 인간관, 사회관 등이 함께 반영된 교육의 한 체계이다.

둘째, 자연교육은 교육의 목적과 방법이다. 일반적으로 교육목적은 철학적으로 규정되고, 교육방법은 과학적으로 탐구되고 있다. 교육목적의 규정에는 철학적 노력이 과학적 노력보다 더 요구되며, 교육방법의 탐구는 그와 반대라고 할 수 있다. 자연교육은 교육의 목적과 방법이 각기 학문적 배경을 구별하여 전개되지만, 자연에 기초한 목적과 방법은 서로 맞물려 있다.

셋째, 자연교육은 자연을 교육의 이론과 실천에 응용한 것을 가리키는 말로 사용되기도 한다. 교육과 자연의 관계는 흔히 자연원리가 교육의 과정에서 요구되는 원리들을 추출하는 기초가 될 수 있다는 생각에 따라서 성립된다. 자연원리 속에는 교육적 내용이 담길 수 있다는 것이다. 여기에다 어떤 사회가 가장 이상적인 사회인가 하는 사회적인 차원을 고려하면 그 체계는 점차로 확대될 수 있다. 어떤 교육이 이상적인 교육인가라는 질문에 대해 자연교육적 의미를 담아 답한다면, 교육은 자연과 인간, 사회가 상호작용하여 조화로운 발달을 이루는 것이라고 말할 수 있다.

넷째, 자연교육은 자연을 대상으로 하는 통합 교육적 탐구과정을 가리키는 말로 정의하기도 한다. 교육은 교육적 방법에 의하여 분석, 검토하는 전문분야이다. 그러나 누구든지 교육의 문제를 다양한 분야에서 탐구할 수 있다. 교육학자는 아니더라도 교육의 문제에 대해 탐구하고 해결방법도 찾을 수 있다. 특히, 자연을 대상으로 하는 탐구의 경우 물리학이나 생물학과 같은 자연과학에서 중점적으로 다루는 것이기에 이러한 과학적 지식과 관련하여 교육 탐구방법을 모색할 수 있다. 이러한 탐구방법은 교육학이 자연과 인간을 대상으로 하는 통합과학으로서 작용하는 통로역할을 한다. 예를 들면, 환경교육학은 자연과 인간을 대상으로 하여 자연과학적 방법과 철학적 방법을 통합적으로 사용하는 학문이라 할 수 있다.

2) 자연주의 교육의 역사적 배경

(1) 고대의 자연관

고대 중국에서는 사람들 간에 자연에 대한 경외감이 있었다. 하늘을 마치 신과 같이 숭앙했다. 하늘에 대한 종교적 신비감은 '천도(天道)'라는 표현으로 나타났고, 은 왕조시대에는 '상제(上帝)'라는 개념으로 표출되었다. 노자는 자연의 원리를 '도' 개념으로 표현하였다. 도는 부드러움을 뜻하기도 하고, 약한 것 또는 여성으로서 그 특징이 있다. 자연의 작용은 여성적인 것으로서의 음과 남성적인 것으로서의 양이라는 두 요소 간의 상호순환작용이라는 것이다. 그러나 당시 통용되던 지식은 유교교리였다. 아이들에게 가르치는 교과도 『논어』, 『중용』, 『대학』 등 유교경전이었다. 노자의 자연관은 도가학파라 불리는 소수의 학문부류에 의해 명맥을 유지할 뿐이었다.

서양의 경우 고대 그리스 철학에서 자연철학가로 지칭되는 학자들에 의해 자연의 원리를 찾는 노력이 있었다. 탈레스는 우주의 근원을 물, 헤라클레이토스는 불로, 데모크리토스는 원자로서 자연의 구조를 설명하였다. 그리스 국가, 특히 아테네의 교육은 인간의 정신과 육체를 조화롭게 발달하는 것을 목적으로 하는 전인교육이었다. 그리스의 자연과 인간의 교육정신을 반영한 교육제도는 중세기에 들어서면서 사회적인 변화현상에 따라 굴곡의 과정을 거쳐야 했다.

(2) 근대 계몽주의의 자연과 교육

인간의 자연성을 추구하는 교육은 중세적 상태에서 벗어나 인간 이성의 해방을 기치로 하는 계몽사상에 의해 탄력을 받는다. 계몽주의적 사고경향을 보이고 있던 당시 시민들은 합리성을 중시하여 당시 정치·경제체제인 전제군주제와 계급주의적 사회체제 등을 신랄하게 비판하였다. 프랑스나 영국에서는 시민혁명이 연이어 일어났고, 이러한 경향은 교육에도 큰 영향을 미쳤다. 계몽사상가들은 교육을 통해 중세적 구습과 구폐를 타파하고, 이성적·합리적 사회 건설을 지향했다. 계몽주의 교육은 자유를 속박하는 종교, 정치, 제도 등 모든 억압적 권력구조를 제거하고, 합리적 사고능력을 길러 이성의 능력을 전개하는 데에 목적이 있다.

계몽주의 사상이 교육적으로 많은 긍정적 영향을 미친 것은 부인할 수 없다. 그러나 계몽주의는 실제 생활에 유용한 기술을 무시하고 합리성만을 강조하다 보니 당연히 이성을 신성화하고, 역으로 인간본성의 또 다른 측면인 감성이나 정서, 도덕성 등은 경시될 수밖에 없었다. 이러한 경향은 결과적으로 실용적·실제적 지식보다는 지식 그 자체를 위한 지식, 자기 과시와 지적 사치를 위한 지식만을 중시하는 오류를 낳는다. 이러한 계몽주의 교육사상에 반발하여 인간의 정서, 감성, 자연성 등을 강조하는 자연주의 교육사상이 등장하였다.

(3) 루소, 페스탈로치, 프뢰벨의 자연교육 원리

자연과 교육의 기본요소를 두고 교육이론을 전개한 사상가들은 루소, 페스탈로치, 프뢰벨 등이다. 루소는 교육의 중심을 아동으로 옮겨 놓음으로써 이후 교육의 내용과 방법에 막대한 영향을 미쳤다. 인간의 선한 본성의 전개를 교육의 목표로 삼고 있어 이후 사상가들의 전인적인 교육관을 형성하는 데에 근거를 제공하였다. 페스탈로치는 루소에서 유래한 자연으로서의 인간의 선한 본성을 바탕으로, 인간은 세 가지 기본적인 능력 즉, 기능력, 사고력, 심정력을 가지고 태어나는 것으로 주장하며, 특유의 '자연을 따르는 방식'으로 이들 세 가지 능력의 조화로운 발달로서 인간교육을 이루고자 하였다. 그는 이러한 교육과정에서 명확한 관념의 형성을 중요시하였는데, 이는 사물에 대한 직관에서 비롯되며 수, 형, 어의 과정을 거쳐 형성된다고 주장하였다. 프뢰벨은 피히테, 셸링, 헤겔 등에서 발견되는 절대이성의 개념을 그의 특유한 신의 개념으로 해석하여 교육의 기초로 삼았다. 그에 의하면, 무생물에서 인간에 이르기까지 모든 존재는 영원한 근원이 있는데, 바로 만물의 주재자인 신이다. 인간은 신성의 현현이며, 교육은 인간의 신적인 면을 발현하는 과정이라고 할 수 있다. 프뢰벨은 인간과 자연, 신의 조화로운 관계에서 이상적인 교육이 나올 수 있다는 신념을 가지고 유아교육을 개척하였다.

3) 자연주의 교육의 특징

자연주의는 교육사적으로 매우 중요한 의의가 있다. 현대 교육의 심리학적, 과학적, 사회학적 기초를 제공했으며, 정치적으로는 프랑스 혁명과 현대 민주주의 사상에 큰 영향을 주었기 때문이다. 자연주의 교육은 외부로부터 성인의 표준을 강제 주입하는 대신에, 내부로부터 아동의 자연스런 발달을 조성하는 것이라고 보는 사조이다.

(1) 합자연의 원리

자연주의 교육사상의 가장 기본적인 원리는 합자연의 원리이다. 즉, 자연의 질서에 따르는 삶을 가장 이상적이라고 여기고, 따라서 교육내용과 방법의 측면에서도 자연의 순리에 따를 것을 주창했다. 이를 좀 더 구체적으로 살펴보면, 자연주의의 교육목적은 개인적인 측면에서 개인의 천부적 권리를 보존하고 자연상태를 보존하는 것이었으며, 사회적 측면에서는 자유, 평등, 박애(천부적 권리)를 만인이 누릴 수 있는 사회, 즉 개인의 자연성을 보장해 주는 사회를 건설하는 것이었다.

(2) 선천적인 능력 계발 교육

자연주의 교육은 머리와 마음, 몸의 조화로운 계발에 목적이 있다. 즉, 지식 또는 이성적 능력과 도덕성, 그리고 건강을 조화시켜 인간을 완성하자는 것이 계발주의 교육이 궁극적으로 추구한 목적이다. 특히, 아동의 선천적인 능력을 계발하기 위해서 활동 중심 교육과정을 강조하였다. 주요 과목으로 독서, 습자, 산수, 과학, 지리, 역사, 어학, 문학, 유희, 음악, 작업, 미술 등 다양한 과목이 채택되었다. 그리고 교육방법으로는 아동의 흥미와 능력을 중시하고, 아동의 직접적인 창작활동을 강조하였다. 즉, 성인 중심의 주입식 교육이 아닌 아동 중심의 자율적 교육이었다고 할 수 있다. 이러한 자연주의 교육의 특징을 몇 가지로 요약해 보면 다음과 같다.

첫째, 아동은 성인의 축소판이 아닌 그 자체로서 존엄한 존재이다.

둘째, 교육은 아동의 심리적, 신체적 상태를 중시해야 한다.

셋째, 교육과정은 자연의 원리에 따라야 한다.

넷째, 흥미와 노력은 상호보완적 관계에 있다.

다섯째, 교육은 발전의 과정이며, 그 과정의 초기인 유아, 아동기의 교육이 매우 중요하다.

(3) 자연주의 교육에 대한 이론들

자연교육에 대한 논의에서 유아의 자연성에 중점을 두는 교육이론을 살펴본다. 자연교육은 자연의 원칙에 근거를 둔 교육의 개념으로서 교육이란, 미성숙한 자연인으로 태어나 인간이 독립적인 생활자로 성숙할 수 있도록 그 미성숙자를 육성하는 작용이라는 견해이다. 자연과 교육의 기본요소를 두고 교육이론을 전개한 사상가들은 근대에 두드러지게 나타났다. 루소, 페스탈로치, 프뢰벨 등 사상가들에게 자연교육은, 외부로부터 성인의 표준을 강제 주입하는 대신에 내부로부터 아동의 자연스러운 발달을 조성하는 것이다.

루소와 페스탈로치에 이어 프뢰벨은 유치원의 창설과 및 놀이도구 고안에서 자연과 인간 삶의 조화, 즉 자연의 법칙 안에서 나타나는 질서와 완전함, 그리고 순수함을 얻을 수 있도록 노력했다. 프뢰벨에 의하면, 자연계는 커다란 생명체이고, 각각의 자연현상은 내적으로 결합된 하나의 유기체이며, 이 유기체에는 하나의 영원한 법칙이 있다고 믿었다. "만물에는 하나의 영원한 법칙이 작용하고 있다. 그 법칙의 바탕에는 통일자가 존재하고 있다. 이 통일자는 곧

신이며, 만물의 유일한 근원이다(Fröbel, F., 1975).” 그는 이 세상 모든 것이 신에게서 나왔으므로 만물의 본질은 신이며, 만물의 사명은 그 신성을 밖으로 표현하는 것으로 생각했다. 그의 종교관은 범신론적인 경향이 있다. 신성은 만물에 내재하고 만물의 법칙으로 활동하며, 그 본성에서 본래적인 선을 지향한다. 만물에 신이 깃들어 있다는 만유재신론이 주된 입장이다.

프뢰벨의 신관인 만물 속에 있는 신적 본질론은 인간의 생활에서도 실현될 수 있는데, 구체적 교육방식은 놀이로 나타난다. 그는 하나님, 인간, 세계와의 관계 속에서 놀이를 파악하였으며, 어린이의 놀이를 통해서 인간과 자연의 합일을 이룰 수 있는 교육을 창안한 것이다. 신적 본질을 지닌 어린이는 놀이를 매개로 하여 자연과의 상호관계를 유지하면서 신적 본질을 드러내는 것이다.

프뢰벨은 신의 성품을 닮은 창조적인 인간의 본성을 중시하여 교육방법에서도 어린이의 자기 활동을 중시하고 놀이와 노작을 통한 교육을 해야 한다는 것이다. 놀이는 유아교육의 핵심적인 원리이자 방법이다. 그는 구체적인 놀이기구를 사용하는 교육방법을 구상, 제작함으로써 구성작업을 좀 더 구체화했고, 이를 통해 아동의 창조적인 자기 활동을 실현하게 했던 점에 의미가 있다.

02 인간발달과 교육

1) 발달과 교육

인간은 태어날 때는 동물보다 완전하지 않은 상태에서 세상에 나온다. 동물들은 태어날 때 거의 완성된 형태로 나오기 때문에 발달과정은 신체 크기의 성장과 기능의 훈련에 있다. 이들의 생존방식은 주어진 환경에 적응할 수 있는 능력을 키우는 것에 있을 뿐이다. 따라서 동물의 발달에는 언어능력이라든지 인지발달과 같은 창의적인 발달은 거의 이루어지지 않는다. 그러나 인간은 완성되지 않은 상태에서 태어나 걷지도 못하고 혼자 먹을 줄도 모르기 때문에 최소한 1년은 보호를 받아야 겨우 혼자 걷기 시작하고 하고 싶은 행동을 한다.

미완성상태로 태어난다는 사실은 달리 생각하면 그만큼 발전할 수 있는 가능성이 있다는 것으로 해석할 수 있다. 아직 아무것도 결정되지 않은 삶의 여건에서 인간은 무엇으로든 될 수 있고, 환경을 얼마든지 바꿀 수도 있다.

우리가 알 수 있는 분명한 사실은 인간은 태어나면서부터 사망할 때까지 발달한다는 것이다. 정상적으로 발달하는 경우가 물론 많지만, 비정상적으로 발달하는 예도 있다. 발달의 속도는 개인마다 차이가 있지만, 인간은 계속 발달한다. 발달에는 여러 가지 영역과 방향이 있다. 신체와 운동발달, 인지발달, 언어발달, 정서발달, 사회성 발달 등이 있다. 이들 영역 가운데 어느 하나만 발달하지 않아도 다른 영역에 영향을 준다. 신체발달이 더딘 사람은 사회성이나 언어발달에도 부정적인 영향을 받는다. 인간의 발달이 인간이 살아가는 동안 지속해서 이루어지는데, 아동기의 변화는 크기의 증가나 능력의 향상이 두드러지고, 성인기에서는 한 방향보다는 여러 방향에서 나타난다. 노년기에도 발달과정이 계속될 수 있다. 교육이 인간발달을 위한 목적을 똑바로 제시하고, 발달과제에 대한 방법을 효과적으로 제공하고, 발달장애에 대한 치료방법과 치료과정을 효율적으로 이행하고, 발달의 다음 단계에 대한 예시와 과제를 계속 열어주는 작용을 할 때, 인간의 발달은 교육을 통해 촉진된다. 다시 말하면, 교육은 인간발달의 현상 속에 끊임없이 작용하는 삶의 일부분이라 할 수 있다. 인간의 발달영역별로 특징과 교육의 의미를 찾아보면 어떤 과제가 인간의 삶을 위해 필요한지 파악할 수 있다.

2) 신체 및 운동발달과 교육

(1) 신체발달과 운동발달의 특징

신체발달은 인간이 태어날 때의 신체가 크기나 기능에서 변화하는 것을 말한다. 신체발달이 가장 빠른 시기는 영유아기이다. 생후 24개월간 영아기는 일생 중 신체발달이 가장 빠른 시기로 신체의 모든 부분이 급속한 성장을 보인다. 키의 성장과 몸무게의 증가뿐 아니라 골격 및 근육이 발달하고 치아가 나기 시작한다. 영아의 신체는 빠르게 성장하며, 이러한 신체적 성장이 모든 발달의 기초를 이루게 된다. 키의 성장은 몸무게 증가보다 그 속도가 느리다.

운동발달은 자신의 움직임을 자발적으로 통제하는 것부터 시작한다. 운동발달에서 걷기는 뇌의 명령에 따른 다리 운동이다. 걷기의 시작과 성취의 속도는 개인차가 상당히 크다. 운동발달은 신경조직의 성숙과 병행되어 이루어지며, 유전적 기본계획에 따라 진행된다. 즉, 중추신경계와 골격, 그리고 근육이 성숙하게 되면 특정 연습을 하지 않아도 걷기 운동이 발달한다.

(2) 신체 및 운동발달을 위한 교육

건강한 신체적 성장을 위해서는 생리적인 욕구가 충족되어야 하고, 생활의 방식이 바람직하게 습관화되어야 한다. 기본 생활습관이란 신체 및 정신생활에 필수적으로 해야 하는 행동이나 태도를 익히는 것을 의미한다. 한 개인의 기본 생활습관의 형성이 중요한 의미가 있는 것은 인간다운 삶이 이러한 습관에서 비롯되기 때문이다.

신체발달이 정상적으로 이루어질 경우, 18~24개월경에 방광의 괄약근이 조절되기 시작하므로 이 시기에 맞춰 배변지도를 하는 것이 좋다. 배변지도는 유아에게 실질적인 도움을 주는 방법이어야 하고, 동시에 즐거운 자세로 임하도록 해야 한다. 제대로 하지 못한다고 하여 유아에게 심리적인 부담감을 주면 스트레스를 받을 뿐 아니라 다른 영역의 발달에도 영향을 미치게 된다. 프로이트는 발달단계에서 항문기를 2~4세로 잡고, 이 시기는 유아들이 배설을 통해 성적 에너지를 발산하고 쾌감을 얻는 때임을 주장하였다. 엄격한 훈련으로 배변을 억제하면 유아는 쾌감성취를 제어 받게 되고, 억제된 충동은 무의식에 남아 있다가 나중에 극단적인 결벽증이라든가 또는 극단적으로 산만한 성격으로 되는 등 이상한 성격으로 될 수 있다는 것이다.

운동놀이는 신체기능뿐 아니라 신체발육이나 안전능력, 정신적 성숙 및 사회성 발달의 향상을 위한 필수적인 활동이다. 피아제에 의하면, 인지발달단계 가운데 2~4세의 감각운동기에 해당하는 어린이들은 감각을 통해 사물에 대한 인식을 형성하므로 다양한 감각을 경험할 수 있는 놀이활동을 제공해 주는 것이 바람직하다.

3) 언어발달과 교육

(1) 언어발달 과정

인간의 지적 발달은 학습, 사고, 언어능력과 같은 여러 가지 정신능력을 말한다. 지적 발달은 신체발달이나 정서발달과 밀접하게 관련되어 있다. 지적 발달에서 언어는 인간이 가진 특별한 능력이다. 인간의 언어능력에서 의사소통능력이란 말하는 사람과 듣는 사람이 서로의 의미를 파악하고, 하고 싶은 표현을 하면서 대화를 지속시킬 수 있는 능력을 말한다. 유아기에는 자기중심적 언어를 주로 사용하지만, 나이가 들어가면서 나타나는 변화는 자기중심적인 언어를 덜 사용하게 되고, 복잡한 문장을 사용하며, 상대방과 의사소통을 하기 위한 사회화된 언어를 사용하게 된다.

(2) 언어발달을 위한 교육

언어발달을 위해 유치원과 학교에서 시행하는 교육에서는 말하기와 듣기, 읽기와 쓰기 등 네 가지 영역으로 나누어서 지도한다.

말하기 지도에서는 의사소통하는 매체로서 언어의 바른 사용을 목적으로 하여 사람과 듣는 사람의 상호이해를 전제로 한다. 말하기를 지도할 때 어린이(학생)에게 다양한 이야깃거리를 제공하여 말하고 싶은 욕구를 자극한다. 학생들이 부담 없이 자유롭게 말을 할 수 있도록 허용적이고 개방적인 분위기를 조성해 주고 격려를 해 준다.

듣기 지도에서는 듣기 능력을 증진하기 위한 많은 학습기회를 제공해야 한다. 듣기 지도를 할 때의 기본원리는 듣기의 필요성을 인식하도록 하는 것이다. 부모나 교사 자신이 주의를 집중해서 듣는 모범을 보인다. 칭찬, 격려를 통해 듣기 지도를 하고, 다양한 듣기 경험을 제공한다.

읽기 지도에서는 어린이의 지적 수준에 알맞은 책을 선정하여 자발적인 흥미를 일으켜 주는 것이 무엇보다 중요하다. 읽는 것을 배우려면 읽기 학습에 필요한 기본능력이 발달해야 하며, 동시에 적절한 방법으로 읽기 지도를 받아야 한다. 효과적인 읽기 지도 방안을 소개하면 어린이가 읽기에 흥미를 갖도록 적절한 환경을 마련해 준다. 그리고 어린이의 일상적인 경험을 토대로 읽기 지도를 시행한다.

읽기 지도와 마찬가지로 쓰기 지도에서도 교수방법에 대한 문제가 자주 거론되고 있다. 여기서 바람직한 쓰기 지도방법은 글자 중심의 쓰기 지도보다 글자의 의미를 강조하는 쓰기 지도를 한다. 쓰기의 필요성을 어린이 스스로 인식하여 자발적으로 쓰기 활동에 참여하도록 유도한다.

4) 정서발달과 교육

(1) 정서발달

인간은 환경에 적응하면서 살아가는 데 필요한 정서를 가지고 있다. 이러한 정서는 표정, 몸짓, 언어 및 놀이 등을 통해 표현한다. 정서발달은 외부환경의 자극에 대한 인간 내면의 반응 정도에 따라 다르게 진행되며, 감정의 표현, 정서적 통제, 정서적 이해, 다른 사람의 감정에 대한 반응, 다른 사람과의 정서적 유대 등으로 전개된다.

(2) 정서발달을 위한 교육

어려서부터 건전한 정서발달을 이루도록 하는 교육적인 과제가 있다. 우선, 정서적으로 안정된 환경을 조성하는 것이다. 정서적 안정감은 건강한 정서를 형성하는 기본요소이다. 따라서 어린이의 건전한 정서발달을 위해서는 정서적으로 안정감을 느낄 수 있는 환경이 조성되어야 한다. 또한, 정서 이해능력의 향상이 따라야 하며, 감정조절 능력을 향상하는 교육이 필요하다. 어린이가 세상에 원만히 적응하기 위해서는 자신의 감정을 조절할 수 있어야 한다. 아울러, 정서표출을 위한 다양한 놀이를 제공한다. 어린이의 감정조절 능력과 감정이해 능력을 증진하고, 자발적으로 정서표현을 할 수 있도록 다양한 놀잇감과 재료를 제공한다.

부모나 교사는 정서표현의 모델이 되기도 한다. 어린이들은 부모나 교사의 정서표현이나 대화를 통해 정서표현의 유형과 표현의 시기 등을 배우고, 자신도 그런 식으로 정서를 표현하게 된다.

5) 인지발달과 교육

(1) 인간의 지적 특성

인간의 지적 능력은 유아 초기에는 외부 자극을 수용하는 감각기관의 기능에 의해 인식작용을 하지만, 연령 증가와 함께 지속해서 발달한다. 지능, 기억, 개념, 창의성 등 각 인지영역의 발달로 인해 다양한 지식이 획득될 뿐 아니라 사고력이 증진된다.

(2) 창의성 발달을 위한 교육

창의성이란 사물에 대한 뛰어난 통찰력 또는 기존의 것과는 다른 새로운 사상이나 법칙을 만들어내는 능력을 말한다. 길퍼드(Guilford)는 창의성에 대한 구성요인으로 다음 여덟 가지를 들었다. ① 문제의식의 민감성, ② 사고의 융통성, ③ 사고의 참신성, ④ 정신의 융통성, ⑤ 종합능력 및 분석력, ⑥ 재정의 및 재구성력, ⑦ 개념구조의 복잡성, ⑧ 평가능력이다. 인지발달에서, 특히 교육에서는 창의성을 개발하는 과제가 중요하다. 창의성 개발에는 무엇보다 교사와 학생 사이의 상호작용이 중요한 여건이다. 교사가 학생의 고유 특성을 파악하여 문제의식을 민감하게 대처하게 하고, 적절한 학습자료를 제공하여 독창적인 능력을 계발해야 한다.

창의성을 제대로 살려 계발하지 않으면 쇠퇴하여 제 기능을 발휘하지 못하게 된다. 창의성을 발달시키기 위한 교육은 어린이들이 독창적으로 생각하고 융통성 있는 태도를 보이고 문제에 민감하게 대처하도록 자료를 제공하는 것이 중요하다. 적극적으로 창의성을 개발하기 위해서 학생 스스로 문제에 대한 종합적인 분석력을 갖출 수 있는 환경을 조성해 주어야 한다.

6) 사회성 발달과 교육

(1) 사회화의 과정

사회성이란 인간이 발달하는 과정에 사회의 언어, 문화, 관습을 터득하여 상호작용을 통한 사회생활을 할 수 있는 능력을 말한다. 인간은 사회화를 통하여 사회 규범을 받아들이고 도덕성을 발달시킨다. 사회화는 태어나면서부터 계속되는데, 초기에 가장 중요한 역할을 하는 사람은 부모이다. 어린이의 사회화 과정에서 부모는 자녀가 앞으로 살아나갈 사회적 규범을 가르친다. 규범을 가르칠 때 부모는 어떻게 행동해야 하는지 언어적으로 지시할 뿐 아니라, 칭찬과 벌을 통하여 어린이의 바람직한 행동을 조장하기도 한다. 또한, 부모는 모델로서 어린이의 사회화를 돕는다. 사회화 과정에 미치는 부모의 영향은 중요하지만, 형제관계 역시 사회화에 영향력을 미친다. 사회화의 범위가 확대됨에 따라 또래 친구와 지내는 시간이 점차 늘어난다. 또래는 사회화 과정에서 강화자, 모델, 그리고 비교준거가 되기도 한다. 나이가 많아지면서 사회화의 과정도 복합직으로 작용한다.

(2) 사회성 발달과 교육

인간은 출생하면서부터 다른 사람과 사회적 관계를 맺으면서 사회성을 발달한다. 영아기에는 다른 사람과의 상호관계에서 울기, 미소 짓기, 모방하기 등의 행동을 하면서 자신의 의사를 표현한다. 연령 증가와 함께 사회적 관계는 또래 친구, 학교, 단체 등으로 확대되고, 그 양상도 복잡하게 나타난다.

사회성 발달을 위한 교육은 여러 가지가 있지만, 모방행동은 자연스러운 학습이다. 모방학습이란 어른들이나 다른 아이들의 경험이나 행동을 주의, 관찰하고 내면화 과정을 거쳐 동기화에 의해 자신의 행동을 표현하는 것을 말한다. 모방학습에서 어린이는 다른 사람, 특히 모델이 되는 부모나 교사의 행동을 모방한다.

7) 인간발달에 대한 이론들

인간발달을 해석하고 단계를 설정하는 이론들은 인간의 특징을 어떻게 보느냐에 따라 다르게 전개되었다. 인간을 대상으로 실험하고 관찰하는 등 다양한 방법을 동원하여 자료를 수집하여 결과를 만들고 다시 적용해 보면서 이론적 기틀을 세운다. 이러한 이론으로 인간의 행동을 해석하고 발달정도를 측정하고, 아울러 발달과제를 제공한다. 프로이트의 정신분석이론, 피아제의 인지발달이론과 같은 발달이론들이 이러한 과정으로 등장했고, 인간발달을 설명하는 근거로 사용되었다. 그러나 어떠한 이론도 인간의 발달을 완벽하게 설명해 주는 것은 아니다. 어떤 이론은 인간의 인지적인 면을, 또 어떤 이론은 사회심리적인 면을 중점적으로 다루고 있다. 그래서 우리가 발달이론들을 볼 때 이것만은 흠잡을 것이 없다고 단정할 필요가 없다. 나름대로 이론적 가설과 방법을 동원하여 이론체계들이 구성되었고, 우리는 이러한 이론들을 참고로 하여 인간발달의 전반적인 특징을 이해할 수 있고, 자녀나 학생의 발달상태를 파악하는 데에 도움을 받을 수 있다. 발달이론들은 다양하게 전개되었는데, 이 장에서는 정신분석이론, 인지발달론, 행동주의적 접근, 그리고 도덕발달이론에 대해 살펴본다.

(1) 정신분석학적 접근

① 프로이트(Freud, S.)

프로이트는 인간의 정신적 활동을 무의식적 동기와 성적 에너지인 리비도(libido)의 작용으로 파악하였다. 프로이트의 정신분석이론에 의하면, 인간의 의식은 세 가지 체계로 구성되어 있다. 첫째는 원초아(id)로서 신생아 때부터 존재하는 정신 에너지의 원천적 저장고이다. 이것은 본능적인 욕구를 작동하는 역할을 한다. 성적 에너지를 그대로 방출하고, 이 작용으로 인간은 쾌락을 성취한다. 둘째는 자아(ego)로서 이는 원초아의 욕구를 충족시키기 위해서 현실과의 타협이 필요한데, 이 필요에 대응하여 나타나는 것이 자아이다. 셋째, 초자아(super ego)는 사회의 가치와 도덕이 내면화된 규범이다. 초자아는 행동의 이상적인 기준을 제시해 준다. 도덕적 양심과 자아 이상으로 구성되는 초자아는 인간행동의 도덕적 규제를 맡는 것이라 할 수 있다.

프로이트는 인간의 행동에 있어서 본능의 역할을 강조하였는데, 이러한 성적 본능의 에너지인 리비도는 일생을 통하여 정해진 순서에 따라 상이한 신체 부위에 집중된다. 이 리비도가 집중적으로 모이는 부위를 성감대라 한다. 성감대의 위치변화에 따라 발달단계가 분류된다.

첫째 단계는 구강기이다. 출생 후 약 1년까지의 시기에 나타난다. 입을 통하여 젖을 빨아 먹을 때 성적 욕구가 충족되어 쾌감을 느낀다. 이때 쾌감을 제대로 얻지 못하면 욕구불만이 생기거나 혹은 과잉충족에 의하여 고착된다. 고착현상으로 입술이나 손가락 빨기, 과도한 흡연과 같은 이상 증상이 나타난다.

둘째 단계는 항문기이다. 1살부터 약 3살까지로 이 시기에는 배설물을 배출함으로써 쾌감을 얻는다. 대소변 가리기 훈련을 통해 본능적 충동을 외부로부터 통제받는 경험을 하게 된다. 너무 엄격하고 억압적으로 훈련하게 되면, 성인이 된 후에 고착의 결과로 결벽성 또는 헤픈 성격이 형성되기 쉽다.

셋째는 남근기로서 3살 이후부터 5살까지로 성기로 성감대가 옮아간다. 남아는 어머니에 대한 사랑의 일종으로 오이디푸스 콤플렉스 증세가 나타나고, 아버지에 대한 경계심으로 거세불안을 느낀다. 반면, 여아는 남근 선망을 하게 되고, 아버지에 대한 편집증세인 엘렉트라 콤플렉스가 나타나기 쉽다. 이 시기의 고착현상으로는 거만과 공격적인 증상이다.

넷째는 잠복기이다. 6살부터 11살까지 지속되는 잠복기는 성적 욕구가 거의 나타나지 않고 학습이나 운동과 같은 행동양식에 적응한다.

다섯째 단계인 생식기에서는 사춘기가 되면서 성적 에너지는 다시 분출되어 이전 시기에 억압되었던 충동이 무의식에서 의식으로 드러나게 되며, 이러한 충동을 현실적으로 수행할 수 있는 능력을 갖추게 된다. 이성에 대한 애착을 느끼고 타인에 대한 관심의 자세를 갖게 된다.

② 에릭슨(Erikson, E.)의 심리사회적 발달이론

에릭슨은 프로이트 이론에 영향을 받았지만, 인간발달의 심리사회적 측면을 강조한 이론을 전개하였다. 그는 인간발달을 8단계로 분류하여 단계별로 발달의 특징과 자아정체감을 위한 발달과제 및 발달장애에 대해 설명하였다.

- 1단계 : 신뢰 대 불신(영아기)

  생후 한 살까지의 시기, 유아의 관계는 주로 돌보아 주는 사람인 어머니에 의해 조성된다. 어머니가 유아의 욕구와 필요를 적절하게 만족시켜 주고 안전하게 보호하면, 유아는 이를 통해 신뢰감을 쌓는다. 그렇지 못하면 불신감이 생긴다. 이 시기는 인간발달에서 가장 중요한 시기이다. 신뢰감은 이후에 만나게 되는 또래 친구, 선생님, 이성 등 다양한 인간관계에서 중요한 요소이기 때문이다.

- 2단계 : 자율성 대 수치심 및 회의감(유아 초기)

2~4세에 해당하는 시기로, 유아는 배변, 식사 등 행동을 스스로 하려고 하며, 이러한 과정을 통하여 자율성을 가지려고 한다. 실패할 때에는 무기력, 수치감을 느낀다. 그러나 아직 절제가 제대로 발달하지 못하여 에릭슨은 이를 극복하려는 의지, 즉 자율성을 이 시기에 필요한 덕목이라고 보았다.

- 3단계 : 주도성 대 죄책감(유아기)

이 시기는 학령 전 어린이에게 해당되는데, 점차 사회적 관계가 확대되어 가면서 놀이나 학습활동에서 어떤 목적이나 계획을 세우고 성취하고자 노력한다. 자신의 계획이 실패하면 죄악감을 느끼게 되어 반복하여 행동하는 충동이나 계획을 억제하려고 한다.

- 4단계 : 근면성 대 열등감(학동기)

약 6~11세까지의 기간이다. 이 시기에 아동들은 학교에 다니면서 기초적인 인지기술과 사회적 기술을 배우고 성취욕구를 실현한다. 근면성이 발달하는 결정적인 시기에 발달하지 못하고, 실패를 거듭하게 되면 열등감을 갖게 된다. 아동들은 열심히 공부해서 훌륭한 사람이 되기 위한 능력을 키우고, 이를 통해 자아감을 형성한다.

- 5단계 : 정체감 대 역할 혼미(청년기)

청년기(12~20세)인 이 단계는 아동기와는 다른 차원의 자아정체감을 확립하고자 한다. 자기 존재에 대한 새로운 인식에 눈을 뜨게 되고, 자신의 능력에 대해 고민과 갈등을 겪기도 한다. 자아정체성을 찾지 못하면 정체감의 혼란이 일어난다. 자신의 역할을 정확히 인식하고 목적을 확립하면 이 위기에서 벗어날 수 있다.

- 6단계 : 친밀감 대 고립감(성인 초기)

  20세부터 40세까지인 성인기에는 무엇보다 직업을 선택해야 하고, 배우자를 찾아야 하는 과제가 있다. 인생의 성패를 가름하는 중요한 시기이다. 이 시기의 사람들은 친구, 배우자 등 인간관계에서 친밀함을 얻으려 한다. 그렇지 못하면 공허감이나 고립감에 사로잡히게 된다.

- 7단계 : 생산성 대 침체감(성인기)

  본격적인 성인 시기(40~65세)에 사람들은 자녀를 낳아 교육하고, 사회적으로는 직업생활의 성취를 계속한다. 자녀양육, 재산형성, 직업활동 등을 통해 자신의 생산성을 발달시키게 된다. 이러한 생산성이 이루어지지 않으면 침체감에 빠지고, 다른 사람에 대한 배려가 결여된다. 중년기의 위기로 인생의 부의함에 빠지게 된다.

- 8단계 : 자아통합 대 절망(성숙기)

  발달단계의 마지막 단계인 성숙기에는 직장에서 은퇴하여 인생의 마지막을 향해 준비한다. 신체적으로 노화가 하루가 다르게 심화되고, 친구나 배우자의 죽음을 당하면 인생에 대한 무력감에 빠지기 쉽다. 그러므로 이 시기에는 어떤 새로운 것을 찾는 것보다는 지금까지의 인생과정을 돌아보면서 그래도 의미 있는 삶을 살았다는 자아 통합과정이 필요하다. 이때 삶이 무의미한 것이라 느끼게 되면 쉽게 절망에 빠지게 된다. 에릭슨은 이러한 절망에서 벗어나 나름대로 인생의 의미를 찾고 보람을 느끼게 되면, 인생에 대한 참다운 지혜를 다시금 찾을 수 있다는 주장으로 노인기의 지혜를 강조했다.

(2) 인지발달이론

① 피아제(Piaget, J.)의 인지발달이론의 구조

인간의 지적 발달에 관한 이론들 가운데 인지발달단계를 구성적 사고과정으로 규명한 피아제의 이론이 있다. 인지능력의 발달은 아동과 그를 둘러싼 환경과의 상호작용에 의해 단계적으로 성취되며, 발달단계의 순서는 일정하게 진행된다는 것이다. 인간의 사고가 환경과의 상호작용에서 발달하는 과정은 동화(assimilation)와 조절(accomodation)을 통해 가능하다. 동화과정은 새로운 환경에 친숙하게 적응하는 것이고, 동화과정과는 달리 새로운 대상에 대해 적응하지 못하는 경우, 전부터 가지고 있던 개념을 새로운 지각내용에 맞추어 변경하는 것을 조절이라 한다. 동화와 조절의 과정은 지적 발달단계에서 서로 상호적인 과정으로 이루어지는데, 이 두 가지 과정의 상호작용으로 평형이 이루어진다.

② 인지발달의 각 단계

피아제가 주로 관심을 가진 부분은 아동들의 감각·지각능력과 사고·추리능력, 그리고 지능 및 문제해결 능력과 같은 인지구조의 발달이었다. 인지구조 발달단계는 감각운동기부터 시작된다.

첫째 단계는 감각운동기이다. 출생 후 2세까지의 시기에 해당된다. 이 시기의 전반적인 특징은 간단한 반사운동을 하면서 발달을 시작한다. 보고 듣고 만지는 등의 감각을 통한 행동을 통하여 사물에 대한 개념을 갖는다. 보고 듣는 것을 처음에는 각기 별개의 것으로 받아들였다가 점차 이들을 통합해 하나의 사물로서 인식하는 능력으로 발달한다.

둘째 단계인 전조작기(2, 4~5세)는 직관적인 사고가 나타나는 시기이다. 논리보다는 직관적인 지각에 의해 사고하기 때문에 보존개념 등을 이해하지 못한다. 언어사용과 행동에 있어 자아중심적인 특징을 보인다. 또한, 인형이나 장난감과 같은 생명이 없는 대상에게 생명과 감정을 부여하는 물활론적 사고를 한다.

셋째 구체적 조작기(7~11세) 단계에서는 전조작기에서 나타났던 직관적 사고, 물활론적 사고가 점차 보존개념과 탈중심성이 특징으로 하는 조작적 사고가 발달한다. 7세경이 되면 보존개념을 획득하는데, 동일성의 원리, 보상성의 논리, 역조작의 원리 등 세 가지 논리를 사용하여 사고할 수 있다. 이러한 사고방식이 조작적 사고유형이다. 조작적 사고유형에는 서열화 개념이 포함된다. 대상들을 크기, 색깔, 모양 등 여러 가지 분류방식에 따라 나열할 수 있는 능력을 서열화라고 한다. 구체적 조작기 시기에는 사물 간의 연관을 수용할 수 있기 때문에 대상들 간의 비교가 가능하고, 대상들의 공통점과 차이점 및 관련성을 인식할 수 있는 유목화 개념이 형성된다.

넷째는 형식적 조작기(12세 이후)이다. 구체적 조작기에는 사고영역이 시간과 공간의 제약을 받는 한계가 있지만, 이 시기에는 인간이 연역적 사고가 가능할 만큼 지적 수준이 발달한다. 연역적 사고과정은 일반적인 사실에서 출발하여 특정한 사실에 도달하는 과정이다. 가설을 세우고, 이를 체계적으로 검증하고 추상적 개념을 사용하여 일반화된 사고를 할 수 있다.

피아제는 인간의 인지발달에서 구성적이며 분석적인 과정을 제공하여 인지발달이론에 기여하였다. 즉, 인간의 활동과 조작은 그 자신의 구성에 의해 이루어지며, 모든 것이 우리의 경험세계를 벗어나서 설명될 수는 없다는 것이다. 도식, 개념들, 규칙 등의 인지구조들은 유기체의 갈등상황에서 평형화를 이루고 구성하는 과정인 것이다.

(3) 스키너(Skinner, F.)의 행동주의 이론

스키너의 행동주의 심리학에서 강화에 의한 행동발달 학습이 개발되었다. 이에 의하면, 행동목표의 제시와 기준에 의한 평가가 체계적으로 실시되는데, 여기에서 모형에 따라 경험의 조작이 실행될 수 있다.

스키너는 인간행동이 충동보다 외적 자극 때문에 동기화된다고 보았다. 또한, 인간행동은 보상과 처벌에 의해 강화 또는 소멸된다고 주장하였다. 스키너의 관점에서 인간은 강화에 의해 발달하는 존재라고 할 수 있다. 인간행동은 정확한 목표에 따라 계획되고 예측이 가능하며 통제될 수 있다는 것이다.

① 자극-반응 도식의 학습

스키너의 학습이론에서 조건반사란 바라는 행동을 하도록 강화를 발견하는 일이다. 기본적 개념은 S-R, 즉 자극과 반응이다. 따라서 행동은 반응이며, 그 행동을 도출시키는 선행조건은 자극이다. 즉, 자극-반응법칙은 행동을 예측케 해준다. 예를 들면, 김치를 좋아하지 않는 아이가 있다고 하자. 어머니는 김치를 잘 먹는 것에 목표를 두고 아이가 김치를 먹을 때마다 칭찬하고 과자를 더

준다고 한다면 아이는 결국 김치를 즐겨 먹게 된다. 아이가 무엇을 하도록 조건 지어지는가는 조건부 목표를 설정한 실험자의 결정에 따른다. 이러한 실험 단계에서 실험자는 피실험자를 '무엇' 때문에 조건 짓는가에는 관심이 없고 현실의 사회적 삶의 가치와도 상관없이 연구를 진척시킬 수 있다. 조건부 목표에 따른 행동의 변화만 있으면 된다. '조건부 목표가 바람직한 목적이 아니라면 왜 조건 지으려는 것일까?'라는 질문은 할 필요가 없다.

② 행동주의 학습이론

스키너는 원자폭탄제조에 대한 의견에서 폭탄제조의 동기를 명확하게 설명하였다. "어떤 일이고 그 실현이 기술적으로 가능하면 이는 마땅히 해내야 한다(Fromm, E., 1989)"는 이유에서 원자폭탄은 제조될 수 있다고 하였다. 핵무기의 생산으로 우리가 모두 파멸된다 해도 그것을 성취해야 한다. 또한, 스키너에 의하면, "만일 우리가 민주주의에 대한 목표가 있다면, 그때 우리는 어떤 의미에서 지배자의 입장이 되어도 문화양식의 설계와 건설에 과학의 응용을 거부해서는 안 된다(Skinner, B. F., 1961)"는 것이다. 민주주의 제도가 실험대상이라면 우리는 조건부 목표를 정하고, 환경조건을 조작하고, 단추를 누르기만 하면 그에 따른 반응이 오고, 반응에 대한 보상을 계속해 주면 목표에 맞는 행동을 강화할 수 있는 지배자의 입장에 처하게 된다.

이러한 스키너의 주장에 인간의 정열을 무시하는 단순한 합리주의자라는 프롬의 비판이 따랐다. 개인이 바라는 대로 행동하는 것에 대하여 환경이 보상하는 형태로 인간의 행동을 결정론적으로 규정한다는 스키너의 입장에 대한 비판적인 안목에서 그는 "인간을 노예로 조건 지을 수 있지만, 공격하는 것으로 또는 생기를 잃는 것으로 반작용할 수 있다. 기계의 일부로 조건 지을 수 있지만, 권태나 공격, 아니면 불행으로 반작용을 일으킬 수 있다"고 설명하였다.

스키너의 행동주의 학습이론은 비판도 있었지만, 인간발달의 과학적 방법과 수업의 성취도 증진에 기여했다. 인간의 모든 행동은 강화의 법칙에 의해 발달되는 것으로 보았다. 모든 행동은 학습되고, 부적절한 행동은 소멸과정을 통해 변화될 수 있다는 것이다.

(4) 콜버그(Kohlberg, L.)의 도덕성 발달 이론

콜버그는 도덕성 발달을 중점적으로 연구한 심리학자이다. 그는 도덕성 연구에서 과학적 방법을 동원하거나 질문지법을 사용하지 않고 일상의 상황에 대해 사람들의 생각이 어떠한지, 왜 그렇게 생각하는지에 대한 도덕적 판단에 관심을 두었다. 도덕성 발달을 3수준 6단계론으로 제시하면서 그는 아동과 청소년들을 대상으로 도덕적 딜레마를 위해 제시한 예문을 통해 도덕적 판단력을 관찰하는 연구를 하였다. 도덕적 딜레마를 위해 구성된 예문은 다음과 같다.

하인츠가 약을 훔치다

유럽의 어느 마을에 한 부인이 암에 걸려 거의 죽어가고 있었다. 그 부인의 병을 치료하는 데는 오직 한 가지 약밖에 없는 것으로 알려져 있었다. 바로 같은 마을에 사는 어느 약사가 최근에 발명한 라디움 종류의 약이었다. 약사는 약값을 원가의 10배나 요구하였다. 그는 약재료인 라디움을 200달러에 구매하여 만든 약을 2,000달러에 팔려고 하였다. 남편 하인츠(Heinz)는 돈을 구하기 위해 돌아다녔으나, 그 약값의 절반밖에 안 되는 1,000달러밖에 마련하지 못했다. 할 수 없이 하인츠는 그 약사에게 가서 자기 부인이 죽어가고 있다고 설명하고, 그 약을 1,000달러를 받고 싸게 팔거나, 아니면 외상으로라도 팔아주면 다음에 그 돈을 갚겠다고 간청했다. 그러나 약사는 그 약은 자기만 발명한 약이고, 그 약으로 돈을 벌어야 하기 때문에 안 된다고 대답했다. 절망에 빠진 하인츠는 결국 약방을 부수고 들어가서 아내를 위하여 그 약을 훔쳤다. "과연 이 남편은 그렇게 행동해야 했는가?"

콜버그는 이 딜레마에 대해 피험자들의 단순한 대답을 요구하지 않고 왜 그러한 판단을 했는지에 대해 연구초점을 두었다. 도덕성 발달이론은 부모나 교사들이 어린이의 연령에 따라 어떻게 도덕교육을 할 것인가에 대한 구체적인 행동유형을 제시해 주고 있다. 3수준 6단계로 구분한 도덕성 발달단계는 앞의 예문에 대한 단계별 반응에 차이를 보여줌으로써 특징을 명료화하였다.

① 제1수준, 전인습적 수준

- **1단계 :** 복종과 처벌 지향

1단계는 도덕적 사고기준이 처벌과 복종으로 이루어진다. 하인츠 딜레마에서 하인츠가 약을 훔치는 것은 벌을 받게 되기 때문에 잘못이라고 판단하는 수준이다. 이 단계는 아동들이 부모나 교사의 벌을 피하고 명령에 복종하는 것으로 자신의 도덕성을 나타낸다.

- **2단계 :** 상대적 쾌락주의

2단계에서는 규율을 고정적인 것으로 여기지 않는다. 어떤 상황이든지 한 가지 이상의 판단 가능성이 있다는 것을 아는 수준이다. 하인츠가 설사 약을 훔쳐서라도 자기 아내의 생명을 구해야 한다면 옳은 행동이라고 판단한다. 이는 상대적 쾌락주의라는 개념으로 정리되는데, 자신의 욕구충족을 우선 생각하고 도덕판단의 기준으로 삼는 점이 특징이다.

② 제2수준, 인습 수준

- **3단계 :** 착한 아이 지향

이 단계에서는 하인츠가 '약을 훔치는 것은 약사의 권리를 침해하여 남에게 해를 끼치기 때문에 옳지 못하다'고 판단하기도 하고, '약사는 탐욕스럽다'고 말하기도 한다. 콜버그의 연구에 의하면, 이 시기는 10대 청소년들이 해당하는데, 그들은 자신의 행동이 착한 동기와 의도에서 나오는 것을 옳다고 여기고 대인관계를 중시한다. 청소년은 다른 사람의 관점과 의도를 이해할 수 있고, 고려할 수 있다. 일탈행동을 하는 청소년이라도 그들의 도덕적 기준을 제공하는 선배라든가 문화가 있다.

- **4단계 :** 사회질서와 권위 지향

이 단계는 법은 어떤 경우에도 지켜져야 하기 때문에 하인츠의 행동은 정당하지 못하다고 판단하는 시기이다. 18~25세에 주로 나타나는데, 이때에는 법과 질서가 그 무엇보다 효용성을 발휘한다. 정의는 사회질서를 지키고 자신의 의무를 행함으로써 국가나 사회를 건전하게 유지하는 데에 있다.

③ 제3수준, 후 인습 수준

- 5단계 : 민주적 법률

  이 단계는 하인츠가 약방을 부수고 들어간 것은 잘못이나 인명을 구하기 위한 일이므로 용서하는 것이 올바른 판단이라고 하는 시기이다. 4단계에서 중요한 법은 사람들 간 화목하게 살아가기 위한 조치이기 때문에 인간으로서의 가치와 기본권을 존중하며 행동하는 것이 순리이며, 이것을 민주주의라고 보는 것이다. 사람마다 차이가 있지만, 보통 25세 이상의 시기에 나타난다.

- 6단계 : 보편적 원리 수준

  이 단계는 법이나 민주주의 원리를 초월한 어떤 보편적인 원리를 추구한다. 생명의 가치는 무엇보다도 소중한 것이어서 하인츠의 딜레마에 대한 반응은 아내의 생명을 구하기 위해 도둑질한 행동을 법적으로 제한할 수는 있지만, 보다 상위의 도덕원리에 의해 판단되어야 한다는 쪽으로 나타난다. 제6단계는 고도의 도덕성 차원이기 때문에 극히 소수만이 이 단계에 도달할 수 있다.

- 7단계 : 우주적 영생 지향

  도덕성 발달 단계를 6단계로 규정했던 콜버그는 나중에 7번째 단계를 덧붙인다. 이 단계는 인간적인 차원에서의 도덕원리가 아닌 우주적인 질서의 원리를 터득하는 것이다. 이러한 도덕원리는 예를 들면, 성서의 예수님께서 "내가 대접을 받고자 하는 대로 남을 대접하라"라고 말씀하신 황금률 진리를 의미한다. 우주적 생명을 깨닫게 되면 인간이 이러한 우주적인 생명원리를 따르는 존재로 한 차원 성숙하게 되는 초월적 존재의 가능성을 갖는다.

(5) 인간의 발달을 위한 교육의 과제

지금까지 우리는 신체적인 성장뿐 아니라 인지능력이 발달하고 사회적 능력이 확대되는 과정에 교육의 역할은 어떻게 이행되어야 하는지에 대한 내용을 발달의 영역별로 살펴보았다. 또한, 인간발달에 대한 이론들을 관점에 따라 파악하였다. 교육은 인간의 발달에 밀접한 관련을 갖고 발달을 위한 과제를 체계적으로 이행해야 한다.

03 도덕과 교육

학교에서나 사회에서 우리는 얼마나 도덕에 대해 관심이 있는지, 요즈음과 같이 부정부패와 음란한 문화가 심각한 상태에 처한 사회를 볼 때마다 의문이 제기된다. '도덕적으로 교육 받은 사람은 어떤 사람을 가리키는가? 그리고 그런 사람은 어떤 특성을 갖는가?'라는 물음은 도덕철학자들이나 교육학자, 교육자들이 이상적으로 이론을 만들어낸 것에 한해 대답할 수밖에 없다. 플라톤에게 도덕적 교육의 이상은 철인이었고, 뒤르켐의 도덕적으로 교육받은 사람은 규율, 사회 및 자율성의 능력을 갖춘 사람이다. 콜버그의 최고의 도덕성 발달을 받은 사람은 가장 보편적인 원리인 정의의 관점에서 도덕적 선택을 하는 사람이다. 듀이의 도덕적으로 교육받은 사람은 경험의 개조과정을 통해 자신의 생활에서 도덕적 습관과 경향을 따르며, 반성적인 생활양식에 의해 행동하는 사람이다.

이상의 이론들은 수많은 도덕사상들 가운데 극히 일부에 불과하다. 도덕교육은 이론보다 실천이 우선되어야 하는 영역이다. 역사적으로 가치 있고 완벽한 도덕이론이 많이 나왔지만, 실천할 수 없는 도덕이라면 의미가 없다고 본다. 인간의 개인적인 인격의 도야와 사회적인 도덕성 발달을 실제로 뒷받침해 줄 수 있는 도덕교육이 요구된다.

철학자들과 교육학자들은 오래전부터 선이 무엇인지 도덕적 행위의 수준이 어떠한지에 대해서 문제를 제기했고, 해답도 제시하였다. 도덕적 이론과 행위 양자 간에는 어떤 연관이 있는가? 이러한 논의는 교육가들에게 중요한 의미를 준다. 도덕교육에서 지식과 행위에 관한 것이기 때문이다. 학교에서 교사는 교과서와 교과과정에 나오는 도덕적 이야기들과 운동장이나 PC방에서 학생들의 실제 생활 간의 차이에 당황하게 된다. 많은 도덕교육가들은 학교에서 구체적인 습관과 행위를 가르치는 데 지나친 강조가 있는 반면, 도덕적 지식을 가르치는 것에 대해 소홀히 하고 있다고 지적하였다. 도덕교육에서의 궁극적 목적은 부분적인 도덕습관을 가르치는 것이라기보다는 도덕적인 사고방식을 형성하는 것이어야 한다.

오늘날 사회에서 벌어지는 도덕적 타락현상들, 예를 들면, 남을 생각지 않고 되는대로 옷을 입고 다니는 일, 불량한 매너, 마약, 성 문란, 언어 및 물리적 폭력 등이 학생들의 도덕의식을 해치고 있는 점을 볼 때, 도덕교육의 어려움이 가중된다. 학교의 교육적 과제가 그만큼 무거워졌다는 것을 인식하고, 학생들의 도덕성 발달을 위한 사명을 이행하여 사회의 도덕적 퇴보를 극복할 수 있는 교육을 성취해야 한다. 학교교육에서 시행되는 도덕교육의 현 실태에 대해 알아보자.

1) 도덕교육의 실태

현대사회의 도덕문제는 단순히 개인적인 차원에서 도덕성이 부족해서 나타나는 것만은 아니다. 이러한 도덕문제가 지닌 특징은 무엇인가? 첫째, 급격한 산업의 발달과 과학기술의 진보로 인해 발생하는 부작용 때문에 나타나는 문제들이다. 지금까지 성장 위주의 무분별한 정책은 과학만능주의를 불러일으켜 도덕의식을 약화시켰다. 둘째, 개인과 집단의 양심문제이다. 개인은 집단에 소속되면 집단의 이름으로 행동하게 되고, 그 과정에서 개인적인 양심으로는 해서는 안 되는 일을 집단의 목적달성을 위해 저지르는 경우가 적지 않다. 셋째, 사회구조의 타락 문제이다. 우리는 법과 제도상의 허점을 이용해서 특정한 기업이나 정치집단이 일으키는 각종 불법과 비리를 쉽게 볼 수 있다.[1)]

학교교육에서 시행되는 도덕수업에서는 인간과 사회현상에서 요긴한 도덕적 지식의 형성작용과 함께 도덕적 지식이 개인의 가치와 태도, 행동성향과 같은 영역에서 어떻게 활용되는지에 대해 중점적으로 다루고 있다. 특히, 현대사회

1) 교육인적자원부(2003), 『도덕』(중학교 2학년, 2003. 51~52쪽 요약.

의 특징과 시민윤리교육은 학생들이 지적 인식에 머무르지 않고, 실천적 공감대를 형성하여 행동으로 옮길 수 있도록 토론식 수업도 병행한다. 교과서에서 도덕 판단력과 가치선택 능력을 신장시키기 위해서는 주제별 탐구를 위한 토론과제를 적절하게 제공하고, 쓰레기처리장 문제, 대중문화범람 문제 등 학생들이 일상생활에서 경험하는 실제적인 문제들을 교과서의 내용과 관련지어 자발적이고 적극적인 탐구를 통해 도덕성을 발달할 수 있게 한다.

학교교육에서 국가와 사회, 통일, 환경윤리 등의 도덕원리를 체계화하고 자율적인 실천으로 이끌기 위해서 당면하는 사태에 대한 합리적인 판단능력과 실천의지가 필요하다. 이를 위해서 학생들이 인간과 사회에 대한 기본적인 지식 습득은 물론, 도덕의 실천을 위해 노력하는 자세가 되어야 한다. 이러한 점을 고려하여 교육방법면에서 도덕적 호기심을 유발할 수 있는 다양한 학습자료를 개발하고, 학생들의 도덕적 발달수준에 부합되는 지도방법을 학년별로 고려하고, 같은 학년에서도 목표와 내용에 따라 특색 있는 지도방법을 고안한다.

도덕성 발달을 위해 학교에서는 도덕과 수업을 통해 체계적인 교육을 시행하고, 국어나 음악 등 다른 교과에서도 도덕적 가치에 대한 문제를 함께 관련시킴으로써 학생들의 도덕적 실천 성향을 함양한다. 제7차 교육과정에서 신설된 재량 시간을 적극적으로 활용하여 학생들의 자기 주도적인 탐구활동이 이루어질 수 있도록 지도하는 것이 바람직하다.

2) 도덕교육의 이론

(1) 플라톤의 도덕교육

플라톤의 세계에 대한 인식은 이데아계와 현상계로 구분하는 이원론적 접근이다. 이데아는 참되고 영원하며, 현상계는 단지 그림자에 불과하다. 이데아와 현상계는 빛과 어둠이 나누어지듯 엄격히 분리되어 있다. 또한, 모든 인간적인 것들의 세계와 신들의 세계로 비유될 수 있다. 현상계가 동굴이라는 감옥세계라면, 이데아는 태양이 빛나는 자유세계이다. 보이는 세계와 보이지 않는 세계, 비존재 세계와 존재 세계가 양립하는 가운데 이데아는 보편적 지식을 함유하고 있다. 인간의 개별적 경험으로는 결코 보편적 지식에 도달할 수 없다. 그리스인들이 추구하던 선 개념에 대해 플라톤은 인간의 선한 행위로는 선이 될 수 없고, 완전한 선은 이데아 세계의 선의 원형에만 존재한다는 입장을 고수하였다(Platon, 2001).

인간이 살고 있는 세계는 비진리의 세계이다. 어둠의 세계이다. 인간은 태어나면서부터 동굴에서 벗어날 수 없다. 그들은 자신의 그림자도 볼 수 없다. 동굴은 인간과 이데아의 구별을 묘사하였고, 교육의 역할에 대해 구체적으로 예시하기 위해 등장한 비유이다. 플라톤은 소크라테스와 글라우콘의 대화를 통해 교육의 의미를 밝혔다.

> "그리면 다음으로 넘이가시 교육을 받은 경우와 받지 않은 경우, 인긴의 본성이 과연 어떠한가를 다음과 같은 상태에 비교하여 상상해 보기로 하세. 여기 지하의 동굴이 하나 있고, 그 속에 사람들이 거주하고 있네. 동굴의 입구는 빛이 있는 쪽을 향하여 열려 있는데, 그 길이는 동굴의 넓이만 하네. 동굴 속의 사람들은 어릴 때부터 손발과 목이 사슬로 채워져 있기 때문에 한 자리에만 머물러 있고, 머리도 움직일 수 없어서 그저 앞만 바라보고 있네. 그들의 뒤쪽 저 멀리 뒤편에는 불이 있어 그들을 비춰주고 있으며, 그 불과 이 죄수들 사이에는 길이 있고, 그 길을 따라 나지막한 담이 세워져 있네. 그러니까 그 담은 마치 꼭두각시 노름꾼이 앞에 세워 놓고, 그 위에서 꼭두각시놀이를 사람들에게 보여주는 칸막이와 비슷한 것이네."
>
> −Platon, 2001−

동굴 안의 인간은 그의 세계에서 다만 그림자와 모상만을 경험하였을 뿐이다. 그는 사물의 그림자와 모상이 그림자이며 모상인지 모른다. 그를 인도하여 동굴을 떠나 밝은 빛을 보게 해도 너무 눈이 부셔서 세계를 제대로 인식할 수 없다. 빛을 보려면 눈에 익숙해져야 한다. "그러므로 당분간은 그림자가 가장 보기 쉬울걸세. 다음에 보기 쉬운 것은 물속에 비친 인간이나 사물의 그림자일 테고, 그 다음에 실물의 순서가 될 것이며, 맨 나중 차례가 하늘에 있는 것이나 하늘 자체를 보는 것이 될 테지(Platon, 2001)." 이데아의 빛을 향한 의지를 얘기하면서 플라톤은 인간 내부에 학습능력의 가능성이 있음을 찾아내었다.

"우리들의 영혼 속에는 학습에 필요한 능력과 기관이 이미 내재하고 있다고 보아야 하네. 그리하여 그 기관은 어둠 속에 있던 눈을 밝은 데로 전향시키기 위해서는 몸 전체의 기능을 전향시켜야 하는 것과 마찬가지로 영혼 전체와 함께 생성하는 것으로부터 실재하는 것에 도달하여 그 가장 밝은 부분을 관조하면서 능히 견뎌낼 수 있을 정도가 되어야 한다는 것이네(Platon, 2001)." 최고의 지식에 도달한 자는 철인이라고 불리는데, 그는 다시 동굴세계로 들어가 무교육의 인간들을 인도하는 일을 한다. 교육은 볼 수 없는 것을 볼 수 있게 해주는 중요한 의미가 있는 진리인식으로의 문을 열어준다.

플라톤은 교육의 내용을 이루고 있는 신화와 영웅 이야기의 교육적 가치에 대해 언급하면서 훌륭한 위인들을 모방하는 것에 관해 설명하였다. 모방은 교육방법에서 기초가 되는 개념이다. 모방에 의한 교육은 유아의 영혼을 사로잡는 생동적인 이야기가 영혼의 리듬을 타고 연결될 때 그 내용은 자연스럽고도 강하게 전달되고, 이를 통하여 일어나는 영혼의 전반적인 반응은 자신 고유의 표현의 세계로 들어가게 하는 것이다. 서사시들이 당시의 교재로 사용되었고, 이러한 서사시에 담겨 있는 내용을 생동감 있게, 그리고 가능한 한 기억이 지속되도록 작용하기 위해 음악교육이 필수적이었다. 이와 같은 교육이 조화롭게 작용하여 정신적인 발달을 이루는 역할을 하였다.

이상의 내용에서 볼 수 있듯이 수호계급에 적용되는 음악교육은 말(logos)이 멜로디와 리듬, 춤과 조화롭게 작용하여 정신을 도야하는 형태로 되는 동시에 체육이라는 신체단련의 형식을 포함하고 있어서 체육교육이 함께 시행된다. 플라톤의 음악과 체육교육은 바로 영혼의 순화과정을 거쳐 한 인간이 국가에서 자신의 맡은 임무를 수행할 수 있게 하는 도덕적인 인간으로의 교육에 중요한 과정이었다.

(2) 노자의 도덕교육관

노자는 유교에서 강조하는 규범인 인·의·예 등의 내재된 허구성을 지적하였다. "높은 덕은 덕이 아닌데, 이 때문에 덕이 있고, 아래 덕은 덕을 잃지 않으려고 하는데, 이 때문에 덕이 없다(도덕경 38장)." 노자가 평가한 높은 덕은 무위의 덕이다. "덕이 아니다"라는 부정을 통해 무의 경지에서 본질을 잃지 않았기 때문이다. 아래 덕은 그와 달리 의도적으로 덕의 모습을 가지려 하지만, 그러한 의도성으로 덕의 본질을 상실한다. 의도적으로 만들어진 도덕규범으로부터 벗어나기 위해 노자는,

> "성스럽다는 것을 끊고 지식을 버리면 국민이 백배나 더 이로울 것이요, 인이라는 것을 끊고 의롭다 하는 것을 버리면 국민이 자비를 회복할 것이다. 기교를 끊고 이로움을 버리면 도적이 없을 것이다. 이 세 가지는 껍데기일 뿐이다"
>
> –도덕경 19장–

라고 했다. 성(聖)이라든지 인(仁), 의(義)와 같은 규범은 노자가 살던 시대인 중국의 전국시대 – 나라 곳곳마다 군웅들이 무력통치로 나라를 세우고 온갖 침략 행위를 일삼던 때 – 에 거의 실천될 수 없었던 것들이다. 실천되지 못했던 규범덕목들은 후에 한나라에서 유교가 국교로 정해지면서 제도적으로 국민에게 강요하는 실천강령이 되었다. 이러한 규범덕목들은 형식에만 빠져 사람들을 구속하는 역할을 할 뿐이다. 노자의 껍데기론은 이러한 현상의 반영이다. 껍데기 같은 규범에 얽매인 인간이 그가 본 인간의 모습이다. 자신의 본질을 찾을 길이 있다면 성스러운 것도 끊어버리고 의롭다 여기던 것, 인으로 알던 것을 부정하는 것이다.

끊어버려야 할 것으로 덧붙여 제시한 것은 기교의 행동과 이해타산적인 생각이다. 기교는 머리를 쓰는 일이지만, 이성의 작용은 아니다. 기교와 이(利)는 인간 생활에 공명과 물질의 혜택을 제공한다. 사람들은 더 많이 소유하고 싶은 욕심으로 온갖 기교와 영리적인 일에 집중한다. 이성의 본질을 잃은 채 기교만 부리는 인간, 물질적 이익에만 치우치는 물상화의 존재상태는 자연과 괴리된 모습이다. 문명이 발전되면 될수록 인간은 자신을 자연과는 대립되는 존재로서 자연과는 거리가 멀어지고 자연의 파괴를 초래한다. 노자가 의도적 행위를 지적하는 이유는 인간의 내부 자연성의 파괴를 우려했기 때문이다. 노자의 도덕관과 교육에 대해 살펴보자.

노자의 사상에는 도와 덕으로 따로 본질과 기능상의 구별을 둔다. 도에 대해서는 앞 장에서 개념상의 특징을 살펴보았지만, 노자는 덕이라는 개념을 설정하면서 도의 형상화를 마련하였다. 노자는 사물들 내에 들어 있는 도를 '덕'이라고 하였다. 도와 덕은 서로 밀접하게 관계되어 있다. 도가 포괄적이고 규정될 수 없는 것이라면, 덕은 이와는 달리 특수한 구체적인 작용을 드러낸다. 포괄자로서 도와 이에 연관된 구체적 작용을 나타내는 덕 개념이 하나의 개념 도덕으로 결합된다. "도는 낳고 덕은 기른다"는 표현은 그 상관관계를 잘 표현한 글이다.

노자가 얘기하는 덕이란 무엇인가? 그것은 하늘, 땅과 같은 자연의 형상 안에 도의 품성을 내재하고 있는 실체이다. 도와 덕은 생산과 양생의 관계구조 안에 서로 맺어져 있다. 둘 간의 상호작용을 통해서 만물은 끊임없이 생성되고 성장한다. 노자의 도덕관은 이와 같은 도와 덕의 상호작용에 기초한다. 도덕의 가치는 규범법칙의 차원에만 국한되지 않고 자연의 조화를 추구하는 실천영역에서 드러난다. 산출하면서도 지배하지 않는 성향은 지배 복종의 영역에서는 이해될 수 없는 의미를 지니고 있다. 노자의 유교적 도덕규범에 대한 비판은 매우 단언적으로 이행되었다.

노자의 도덕행위는 단지 외양의 허식을 좇아가는 행위가 아니라 내적인 자연과 합일된 무위의 행위이다. 야스퍼스(Jaspers)에 의하면, "무위는 결코 아무것도 하지 않음, 수동적 태도, 영혼의 아둔함이 아니다. … 이 행위는 모든 행위를 그 안에 담는 포괄적인 것으로서, 그 자체로부터 산출되어 그에게 의미를 부여하는 속성을 가진다(Jaspers, K., 1978)." 무위의 개념 중심에는 인간과 자연과의 조화로운 상호작용이 있다. 무위는 자연의 원칙에 기인하는 행위로 이해된다. 이 행위 이해는 자연의 외양에서 볼 수도 있듯이 반복적이고 수동적인 운동원리로 오해될 수 있다. 그러나 여기에서 말하는 자연의 행위로서 무위는 곧 '하지 않음'이 아닌, 인간의 자연성에 의한 실천적 행위유형이다. 노자는 무위의 실천적 관련에서 정치와 교육을 예시했는데, 교육의 부분은 다음과 같이 전개된다.

노자의 교육은 자연의 원리에 따라 교수와 학습이 이루어지는 교육과정이기에 어떤 수준의 학생을 어떠한 내용으로 가르쳐야 하는지에 대한 의도적인 교과과정이 미리 짜여 있지 않다. 교수의 역할은 인위적으로 지도하는 것이 아니라 기다리고 도와주는 데 그친다. 그러나 무언지교는 소극적인 학습이 아니다. 학생의 자발적인 의지에 의한 행동을 전제로 한다. 즉, 사람은 태어나면서부터 배울 능력이 있다는 신념 없이는 실현될 수 없는 교육이다. 배우는 사람은 교사를 매개로 하여 스스로 의지로 온갖 사물을 대하면서 자아실현의 목적을 수행한다.

노자의 도덕교육론은 자연주의에 입각한 교육에 해당한다. 밖으로부터 주입되는 학습방식에 따르지 않고 인간이 타고난 내부의 자연적인 힘을 자발적으로 발전시키는 과정이다. 자발성의 원리(Prinzip der Selbsttaetigkeit)는 헤르바르트와 슐라이어마허가 학습의 기본원칙으로 발전시켰다. "인간은 생동적인 존재이다. 처음부터 그에게 본성적으로 자발성이 내재하기 때문에(Schleiermacher, F., 1983)" 교사는 학생의 자발성을 유인하고 계속 발달하게 할 과제가 있다. 학습은 학생 내부에서 일어나는 것이므로 교사는 그러한 조건을 조성하는 역할을 한다. 이러한 역할은 아동을 고유한 인간으로 존중해야 실현된다. 아동에 대한 존중은 그들 내부의 자발성을 불러일으키고, 스스로를 자연스럽게 표현할 줄 알게 하며, 자신의 의지에 따르는 자기결정능력을 촉진한다.

말 없음의 교육은 언어부정을 의미하지 않는다. 가르치는 사람과 배우는 사람간의 언어가 매개된 의사소통 행위를 넘어 공감대가 형성되는 관계에서 서로의 뜻을 전달하는 소통행위의 교육을 의미한다. 말 없음의 교육에서 맺어지는 교육적 관계는 지배요구가 없는 모습을 띤다. 가르치는 사람 스스로 자신을 낮추어 겸손한 자세를 취하며 배우려는 사람에게 자신의 교설을 주입하고, 이를 따르도록 하는 교육방법을 쓰지 않고, 학생의 인간성을 존중하여 내면의 자연을 회복하여 자유롭게 도덕행위를 할 수 있는 주체가 되도록 도와주는 역할을 한다. 가르치는 사람이 단지 도와주는 역할을 한다면 권위의식에 젖어 있는 사람들에게는 못마땅할 것이다. 선생은 학생들에게 권위 있는 자세로 윤리규범을 가르치고 학생들은 그대로 따라야 하기 때문이다. 그러나 학교 교실에 '진실', '협동' 등의 훈시사항을 붙여 놓고 학생들에게 그것을 마음에 새기고 실천할 것을 요구할 경우, 교사 주관에 따른 규범준수라는 강요된 요구가 될 것이고, 이에 대한 학생의 반응은 모두 일치하지 않고 교육적 역효과가 날 수도 있다. 교사와 학생 간에 서로 동등한 인격을 인정하는 관계가 형성되어야 한다. 학생이 스스로의 자연법칙에 따라 진실하고 관용적인 인격을 키워갈 수 있다는 신뢰가 있다면 교사는 굳이 말이 필요 없이 스스로 덕을 갖추도록 배움의 자세를 견지하며, 무엇보다 학생의 자아실현을 최대한 도와줄 수 있다.

(3) 로크의 도덕교육

경험론자인 존 로크(Locke, John, 1632~1704)는 신체교육을 무엇보다 중시했다. 도덕교육에는 건강한 신체조건이 필수전제이다. 자신을 책임질 수 있는 존재로서 이성의 능력을 발휘하고자 한다면 건강한 신체가 이를 뒷받침해 주어야 한다. 덕성교육은 자신의 욕망을 억제하고, 이성에 따라 행동하는 데 목적이 있다. 이성이 발달하기 전에는 아이들은 부모의 훈계에 복종하는 단계가 필요하다. '인간의 이성이 피조물로서 갖는 수많은 경향을 억누르고 이성이 지시하는 올바른 방향이 되도록 정신을 단련하는 것(Locke, J., 1961)'이 덕성교육의 의미이다. 로크는 그 당시 사회에서 부모들이 행하던 과잉보호의 육아방법에 대한 비판함과 아울러 덕성발달의 현실적인 대안을 마련하고자 하는 의도에서 절제와 극기를 강조하였다. "덕은 이성이 우리의 욕구를 공정하게 처리하지 못할 때 이를 제어할 힘이 있다. 이 힘은 습관을 통해 길러진다. 어린이는 이미 요람에서부터 그들의 욕망을 절제하도록 길들여져야 한다. 어린이들은 무엇이든지 자기 마음대로 얻어지지는 않는다는 것을 가장 먼저 배워야 한다(Locke, J., 1961)." 감정은 이성에 종속되어야 한다. 어린이는 아직 이성이 발달되지 않은 상태이기에 부모가 이성적 사고를 대행한다. 부모의 도움으로 어린이는 감정이 이성에 순종해야 한다는 것을 배운다. 순종이 습관적으로 몸에 배이도록 어려서부터 연습해야 한다. 어린이의 능력과 이해력의 발달 정도에 맞춰 교육적 방법이 적용된다. 어린이의 사고능력이 발달된 상태에서는 교사가 순종을 요구하는 방법은 더 이상 효과가 없다.

도덕교육론에 나타나는 하나의 특징은 습관의 형성이다. 좋은 몸가짐과 습관은 정신이 가장 유연한 유년기에 기르는 것이 효과적이다. 습관은 한번 생기면 평생 계속되기 때문에 어릴 때부터 잘 길들여야 한다. 어린이에게는 욕망이 있어도 아직 이성은 발달되지 않은 상태이기에, 특별히 습관이 교육적으로 중요한 의미가 있다. 아이들은 욕망대로 무절제하게 행동해서는 안 되고, 어른들에게 순종함으로써 이성의 작용에 근접할 수 있다. 부모와 같은 어른들의 입장에서 보면, 이성의 준칙을 대행한다는 입장이므로 어린이를 교육하는 올바른 자세와 항상 명확한 판단력을 지녀야 한다. 부모가 취하는 좋은 방법은 아이들이 일상생활에서 요구하는 것을 무조건 허용하는 것이 아니고, 부모의 이성적 판단에 따라 아동들에게 알맞다고 생각되는 것만을 허락해야 한다. 자녀들을 사랑으로 대해야 하지만, 상벌에 대한 엄격한 기준을 정해, 아이들이 자신의 요구를 관철하기 위해 조르거나 울 때는 단호하게 거절해야 아이들이 좋은 습관을 형성할 수 있다.

습관의 중요성은 경험주의자인 로크에게 당연한 사항이다. 어릴 때부터 좋은 몸가짐을 익히는 것은 나중에 성장하여 관념과 이성이 확립되는 단계에 기본적인 바탕이 되기 때문에 교육자는 습관의 조기 형성에 주의를 가져야 한다. 로크가 제시한 교육방법에 따른다면, 어린이의 자연적인 발달에 맞게 자연적인 방법으로 습관을 형성하는 것이므로, 강제적인 처벌 같은 수단은 교육적인 효과가 거의 없다. 로크는 어린이에게 달콤한 과자나 장난감 따위로 직접적인 보상을 하는 것도 바람직하지 않다고 보았다. 대신 어린이의 행동을 사회적으로 평가하는 방안을 제시했다. 평가기준은 '가치' 또는 '명예스럽지 못함', 그리고 '경멸' 등이다. 그러나 또한 어린이의 개별적인 성격의 차이에서 오는 습관에 대한 적응력이 문제가 될 수 있고, 어린이의 이성능력이 올바른 습관에 대한 인식을 제대로 할 수 없는 미숙한 상태라면 처벌방법이 불가피하다. 로크는 교육자와 어린이 사이에 돈독한 신뢰감이 조성된 가운데 처벌뿐 아니라 상을 주는 방법이 엄격하고 공정하게 이행되는 것이 효과적이라고 설명하였다. "어린이가 잘못했다고 무조건 매를 때리는 것은 아버지의 강권이다. 그러나 어린이의 행동이 올바르지 못할 때는 처벌하여 행동을 교정해야 한다(Locke, J., 1961)." 아이들이 시끄럽게 장난을 칠 때 어른들이 꾸짖는 경우가 많은데, 이것은 바람직한 처벌이 아니다. 어린이의 나이에 맞는 자연스러운 행동으로 받아들이고 생동적으로 많은 것을 느끼고 배우며 성장할 수 있도록 교육여건을 조성해야 한다는 것이다.

(4) 칸트의 도덕교육

이성과 감성의 개념은 실상 철학의 발생기부터 가장 빈번히 다루어지는 주제이고, 두 개념 간의 작용이 역시 끊임없이 문제 되어 왔다. 근대의 시작과 더불어 이 문제는 주로 계몽주의 사조에서 중점적으로 등장하였다. 계몽철학가 가운데 칸트는 기존의 합리론과 경험론에서 각기 따로 강조되었던 이성과 경험을 종합하여 스스로 코페르니쿠스의 전환이라고 말했을 정도로 개념들 간의 위계와 작용영역을 체계화하였다. 인식과 행위양식을 묶어주는 그의 계몽사상이 어떻게 구상, 전개되었는지, 여기서 작용하는 이성의 법칙은 어떻게 주도되는지에 대하여 살펴본다.

인간의 행위양식에서 자율성을 강조하는 칸트의 도덕철학은 관념론의 기원을 거슬러 올라가 라이프니츠(Leibniz)의 단자론(Monadologie)에서 연원한다. 단자론에서 라이프니츠는 단자를 개별적인 자율성의 핵이라고 특징을 지었다. 칸트는 이를 뒷받침으로 인간의 본능과 같은 자연의 상태와는 명백히 구별해가며 계몽사상을 전개하였다. 그는 계몽을 '인간의 스스로 책임이 부과되지 않는 미성숙으로부터의 탈출구(Kant, I., 1956)'라고 정의했다. 성숙이란 인간 스스로 다른 것에 의해 이끌어지지 않는, 오직 오성의 능력에 의해 얻어지는 자율성을 의미한다. 계몽은 인간 주체성의 자유를 확보하기 위해 필수적인 역할을 한다. 계몽으로 인간은 미성숙으로부터 자유로운 존재로 될 수 있다는 것이다. 이를 달리 말하면, 인간의 자연적인 상태는 미성숙한 단계에 불과하여 스스로 판단을 하거나 행동을 할 수 있는 자유가 결핍되어 있다는 것을 의미한다. 인간이 단순한 동물에 불과하다면 무엇을 '해야 한다'는 것에 대해 생각할 필요가 없다. 충동에 따라 먹고 마시고 움직이면 되기 때문이다. 우리는 개나 말에게 무엇을 기대할 뿐이지, 지도하지 않는다. 그러나 인간에게만 의무를 부과하고 책임을 요구하는 이유는 인간이 자유의지를 가지고 있으며, 이것을 근거로 의무를 이행할 수 있는 능력이 있다는 것을 전제로 하기 때문이다.

자유의 의미와 원리는 본능이나 충동 등 자연적인 요소들을 자기 억제하는 능력으로서 오성의 작용에서만 도출된다. 칸트는 더 나아가 오성의 작용에서 자유의 가능성을 두지 않았고, 이성의 실천적 기능을 역설하여 주관적인 행위들은 이성의 지도를 받아야 보편타당한 도덕법칙 행위가 된다고 보았다. 칸트에 의하면, 인간은 도덕법칙에 따라 살지 않으면 안 된다는 것이다. 칸트는 자연현상에 자연법칙이 있듯이 인간에게는 도덕법칙이 있다는 입장이다. 윤리학은 그 도덕법칙이 무엇이며, 그것이 어떻게 인간행위를 규제하는지를 밝혀야 한다. 그러면 인간이 인간으로서 의무를 이행하며 행위를 해야 하는 법칙인 도덕법칙의 특징이 무엇인지 살펴보고자 한다.

순수이성에 도달하지 않는 주관적인 사실들이 제약되면서 이성의 관리로 정립된 보편적 도덕법칙이 엄격하게 제시되는 차원에서 자유의 의미가 주어진다. 칸트에게 이성은 이론이성과 실천이성으로 나누어진다. 이론이성은 인식에 관한 것이고, 실천이성은 행위에 관한 것이다. 순수이성의 영역은 경험에 제한되어 있는 반면, 실천이성은 선험적 이념에까지 범위가 확대된다. 이성은 주관적 사실과 분리된 상태에서 추상적인 이론의식으로서 모든 행위의 보편적인 법칙을 제시하는 간섭의 기능을 한다. 이성이 실천적인 면에 관여해야 주관적인 행위의 보편적 차원으로의 승화가 가능하다는 것이다.

실천이성은 인간을 무한한 가능성을 실천하는 창조적 인간으로 만든다. 칸트는 도덕적 실천이성이 이론적 인식의 우위에 있다는 것을 강조하면서도 그것이 인식의 요소를 결여하지 않고, 오히려 인식에 근거하고 있음을 분명히 한다. 칸트가 실천이성을 우위로 주장하는 것은 이론이성의 관심이 실천이성의 관심에 종속된다고 생각했기 때문이고, 인간의 모든 관심은 실천이성의 관심에 종속된다는 것이다.

이러한 이성의 기능은 이성에 대한 우월의식에서 나온 것으로 의미 되고, 이러한 비변증법적 구조에서 어떠한 모순도 인정되지 않은 상태로 경험은 이성에 종속된다. 그 어떤 다른 것 위에 자기 자신을 설치하는, 모든 것을 지배하는 이성은 필연적으로 개별적인 경험의 제약자이다. 개별적 경험의 주체로서 개인은 지배적인 전체에 대항하여 자기 자신의 동일성을 지킬 능력이 상실된다. 인간은 객관성 안에 내면화된 존재양식에서 자기보존을 유지할 수 있다.

인간의 행위능력 가능성과 행위의 한계로서 자기억제를 제시하는 이성의 기능은 의지(wille)라고 불리는 매체에 의해 작용한다. 『도덕의 형이상학을 위한 근거』라는 저서에서 칸트는, "의지는 이성적으로 활동하는 존재의 인과율의 한 유형으로서 자유는 이러한 자율성의 속성이어야 할 것이다"라고 규정하였다. 이 어휘는 칸트의 의지 자율성에 대한 고유한 특성을 보여주고 있다. 칸트의 이론에서 이성과 경험과의 연결을 지속시켜 주는 의지(wille)에 또 하나의 이성의 우월성을 뒷받침해 주는 기능이 있다. 의지의 작용은 이성과 경험적 자극 간의 고리를 이어주는데, 곧 이성의 주도 아래 모든 자극이 의지에 종합되고, 의지의 단계를 거쳐 실천적 행위로 이어진다. 칸트는 의지의 표명을 행위라고 개념 지었다. 칸트에게 의지는 모든 행위의 총체이며, 의지의 정체와 기능을 분석하는 작업에서, 특히 의지가 이성에 실제성을 제공하고, 이성에 내재한 지배요구들의 강화에 기여하는 역할을 지적하였다. 이성을 이론의식의 차원에서 실천적 이성으로 적용단계에서 의지는 결정적인 역할을 한다. 의지를 통해 이성이 실제성을 얻는 논리는 이성의 실천에의 관여를 말해주고 있다. 모든 행위에 대한 특징의 단일성을 조성하는 의지는 행위의 차원에 있지 않고 이성에 속한 의식이다.

의지는 실천이성에서 행위주도의 법칙을 알리고 행위들의 보편타당성을 테스트한다. 이성적 존재로서 인간의 행위방식은 그의 본능이라든가 감정을 지배할 수 있는, 자기억제를 통한 자아충족이다. 인간에게 자유라는 것도 동일성의 개념철학의 범주 안에서 설정된 인과율의 법칙에 의해 허용된 행위양식이다.

칸트는 자유와 도덕법칙 간의 선후관계를 논하면서 도덕법칙이 자유보다 먼저 나타난다고 주장한다. 무조건 실천적인 것에 대한 인식은 자유에서 출발할 수 없다. 왜냐하면, 경험은 우리로 하여금 현상들의 법칙만을 인식하기 때문에 경험으로 우리가 자유를 추리할 수 없기 때문이다. 따라서 직접적으로 의식할 수 있는 것은 도덕법칙이다.

도덕법칙에 의해 정해진 선과 악의 윤리규범은 인간에게 자율성을 부여해

주는 기준이 되는 것이다. 칸트는 '실천적인 원칙들(Kant, I., 1956)'의 위계적인 설정을 그의 도덕철학에서 시행하였다. 역사–사회적인 맥락에서 얻어지는 행위이론 체계와는 다른 방식으로서 이성의 실천적 관여로 제정되는 보편법칙이 행동의 기준이 되게 하는 식으로 도덕철학을 전개하였다. 이러한 의미에서, "너의 의지의 원칙이 언제나 동시에 보편적인 법칙의 원리에 타당할 수 있도록 행위를 하라(Kant, I., 1956)"고 강조하는 것이다.

자유와 도덕법칙에 대한 칸트의 입장에서 한 가지 짚어봐야 할 문제가 있다. 어떻게 자유라는 것이 이성의 감시 아래 자기억제를 해야 실현될 수 있는지 생각해 볼 수 있다. 인과율의 형식적 구조 안에 선험적으로 전제가 제시된 가운데 필연법칙에 따라 행동할 때 자유가 내재한다고 보는가. 자유는 그 본질의 의미를 살펴보건대 구속으로부터 해방이다. 아무런 전제나 선험법칙이 없는 상태이고 이론적으로 규정되기 전의 실천적 내용이다. 인과연관(Kausalzusammenhang) 안에 짜인 자유는 실천의 제약이고 한낱 껍데기일 뿐이다. 인과율에 의한 자유는 내용과 형식 간의 분리감만 조성한다.

그러나 칸트의 도덕철학에서는 개별자의 구체적인 경험내용은 제약된 채, 순수개념에 상치되는 개별자의 주체적 부문은 기피한 추상적인 도덕행위만을 엄격하게 명제화하였다. 그러한 선천적인 객관성에 인간의 사실적인 행위들이 들어맞아야 한다는 것이다. 실제성과는 분리된 의식일반인 이성이 실천적 행위의 원동자로서 경험을 작동시킨다는, 이른바 이성의 우월성은 왜 어떠한 근거로 생겨난 것인가. 개별경험이 순수이성에 종속되어 있음을 그대로 인정할 수 없다면, 여기서 정신과 자연과의 모순에 대한 변증법적 풀이를 요구할 수밖에 없을 것이다. 칸트는, "비변증법적 논리를 수단으로 하여 주체의 순수이성과 경험적인 내용 간의 분리만을 일삼았을 뿐, 양자 간의 매개논리는 기피하는 식으로 모순을 평정하였다(Adorno, Th.W., 1982)." 이성에 우월성을 부여하지 않고 경험과 함께 날실과 씨실이 엮이듯 변증법적으로 논리를 전개한다면 자연스레 사실성과 사유 일반, 주체와 객체, 그리고 정신과 자연 간의 관계도 차별성의 차원에서부터 벗어나 함께 엮어가는 단계로 옮아간다. 이성에 대한 비판은 결코 이성 자체의 부정을 의미하지 않고 이성의 우월성에 대한 비판이며, 이성이 모든 실천행위의 경험을 통제하여 어떠한 비개념과 자연성도 허용하지 않는 기능을 하는 것에 대한 비판을 의미한다.

인간이 경험의 세계 안에서 자유롭게 행위를 하기 위해서는 주체는 실제의 현상 세계에서 그 본질의 의미를 찾아야 한다. 그렇지 않은 경우는 객관성에로 내면화된 주체성이 되기 십상이기 때문이다. 객관성으로의 내면화는 주체성의 상실을 의미한다.

현대 기술산업사회에서 이것은 전체성에의 적응으로 나타난다. 주체성을 상실한 인간은 마치 다윈의 적자생존의 진화론에서 보듯이 사회의 전체 지배이데올로기를 무비판적으로 수용하여 적응하는 존재로 된다. 합리성의 체제로 운용되는 사회에서 흔히 계산적 사고가 만연한 가운데 인간관계의 냉담함이 강화되기 쉬우며, 문화양식에서도 정신과 육체의 분리연관에서 일반적으로 문화의 정신화를 초래하기도 한다. 인간이 자유로운 존재로 되기 위해서는 계산적 사고에서부터 반성적 사고가 요구되며, 정신적인 면을 강조하는 문화양식이 피상적인 문화를 양산한다는 것을 참고하여 정신과 육체의 분리의식으로부터 해방의 사고가 또한 필요하다.

04 미메시스와 교육

아동들이 타인의 행동이나 언어를 따라 한다든가 사물을 모방하는 행위는 발달과정에 중요한 요소이고, 교육적인 과제이기도 하다. 모방활동에 대한 연구는 교육학뿐 아니라 심리학, 철학, 사회학, 인류학 등에서도 관심영역으로 다루어진다.

모방에 대한 연구는 그리스의 플라톤에 의해 미메시스라는 개념으로 체계적으로 전개되기 시작했다. 플라톤은 이데아의 세계에 갇힌 이상주의자로 알려져 있다. 현상계는 이데아의 모방이고 예술은 또한 현상의 모방이라는 그의 입장은 모방에 대한 차별된 인식을 초래할 수밖에 없었다. 한 어린이가 노란 색종이로 침대를 만들고 있는데, "그건 노란색이 아니야! 진짜 노란색의 이데아는 따로 있어. 그리고 색종이로 만든 침대는 네 눈에 보이는 침대의 모방이야. 현상계에서 보이는 침대는 본래 침대의 모방일 뿐이야"라고 한다면 이해하기 어려울 것이다.

플라톤의 예술론이 진리로부터 두 단계 떨어진 이중모방설에 고착되어 있다. 그의 교육론을 보면, 음악과 체육교육에서 모방하는 과정을 거쳐 영원한 이데아를 향한 철인으로의 교육을 기대하는 등 모방의 양면성이 있기 때문에 플라톤의 미메시스 해석연구는 예술에서 언급한 모방의 한계와 교육론에서 제시했던 모방의 교육적 역할을 함께 규정하는 부담에서 벗어날 수 없다. 미메시스와 모방활동에 대한 논의가 교육에 의미를 주는 이론으로서의 성공 여부는 플라톤에서 비롯되었고, 여러 학자에 의해 전개된 미메시스 개념의 다양한 의미와 유아교육에서 이에 대한 공감대를 형성할 수 있는 의미를 아우르는 것에 의존한다. 따라서 플라톤의 미메시스 개념을 중점적으로 파악하고, 동시에 이 개념에 대한 다양한 재해석들을 규명함으로써 유아교육을 위한 모방의 작용원리와 내용을 다룬다.

1) 이데아와 미메시스

플라톤에 따르면, 보편적 지식으로서 존재하는 이데아는 현상계의 개별자들이 모방하는 관계에 있다. 예술의 행위들은 이데아의 세계를 모방한 현상세계를 또다시 모방하는 셈이 된다.

플라톤의 예술에 대한 입장은 이데아의 모방인 현상계를 다시 모방하는 수준이었기 때문에 『국가론』에서도 예술가의 위치나 역할에 대해서는 부정적이었다. 그는 『국가론』 10편에서 '시인 추방론'을 내세웠는데(Platon, 404), 그 이유는 시는 모방적 예술로서 이데아를 모방한 자연을 모방하게 되므로 이데아로부터 이중적인 모방이라는 것이다. 이러한 모방행위는 진리의 인식에 오히려 역효과가 된다. 시는 메타포의 기법이 사용되기 때문에 표현의 방법이 개별적 상상에 의존해 있다. 시에서 표현되는 사물이나 대상은 그에 대한 보편적 인식이 아니다. 또한, 시는 멜로디와 리듬이 인간의 쾌감만을 자극하기 때문에 보편적인 공감대를 얻기 힘들다는 것이다. 국가의 공공성을 해치는 일만 하는 시인은 마땅히 공화국에서 추방당해야 한다. 예술은 국가를 위한 기능을 발휘해야 하는데, 이를 위해서는 국가적인 법을 준수해야 한다. 또한, 예술은 개인적인 감정유발 차원에서 벗어나 정당하고 도덕적으로 올바른 것이어야 한다. 사물을 왜곡시키는 예술은 사람들을 감각적 자극에 집착하게 함으로써 도덕적으로 퇴화하게 하기 때문이다.

2) 모방으로서 미메시스와 모방자들

미메시스는 다음의 대상에 대한 세 가지 위계적 설정으로 규정된다. 첫째 대상은 본질적이고 영원한 진리 자체이고, 둘째는, 진리로부터 모방된 지각할 수 있는 현상이다. 그리고 셋째는, 현상의 대상을 모방한 예술작품이다. 플라톤은 예술가의 위치를 셋째 경우에 두었다.

화가는 사물을 있는 그대로 정확하게 모방하지도 않는다. 화가는 창조자나 제작자가 아니고 실재로부터 세 단계나 열등한 것을 만드는 자이므로 모방자라고 해야 하네. 그림은 있는 그대로의 사물을 모방하는가 아니면 그렇게 보이는 것을 모방하는가? 화가는 어떤 위치에서 어떤 한 관점에 있느냐에 따라 작품을 만든다. 감각에 의존하는 행위는 당연히 진리와 멀어진다.

3) 모방으로서 예술

플라톤이 언급한 예술은 오늘날 우리가 알고 있는 예술과는 차이가 있다. 예술의 언어적 개념은 그리스어 'techne'에 연원하는데, 당시에는 이 단어가 예술과 기술의 복합적 의미로 사용되었다. 화가나 조각가 같은 조형 예술가들이 석공이나 목공 일도 하였기 때문에 이들을 통틀어 예술의 범주에 두었고, 수공기술 같은 것도 포함되었다. 플라톤은 예술을 기술적인 의미로 여겨 말 사육, 배 만드는 기술, 의술 그리고 정치를 함께 포함했다. 반면, 음악은 예술의 영역보다 영감이나 창조성이 작용하는 인문학의 영역으로 간주하였다.

모방으로서의 예술은 이성과는 관계없는 감정의 산물이기 때문에 예술작품은 지식의 근거가 될 수 없다. 플라톤은 예술에 대한 비평 가운데, 특히 시에 대해서는 쾌락의 감정을 부추기는 작용을 들어 적극적으로 배제하려는 입장이었다. 이상국가의 교육에서 감각과 쾌락을 부추기는 시의 개입은 부작용을 초래할 뿐이라는 것이다.

인간의 욕망이나 쾌락은 이상국가 건설에 해로운 것일 뿐이므로 이에 빠지지 않고 극복해야 한다. 플라톤은 극복과정에 필요한 덕으로 절제를 제시하였다. 절제의 덕을 기르면서 궁극적으로 지향해야 하는 교육의 목적은 영혼의 조화로운 발달에 있다.

플라톤이 주장한 모방으로서 미메시스 개념은 이데아를 강조하는 입장에 비쳐 볼 때, 저열한 가치를 지니고 있다. 다만, 플라톤은 『국가론』에서 교육의 이념과 목적을 이루기 위한 과정으로서 모방의 교육을 제한적으로 언급하였다. 그의 교육론에서 모방의 교육이 어떻게 전개되는지 살펴본다.

4) 모방의 교육

플라톤의 모방교육은 그가 주장한 교육이념과 작용에 근거하고 있다. 플라톤의 교육은 동굴의 비유에서 그 특징이 잘 나타난다. 동굴은 어둠의 세계이고 비진리의 세계를 의미한다. 인간은 태어나면서부터 동굴에서 벗어날 수 없다. 그들은 자신의 그림자도 볼 수 없다.

교육의 과제는 인간의 영혼을 지하의 세계에서 신들의 세계로, 밤의 세계에서 낮으로 인도하는 것이다. 인간이 의로움을 얻을 수 있고, 선하게 되는 길은 교육밖에 없다. 인간의 교육은 이상국가의 세 계급이 각각의 덕을 세우기 위한 교육내용으로 이루어진다. 세 가지 유형 가운데 두 번째 계급인 수호자를 위한 교육은 유아와 청소년 시기에 해당하는 교육이다.

플라톤에 따르면, 수호계급에 속한 사람들은 4가지 덕 가운데 용기의 덕을 익혀야 한다. 비방이나 조롱, 술 취함, 비속한 것은 모방하면 안 된다. 모방하는 교육의 대상은 어릴수록 바람직하다. 어린 소년들은 앞으로 나라의 질서를 지키고 영토를 방어할 사람이 되어야 하기 때문에 사물과 자연에 대한 모방력을 갖추어야 하고, 도덕적으로 모범이 되는 사람이나 사건들을 주로 들으며 따라가야 한다. 이러한 플라톤의 교육에서 미메시스는 모범이 되는 대상을 닮는 것으로 의미 된다. 그리고 당시 그리스 사람들이 실생활에서 자주 하는 연극에서도 미메시스의 방법이 실행되었다. 연극에는 특별히 배우가 아니라 일반 시민들이 참여하였는데, 드라마에 대한 이해력과 연기력, 그리고 극 중의 역할에 자신을 닮아가게 하는 능력이 관건이었다. 이러한 점에서 볼 때, 미메시스의 교육은 극 중 인물과 동일시하는 표현작용으로 해석되기도 한다.

5) 음악-체육 연관교육

플라톤의 교육에서 예술은 이데아의 모방인 현상계의 모방이라는 이중의 모방이기 때문에 시나 조각계통의 예술을 교육에 활용하는 것은 매우 제한적이다. 다만, 음악에 대해서는 교육적 의미를 부여하였는데, 그의 음악관이 예술관과는 차이가 있었기 때문이다. 당시 음악은 예술에 속하지 않았고 인문학으로 분류되었었다.

플라톤은 이상국가를 형성하는 세 가지 계급의 하나인 수호계급이 거쳐야 하는 교육과정에 음악과 체육을 제시했다. 음악은 조화로운 영혼을 키워주는 교육이고, 체육은 신체의 발달과 기개를 키워주는 교육이다. 국가를 방위하는 기능을 맡을 이들에게 체육교육이 물론 필수적이지만, 신체훈련 쪽으로만 치우치면 균형 있는 발달에 지장이 되기 때문에 영혼을 정화하기에 효과적인 음악을 들려주어야 한다. 음악교육을 하는 주된 목적은 음악에서 박자와 음정의 정확성을 익힘으로써 질서의식을 일깨우기 위함이다.

플라톤에 의하면, 체육과 음악교육은 신체적 능력과 정신적 능력의 조화로운 발달을 목표로 하였으며, 특히 음악교육이 우선되었다. 음악이 인간 영혼의 리듬을 바르게 형성하도록 하는 교육내용을 담고 있었기 때문이다.

음악교육은 시문학의 텍스트와 내용, 리듬과 멜로디를 포함하고 있고, 조화를 포함하고 있다. 이야기 듣기부터 시작된다. 교육하는 사람들은 유아들에게 전설과 신화 등의 이야기를 들려준다. 교육에 사용되는 텍스트에는 신화와 영웅의 서사시 등이 있다. 어린이에게 위대한 영웅의 이야기나 신화를 음률에 실어 들려주는 것이 당시 그리스의 중요한 교과과정이었다. 이야기 가운데 신들끼리 싸우고 음모를 꾸미고 아들이 아버지를 죽이는 따위의 이야기는 절대 해서는 안 된다.

6) 유아기 모방교육

유아의 모방행동에 간접적인 경험은 매개될 수 없다. 청각작용에 의한 직접적인 경험의 수용과정은 합리적 사고라든가 언어의 영역에 매여 있지 않고 감각적인 자연성에, 그리고 언어 외적인 차원에 결합되어 있다. 미메시스의 과정에서 예술은 인간의 경험능력, 그리고 표현능력을 충분히 반영하는 하나의 좋은 매개이다. 미메시스의 방법에 대한 예로서 우리는 어린이의 놀이와 노래를 들 수 있다. 어린이들은 자발적·직관적으로, 곧 미메시스적으로 노래하고 놀고 춤도 출 수 있다. 놀이와 노래를 통해 자신을 표현한다. 어린이다움, 다시 말하면 순수함의 상태에서 가능한 자발적인 모방력이나 표현력이 미메시스적인 예술의 모습이라 할 수 있다. 직접적인 경험에서 순수함이 확보된 상태에서는 추상적인 원칙은 개입되지 않는다.

(1) 미메시스의 원리와 방법

미메시스 방법은 인간의 초기단계일수록 강하게 나타나는 자연성을 살려 표현능력을 전개하고, 이어 올바른 의식을 형성하게 한다. 인간은 내면의 세계에 수용된 경험을 형성하는 과정에 그의 창조성과 생동적인 표현력이 드러난다. 음악이나 미술활동을 하면서 대상들이 감각기관을 거쳐 어린이에게 감지될 때 감지된 내용을 이해하는 과정이 따르고, 이어 자기 스스로 표현하는 단계에 이른다. 이러한 과정에는 동일성의 원리에 의하지 않는, 미메시스의 방법에 따라 감각적으로 그리고 언어 외적인 의사소통의 차원에서 이행된다. 또한, 미메시스의 작용으로 인간 내부에서 상상력이 강화되고, 나아가 올바른 의식이 형성될 수 있다. 미메시스는 따라서 직관적인 특성이 있고, 삶의 세계에서 일어나는 경험들을 재결합하는 표현이라고 할 수 있다.

유아는 주변에서 듣고 보고 느끼는 일상적인 경험들을 흉내 내는 놀이를 한다. 유아기는 모방행동이 뚜렷이 나타나는 시기로서, 도덕성을 키워나가는 준비를 하는 단계라고 할 수 있다. 이때는 감각능력이 발달되어 주변환경을 탐색하고, 정보를 받아들이게 된다. 유아를 위한 교육에서는 다양한 감각활동들을 제공하여 모방의 민감성을 발달시킨다. 유아들은 반복된 모방놀이를 함에 따라 모방놀이 능력이 점차 향상되어 자신이 흉내의 대상과 동일시할 수 있는 상태로 발전되어 나간다.

(2) 이야기 모방교육

유아들은 이야기가 들리는 대로 자기만의 상상의 그림을 그린다. 플라톤은 유아기를 인격의 가소성이 높은 시기로 보았다. 어떻게 교육하느냐에 따라 유아의 인격이 달라질 수 있다는 것이다. 모방교육은 이야기 들려주기부터 시작된다. 텍스트 선정은 신중히 해야 한다. 유아의 인격형성에 참다운 것만 허락하고 터무니없는 이야기나 거짓된 부분들은 금지한다. 위대한 이야기(헤시오도스, 호머 등의 서사시들) 속에도 거짓말이나 죽이고 복수하는 장면이 나오는데, 이러한 비교육적인 이야기는 들려주면 안 된다. 반드시 덕과 관련되어 신중하게 선택한 이야기여야 한다. 유아들은 이야기를 들으면서 재미있는 장면에 관심을 갖는다. 신들의 이야기를 들을 때, 자신이 마치 주인공이 된 듯이 감정몰입 상태에 들어간다. 신들의 선한 일들을 반복해서 들음으로써 모방능력이 점차 향상되고 자신뿐 아니라 다른 물건들을 동원하여 모방대상과 동일시하려는 흉내놀이를 한다. 일상생활 속에서 이야기 듣기를 통한 가상놀이가 유아기에 활발하게 일어나는 모방교육 형태이다.

이야기를 제대로 듣는 교육으로부터 시작되는 교육은 유아의 덕성발달을 위한 기본 과정이다(최경희, 1995). 듣기 교육과정은 다음과 같이 진행된다. 유아교육에서 미메시스적인 방법은 텍스트를 매개로 한 자기표현능력을 전개하고, 이어 올바른 의식을 형성하는 데에 기여한다.

(3) 듣기와 표현과정

미메시스 방식에는 따라서 두 가지 연속적인 과정들이 등장한다. 하나는 들음이고, 둘째는 표현의 내면화이다. 감각기관을 통해 수용된 소리는 내부의 세계에서 상상력이 동원되어 형상화된다. 내부로의 받아들임을 통해 표현능력은 계속 하나의 새로운 차원으로 확장된다. 그리하여 표현능력은 자기의 표현과 아울러 자신을 둘러싼 세계, 그리고 다른 것들에 대한 표현을 포괄한다.

듣기 교육은 청각의 매체를 통하여 진리내용을 표현하는 작용이지만, 악한 행동 이야기는 듣는 이로 하여금 악한 성격에 물들게 하는 마취성이 있다. 그러므로 들려줄 텍스트의 선정이 중요하다. 들음의 과정에서 주의할 것은 퇴폐적인 들음의 극복이다. 플라톤이 언급한 신들의 이야기 속에서도 인간사회에서 일어나는 복수, 거짓, 살인이 있기 때문에 이야기를 들려줄 때는 신중하게 선택하여야 한다. 현대사회는 TV 또는 인터넷 등 매체들의 발달에 따라 이들을 통해 폭력, 음란물들이 유아들에게까지 파고들어 가기 쉽기도 하여 퇴폐적인 것들에 대한 주의가 요구된다. 퇴폐적인 들음은 귀의 기능을 마비시키고, 결국 덕성의 와해를 촉진할 뿐이다.

들음의 미메시스 방식은 인간의 제대로 듣는 능력을 키우는 데에 목적을 둔다. 따라서 듣기 교육은 덕성의 마멸과 듣는 작용의 퇴보에 대한 문제를 심도 있게 인식하고, 인간의 자기표현 내지 자아결정 능력을 개발하는 방향으로 전개되어야 한다.

유아들의 표현은 어른들보다 훨씬 자유롭다. 기분 좋을 때에는 소리를 지르고 손뼉을 치고 발을 구르기도 한다. 이들은 자발적으로 노래하고 놀고 춤도 출 수 있다. 놀이와 노래를 통해 자신을 표현한다. 유아의 표현활동에서 교육적으로 고려할 것은 표현의 다양성과 표현의 범위를 증가하고 확장하는 것이다. 표현활동영역에서 플라톤이 제시한 유형은 음악-체육의 연관활동이다. 유아기는 가소성이 높은 시기이므로 유해물이 많은 목장에서 해로운 풀이나 꽃을 날마다 먹어 그들의 정신이 타락할 때까지 방임해서는 안 된다는 것이다. 이 시기에 교육적으로 유의할 것은 가치 있는 작품의 제공이다. 이러한 교육을 실행하기에 음악적 수련이 가장 가치 있다. 리듬과 하모니가 정신의 내부로 파고들어가 우아함을 심어준다. 선을 칭송하고 악을 미워하는 품성을 기르면 이성에 눈뜰 시기에 이른다.

(4) 음악 – 체육 연관 교육

음악을 통해 순화된 정신은 체육교육을 통해 신체의 단련이 이루어짐으로써 조화로운 인격형성을 가능하게 한다. 음악–체육이 공동으로 영혼의 순화를 목적으로 한 교육과정으로서 기능하기 위해서는 유아의 발달상태를 충분히 고려해야 하는데, 이 시기에 민감하게 작용하는 감각적 경험과정의 구성이 따른다. 음악교육은 직접적인 경험을 표현하는 작용이다. 청각작용에 의한 직접적인 경험의 수용과정은 감각적인 자연성에, 그리고 언어 외적인 차원에 결합되어 있다. 직접적인 경험은 매우 개인적으로 이루어지는 것이어서 음악교육은 음악을 매개로 하여 유아의 자연성에서 우러나오는 즐거움이나 분노 또는 사랑 등의 느낌을 직접 경험하고, 이를 바탕으로 인간 내면의 표현력이 충분히 발달하도록 작용해야 한다. 이러한 유아의 직접적인 경험과 관심을 중시하고, 특히 인간의 자연적 능력중 하나인 듣는 기능을 막힘없이 작용하게 하여 감지된 내용을 내면의 세계에서 형상화하는 표현능력은 음악교육에서 가능하다.

체육교육 또한 신체의 직접적인 경험을 살리는 작용이다. 신체의 발달은 영유아기에 가장 활발하게 이루어지는데, 신체의 자연적 발달이 균형적으로 될 수 있도록 신체동작활동이 전개되어야 한다. 유아의 발달과정에서 신체동작활동은 음악과 연결될 때 효과적이다. 유아를 위한 노래에는 대부분 동작을 할 수 있는 표현들이 있어서 가사대로 따라 할 수 있는 활동이나, 혹은 상징적인 신체동작을 할 수 있다. 음악–체육의 연관활동이란 유아가 음악을 들으면서 느낀 대로 몸으로 표현하는 움직임이다. 음악–체육의 연관활동에서 유아는 음악에 따른 신체적인 표현을 통해 자신의 내적인 흥미와 욕구를 표출할 수 있고, 나아가 사람과의 관계 및 사물과의 관계를 표현하기도 한다. 또한, 이러한 표현활동은 자신의 내면세계를 자발적으로 그리고 다양하게 표출함으로써 유아의 자발적인 표현능력은 균형 있게 발달한다.

(5) 역할놀이와 모방교육

모방의 교육에서 빠질 수 없는 것이 역할놀이이다. 유아 초기에는 주로 혼자서 외부에 대해 반응을 하지만, 점차 비슷한 또래들과 함께 노는 기회가 많아지면서 인형, 장난감을 동원한 상상놀이 또는 간단한 역할놀이가 시작된다. 유아의 경우 표현활동을 통해 모방능력이 증대되어 가상놀이도 좀 더 확장된 형태로 발전한다.

유아기에는 표현에 대한 민감성이 활발하게 발달하는 시기이다. 유아들은 역할놀이를 하면서 사람 간의 관계와 사물 간의 차이를 체험할 수 있다. 역할놀이에서는 한 어린이가 한 가지 역할에만 고정할 것이 아니라 역할을 서로 바꾸어 반복해 보기도 하는 것이 효과적이다. 역할놀이는 유아들에게 구체적인 문제상황을 실제로 탐구·경험해 볼 기회를 마련해 주고, 유아들 스스로 자신의 가치나 의견을 좀 더 분명히 깨닫고, 사람들이 어떻게 타인의 행동에 영향을 미치는가를 깨닫게 하는 도덕의식을 형성한다.

역할놀이의 절차와 방법은 우선 유아들의 상태에 따라 적절한 역할놀이를 설정해야 한다. 유아들끼리 즉흥적으로 하는 역할놀이도 있지만, 역할놀이에 숙달한 교사가 교과내용에 적합한 역할놀이를 선택해 줄 수 있다. 다음은 역할놀이 배역의 성격 및 특성을 숙지하고 각자의 역할을 익힌다. 이 단계는 역할에 대한 동일시 과정으로서 충분한 연습을 통해 감정이입이 이루어지도록 교사는 유아들과 긴밀한 상호작용을 한다. 역할 선택 후의 단계는 역할놀이의 실연이다. 실연은 맡은 역할에 대한 표현이 다른 사람들에게 효과적으로 전달되었는지 확인해 보는 기회이다. 역할놀이에서 보는 이들이 역할에 대해 간접경험이기는 하지만, 함께 참여한다는 점이 중요하다. 마지막으로, 역할놀이에 대한 반성이다. 역할놀이에서 표현된 행동에 대한 반성과 아울러, 그 역할이 어떻게 표현되어야 하는지에 대한 토의가 전개되어야 한다.

역할놀이의 교육적 효과를 정리하면 첫째, 역할놀이는 단순한 형태에서 복합적인 방법으로 계속된다. 둘째, 자신을 표현하는 활동을 통해 자아의식이 자연스럽게 형성된다. 셋째, 역할놀이를 통하여 상상력이 발휘되고 심미적 능력이 함양된다. 넷째, 다른 사람과 상호작용을 하는 가운데 협동심과 이해심 등의 도덕의식이 형성된다.

05 교육의 평등성과 수월성

1) 평등성과 교육

교육에 관련된 개념에서 인간의 평등이 왜 보장되어야 하는지, 또한 평등이 보장받을 수 있다면 어떠한 종류와 사항들이 보장되어야 하는지에 대한 본질적인 접근을 고찰할 수 있다. 평등과 관련된 수월성을 위한 교육의 기능은 어디에 있는가에 대한 질문 또한 함께 제기된다.

우선, 인간 개개인에 차이가 있다는 사실을 부인할 사람이 없을 터인데, 모든 사람들이 차별 없이 평등하게 대우를 받아야 한다는 평등은 어떠한 근거에서 보장되어야 하는지 살펴본다. 모든 사람들이 차별 없이 평등하게 대우를 받아야 하는 평등성의 근거는 인간의 기본권 보장에 있다. 인간의 기본권은 우리나라 헌법에도 명시되어 있듯이 천부성과 보편성의 속성을 가지고 있다. 이러한 평등은 루소의 인간평등사상이 함유된 근대 자유주의에서 나온 평등관으로서 근대시민사회의 중요한 가치이자 목적이었다.

(1) 교육에서 평등성 개념 규정

평등성을 교육의 영역에서 고려해 보면, 교육의 평등에는 차별됨 없이 자신의 능력에 따라 교육의 기회가 균등하게 부여되는 기회균등 원칙이 있고, 나아가 교육과정면에 있어서도 도시·농촌 간, 경제적 빈부 간, 남녀 학생들의 차이를 좁히는 과정의 평등, 그리고 학습결과에 대해서도 평등한 대우가 전체적으로 보장되는 결과의 평등이 있다(고요한, 1999: 38).[2] 기회균등은 헌법에 명시된

2) 김신일(2000: 221~229)은 교육의 평등을 기회의 평등과 내용의 평등으로 분류하였다. 이 분류에서 기회의 평등은 다시 허용적 평등과 보장적 평등으로, 내용의 평등은 교육조건의 평등과 교육결과의 평등으로 나누어진다.

평등사항에 근거하여 인종, 성별, 종교의 차별 없이 교육받을 동등한 기회를 부여하는 것이다. 구체적인 예로, 교육의 진학률이 기본적 기회균등의 정도를 말해 준다. 과정의 평등은 학교의 시설, 교사의 자질, 교육과정 등에서 학교 간 차이가 없는 평등이다. 또한, 결과의 평등에 의하면, 각각 교육의 결과들이 다르겠지만, 학업성취의 평등한 대우를 위한 적극적인 조치를 취하는 평등이다.

(2) 분배의 정의

평등과 연관하여 다룰 내용으로 분배개념이 있다. 분배의 정의에는 크게 동등한 분배와 능력별 분배 두 가지로 나눌 수 있다. 인간은 개인적 능력과 배경에 차별 없이 동등한 대우를 받는 동등한 분배는 사회구성원 간의 경제적·사회적 지위에도 차별이 없어야 한다는, 이른바 공산주의 사회의 분배구조와 거의 비슷하다. 모든 개인에게 획일적으로 배분하는 동등한 분배는 그러나 독립적인 가치와 판단체계를 가진 개별 인격체의 고유성을 무시하는 것이 된다(윤정일·정수현, 2003). 동등한 분배와는 달리 능력별 분배원칙은 개인차를 전제로 한다. 인간은 태어나면서 또는 환경적으로 개인차가 있기 마련이어서 한정된 환경에서 고유의 가치와 관심에 따라 한정된 교육을 받는다. 개인차에 따른 고유한 가치와 능력을 인정하고 최대한 키우는 것이 남다른 수월성으로의 교육이다. 능력별 분배원칙은 합당한 분배기준이 전제된다면, 각 개인의 잠재능력이 다양하고 창조적으로 개발되는 수월성의 교육을 촉진한다.

능력별 차등분배를 다룸에 빠질 수 없는 내용은 최소 수혜자들을 위한 배려이다. 태생적으로 혹은 후천적으로 열등한 개인차를 가진 사람들의 경우, 그렇지 않은 사람들보다 차별대우를 받게 된다. 이를 방치한다면 교육의 평등이나 분배원칙이 불평등을 간과하는 모순에 빠질 수밖에 없다. 최소 수혜자들에 대한 배려의 차원에서 최대의 이익을 보장해 주는 것이 평등과 분배원칙의 모순을 해소하는 방법이다.

분배 정의에서 롤스(Rawls, J., 1997)는 '최소 수혜자의 최대 이익'이 보장될 수 있도록 해야 평등성이 확보된다고 주장했다. 그의 분배 정의 개념은 도덕적 가치들 가운데 하나이기 때문에 교육에 전적으로 수용되기는 어렵다. 다만, 분배

정의에 관한 한 롤스의 개념이 명확하기에, 다수 속에 소수를 인정하는 평등교육의 원칙을 세우는 데에 참고될 만하다고 본다. 성별, 지역, 장애-비장애 간의 차이가 차별적 대우를 야기할 때 약자 쪽에서 받는 불이익을 줄이기 위한 배려가 필요하다. 환경의 차이나 개인차로 인한 불이익을 줄여야만 전체 구성원들의 명실상부한 교육의 기회균등이 되기 때문이다(윤정일·정수현, 2003). 롤스의 분배 정의 원리를 참고하여 교육의 평등을 제시하면, 우선 최소한의 기본적 교육을 받을 수 있는 교육 선택권의 보장이다. 또한, 교육 차등에 대해서는 두 가지 조건이 만족되어야 하는데, 하나는 차등을 위한 기준의 적합성 확보이고, 다른 하나는 최소 수혜자의 최대한 이익 보장이다.

2) 평등성과 수월성을 위한 교육의 요소

평등성과 수월성을 위한 교육의 요소들은 첫째, 기회균등의 원칙에 따른 교육에서의 평등한 교류관계, 둘째, 개인차를 인정하는 분배원칙을 바탕으로 전개되는 수월성의 교육, 그리고 태생적으로 혹은 후천적으로 열등한 최소 수혜자들을 위한 교육적 배려 등 세 가지이다.

(1) 평등한 교류

평등성은 강자와 약자, 남과 여, 서양과 동양 등의 이분적인 구별 없는 교류[3]관계를 조성한다. "교류는 교육의 본질적인 과제로서, 인간의 자아실현을 돕는다. 여기에는 합리와 감정 간의 분리라든가 구시대와 신세대 간의 차이, 유럽과 다른 나라의 구별 등이 없다(Gieseler, 1999:38)." 교류는 지배요구의 관철에 대항하고 자기 보존의 모순으로부터 전환을 전제하면서 남성과 여성, 동양과 서양, 강한 자와 약한 자 간의 동등한 관계를 조성하는 기능이 있다. 이러한 작용의 계속성을 위해서는 약한 요소들이 사회적인 권력에 의해 제약당함 없이 상대요소와 함께 조화로운 여건 안에 동등하게 교류하도록 하는 여건을

3) 여기서 '교류'는 'Kommunikation'에 대한 또 하나의 해석이다. 교류는 '의사소통'과 유사한 낱말이지만, 다소 다르다. 즉, 교류는 언어적-비언어적 상호작용을 포함할 뿐더러 사람들 간 섞여 오가는 것, 사상 또는 문화들이 서로 통하는 것 등을 포괄적으로 담아내는 개념을 의미한다.

조성해야 한다. 이렇듯 평등한 교류는 이분적인 구별에서 벗어난 상호순환작용이고 교육의 목적인 인간의 자아실현에 기여한다.

교류관계가 교사와 학생으로 대표되는 교육의 장에서는 교육적 관계로 구체화된다. 교육적 관계에 대해서는 교육학에서 '교육적 관계(Erzieherische Beziehung)', '교육학적 관계(Pädagogisches Verhältnis)', '교사-학생관계(Lehrer-Schueler-Verhältnis)', '교육적 상호작용(Erzieherische Kommunikation)' 등 다양한 개념으로 다룬다. 그 가운데 놀(Nohl, H., 1949)의 교육학적 관계는 자라나는 사람에 대한 성숙한 사람의 정열적인 관계(leidenschaftliches Verhaeltnis)로 규정되었고, 코링(Koring, 1990: 19)은 실제적인 의미에서 직업교사로서의 '전문적인' 역할을 제시하였다. 또한, 리히텐슈타인(Lichtenstein, E., 1967)은 교사와 학생관계에서 권위의 중요성을 부각하기도 했다.

몰렌하우어(Mollenhauer, 1976)는 교육에서 세대 간 갈등 또는 불평등 등의 문제들이 상호이해 과정을 통해 풀어지는 의사소통 행위를 주장하였다. 이와 비슷한 방향에서 샬러(Schaller, 1987)의 의사소통 교육과 펠쉐스(Fellsches, 1972)의 참여행위 등이 하버마스의 행위이론을 참조하여 교육학적 관계이론에 새로운 지평을 마련하기도 하였다. 몰렌하우어, 펠쉐스, 샬러 등의 이론들에서 규명된 교육적 관계는 쌍방 간 동등한 교류의 관계이다. 교사와 학생들의 상호교류는 될 수 있는 대로 양자 간의 거리가 가까울수록 활성화된다. 수업방법 가운데 상호교류를 촉진하는 방법은 토론이다. 교사는 학습문제, 친구문제 등 생활주제라든지 환경오염 문제, 핵 문제 등 사회적 주제를 놓고 토론을 함께하면서 학생들이 올바른 의식을 형성하게 하는 역할을 할 수 있다.

(2) 다양한 수월성의 교육

사람마다 외모를 비롯하여 성별, 능력과 성적, 지역 등 같은 사람을 찾을 수 없을 정도로 차이가 있다. 다양한 차이의 존중은 나와 타자의 권리와 기본 욕구 그리고 인간으로서의 정체성이 서로 같음을 이해하고 인정하는 것이다. 개별적으로 능력이 다양한 학생들이 한 교사의 지도로 같은 학습과정 조건에서 배울 때, 당연히 개인차가 생길 수밖에 없다. 개인차를 고려한 교육은 학생의 능력과 적성, 학습, 동기발달, 환경적 배경, 그리고 가치관 등을 참작하여 교육목표를 정하고 교육내용과 방법을 이행하는 것이다. 또한, 개인의 재능과 능력이 여러 가지 방법으로 평가되어야 여러 유형의 수월성들이 양성된다.

그러나 단지 학력성취면에서 탁월한 소수의 학생을 나머지 대다수의 학생과 분리하여 집중교육을 시행함으로써 높은 성취를 기대하는 교육 시스템은 수월성 교육범위의 일부분에 한한다. 소수의 탁월한 학생의 분리집중교육은 대상의 제한과 집중교과의 제한이 있다. 그러나 다수의 대상에 대한 수월성 교육은 획일적인 기준에 따라 한 줄 서기를 하는 방식으로 평가되지 않는다. 논리, 언어, 자연과학, 예술, 체육, 정치, 경영, 기술, 도덕, 종교 등 여러 방면에서 학생들의 고유능력에 따른 교육목적과 방법들, 그리고 평가가 다면적으로 이행되어야 학생들이 저마다 다른 소질을 최대한 계발할 수 있다.

인지적 측면뿐 아니라 정의적, 사회적 성취를 포괄한 다양한 가치를 추구하는 교육에 목적이 있다면, 개인별로 다양한 영역에 대한 고유하고 탁월한 성취가 이루어져야 할 것이다. 예를 들어, 인지적 수월성이 뛰어난 학생들은 그 방면으로 두각을 나타내고 감정면에 뛰어난 학생들은 또한 그 영역에 대한 수월성을 나타내는 것이다. 가드너(Gardner, H.)의 다중지능이론을 참조하면, 인간의 능력은 단지 IQ지수에 의해 측정되는 것이 아니라 음악, 신체-운동, 논리-수학, 언어, 공간, 자연탐구, 대인관계 및 자기이해면에서의 다양한 잠재능력이라고 본다. 잠재능력이 다양한 영역에서 계발될 수 있기에 개인별로 다양한 잠재력을 우수하게 키우는 교육이 가능하다. 반면, 다중지능정신에 어긋나는 교육프로그램은 천편일률적인 교육으로서, 이러한 획일적 교육이념은 모든 개인이 같은 방식, 같은 내용으로 배우고, 같은 방식으로 평가받는다. 획일적 교육의 대안으로 가드너는 각 개인에 맞춰진 교육 개인차를 고려하여 다양한 정신능력을 개발하는 교육을 제시하였다(Gardner, 2001).

수월성 교육은 개인별로 다양한 영역에 대한 고유하고 탁월한 성취를 이루는 것이다. 또한, 수월성 교육은 개인별 다양한 수월성 교육뿐 아니라 제도적 다양성을 추구한다. 영국에서는 1980년대부터 학교교육의 수월성과 개인차를 인정해 주는 교육방법, 그리고 학제의 다양성을 위한 노력에 집중하는 교육개혁을 지속적으로 추진하였다. 다양성을 위한 노력은 학제, 교육과정 평가 등의 분야에서 추진되었다. 학생들은 다양한 학제에서 선택의 자유를 발휘하여 자신에 맞는 교육과정을 선택하고 잠재력을 최대한 개발하는 교육의 혜택을 받는다(이종재·정미경, 2000, 130~133). 개인의 재능과 능력이 여러 가지 방법으로 개발되고, 이에 따른 교과선택권이 자유롭게 제공되고 학제의 다양성이 확보되는 여건에서 수월성 교육은 탄력을 받는다.

(3) 최소 수혜자 배려의 교육

기회균등은 개인차에 따라 기회를 균등하게 보장해야겠지만, 상대적으로 열등한 개인차를 가지고 있는 사람들은 그렇지 않은 사람들에 비해 차별대우를 받게 된다. 성별, 지역, 장애–비장애 간의 차이가 차별적 대우를 야기할 때 약자 쪽에서 받는 불이익을 줄이기 위한 배려와 지원이 필요하다. 환경의 차이나 개인차로 인한 불이익을 줄여야만 전체 구성원들의 기회균등을 통한 통합이 이행되기 때문이다(윤정일·정수현, 2003: 91 참조). 롤스(J. Rawls, 1993)의 정의이론에서는 "최소 수혜자의 최대 이익"[4)]이 보장될 수 있도록 해야 평등성이 확보된다는 입장이다. 그의 정의 개념이 도덕적 가치들 가운데 하나이기 때문에 이 부분을 교육에 전적으로 수용되는 것이 무리이지만, 적어도 분배 정의 개념은 다수 속에 소수를 인정하며 기회균등을 통한 정당한 게임을 통해 통합에 접근하는 교육의 원칙을 세우는 데에 참고될 만하다고 본다. 이 교육의 원칙을 제시한다면 우선 모든 사람은 최소한의 기본적 교육을 받을 수 있어야 하며, 학습자의 교육 선택권이 보장되어야 한다. 또한, 교육차등에 대해서는 두 가지 조건을 만족하게 하도록 이루어져야 한다. 첫째, 차등을 위한 기준의 적합성이 확보되어야 하고, 둘째, 불리한 자의 이익이 최대화되는 방식으로 이루어져야 한다.

4) Rawls, J.(1993). Political Liberalism, New York. 장동진(역)(1997). 정치적 자유주의 서울: 동명사. p.61. 롤스에 따르면 정의는 다음 두 가지 원칙이 있다: 첫째, 인간은 모든 사람에게 평등하게 주어진 권리와 자유가 있다. 둘째, 경제적, 사회적 불평등은 사회에서 최소한의 혜택을 받는 계층에게 이익이 될 때만 정당화된다. 차등의 원리는 태생적으로 또는 사회적으로 최소한의 혜택을 받는 계층에게 인간다운 생활을 위한 최소한의 조건이 보장되어야 하고, 그러한 조건이 충족된 후 각자의 능력이나 업적에 따라 차등적인 분배가 이행되어야 사회정의가 실현된다는 것이다.

사회 구성원의 참여와 기회균등의 보장이 확보되는 점에서 최소 수혜자의 최대 이익을 위한 교육은 한국사회에서의 사회현상을 고려할 때 어느 정도 타당하다고 본다. 한국사회의 경우, 갈수록 경제적 불평등 현상이 심화되는 가운데 저소득 계층에 대한 복지대책이 미흡한 상태에서 빈부의 차에 따른 교육의 불평등이 만연되고 있다. 2004년 통계청 발표에 따르면, 2004년 1분기 도시 근로자 가구의 소득격차는 2001년 1분기 이후 가장 큰 것으로 분석되었다. 문제는 이 같은 소득의 격차가 학력의 격차로 이어지는 데에 있다. 한국교육개발원에서 분석한 『고교 평준화정책의 적합성 연구(I)』(윤종혁 외 3인, 2003)에서 우리나라 교육의 학력차 문제는 평준화 정책에 원인이 있기보다는 가정환경과 및 사회적 인프라의 격차로 인한 교육–문화적 차이에 원인이 있다는 결과가 도출되었는데, 이는 상대적으로 불리한 수혜자들에 대해 교육복지적인 차원에서 대책을 마련해야 한다는 과제를 제시한다. 정부 차원에서 그동안 교육의 불평등을 개선하기 위한 수많은 시도가 있었지만, 결과는 여전히 사회적으로 불평등한 위치에 있는 학생들이 차별적인 대우를 받는 것으로 나타났다. 사회의 불평등한 구조로 인해 교육의 기회균등 보장이 제한된 학생들은 경제적으로 극빈 학생, 소년소녀가장, 결손가정학생, 외국인 노동자 자녀, 탈북자 자녀, 도시의 낙후지역 학생, 농어촌거주 학생, 장애인 학생들을 말한다. 이러한 계층의 학생들은 기초학력검사 결과에 따르면 다른 학생들에 비해 학력수준이 낮고 학교생활에 대한 만족도가 낮게 나타났다. 저소득 지역의 학생들은 생활환경의 불안정뿐 아니라 부모의 교육비 지원 부족 등 가정 환경상의 불리함을 안고 있으며 이로 인해 학업성취의 부진함을 면치 못하고 있다.

모든 사람에게 교육받을 기회를 동등하게 부여하는 교육기회의 평등이 실제로 농어촌이나 벽지에 거주하는 학생들에게 동일하게 주어지지 않는다. 사회계층별로 학교시설, 교사의 자질, 교육과정에서 차이를 극복할 수 없다면, 상급학교 진학에 큰 격차를 초래한다. 학교시설, 교육과정, 교사의 자질 등 교육의 과정상 평등을 위한 노력이 요구된다. 지역별로 학교교육 여건이 열악한 곳에 투자를 늘림으로써 지역별 불평등을 극복함은 물론, 계층별로도 교육여건을 평준화시켜야 한다(이미나, 1993). 과정의 평등을 위한 노력에도 불구하고,

학생들의 선행학습 수준과 능력의 차이 때문에 교육결과에 차이가 나고 있어 이를 위한 보상교육 방안이 따르게 되는데, 사회적 통합을 위한 교육은 바로 열악한 교육환경에 처한 학생들에게 교육 복지정책을 시행함으로써 결과의 평등을 기대해야 한다. 교육 복지정책에는 학생의 학습을 직접적으로 증진시키는 학습중심 프로그램 이외에도 학생의 건강, 영양상태, 생활조건, 가족환경 등의 개선을 위한 다양한 복지 프로그램이 있으며 학교, 회사, 사회복지단체 및 지역기관 등에서 연계되어 시행된다.

교육 복지지원사업의 대표적인 예는 1960년대 미국에서 시작된 헤드스타트 정책을 들 수 있다. 이 사업은 저소득층 학생의 열악한 영양과 환경의 개선에서부터 부모의 직업교육에까지 주정부의 책임 아래 시행되고 있다. 한국에서도 사회통합을 위한 교육문제 해결을 위해 노력하고 있다. 교육복지투자우선지역지원사업은 계층 간 소득격차의 심화, 가정의 기능 약화, 급격한 도시화 등이 초래하는 사회통합 위기에 학교와 지역사회가 적극적으로 대처할 필요성이 증대함에 따라 2003년부터 교육청별로 시범운영하였고, 2005년부터 공모에 의해 대상지역과 학생들을 선정하여 시행하고 있다. 대상지역은 주로 교육·문화적 조건이 상대적으로 열악한 도시 저소득층 밀집지역이고, 대상 학생들과 가정에 교육 및 문화적 기회를 확충하여 사회적 불평등의 완화를 꾀하고 있다. 그러나 정책과 예산이 수요보다 매우 부족한 실정이며 이보다 더 큰 문제는 정부와 학교에서 교육의 복지에 대한 의지가 얼마나 있는지에 대한 의문이다.

토론 및 심화과제

1. 자연관에 대한 역사적, 철학적 고찰과 아울러 자연주의 교육의 특징을 살펴보시오.

2. 도덕적으로 교육 받은 사람의 특징은 어떠한지 논의하시오.

3. 평등성과 수월성을 함께 살리는 교육의 과제에 대해 토론하시오.

참고문헌

강상희(1993). 발도르프 교육학에 관한 연구. 연세대학교 대학원 석사학위논문.

고경화(1998). 잊혀진 차원-예술교육의 구성작업. **한독교육학연구**, 3(1), 11-26.

______(1999). Adorno의 어설픈 교육 비판에 대하여. **교육학 연구(한국교육학회)**, 37(1), 39-58.

______(1999). 기술의 진보는 교육의 미래를 보장하는가?. **한독교육학연구**, 4(1), 45-58.

______(2001). 노자의 무위개념에 근거한 교육의 무의도 행위 연구. **교육학연구**, 39(1), 311-329.

______(2003). Mimetischer Weg zur selbstbildenden Welt bei Adorno. **한독교육학연구**, 8(2), 139-155.

______(2003). **교육철학의 지평**. 서울: 로고스학교.

______(2004). 미메시스와 유아의 모방교육을 위한 그 의미연구. **유아교육연구**, 24(2), 69-85.

______(2005). 사회적 통합을 위한 교육의 길. 2005년 한국교육학회 추계학술대회 특별분과 발표논문집. 271-296.

______(2006). 아도르노의 예술이론과 교육에 대한 연구. **교육철학**, 제36집. 117-134.

______(2006). 우리나라 문화예술교육의 활성화를 위한 방안연구. 신흥대 논문집, 제29집. 253-281.

______(2007). 르네상스기 인문주의 교육에 대한 양면적 해석의 비교 연구: 단절과 연속관점의 비판적 비교를 통한 인문주의 교육의 의미 규명. **교육철학(한국교육철학회)**, 제39집. 7-32.

______(2010). 현대사회의 환경교육. **미래환경**, 제7호. 239-257.

______(2012). 근대 초기 인문주의 교육의 관계구도 논의. **교육학연구(한국교육학회)**, 50(3), 207-228.

______(2014). **예술의 교육**. 서울: 동문사.

고경화 외(2005). 장애-비장애 통합 문화예술교육-장애-비장애 통합교육사례를 중심으로. 문화관광부 정책연구보고서.

________(2009). 장애-비장애 통합을 위한 휠체어 댄스프로그램 개발. 서울: 문화관광부.

고경화·오인탁 외(2006). **교육학의 연구논리**. 서울: 학지사.

곽노의(1998). 독일 자유 발도르프유치원 교육이론과 적용. 열린유아교육 학술대회 및 토론 요지. 655-678.

김구(2016). 백범일지. 서울: 지식인하우스.

김남일 외(2001). 인간, 환경, 교육. 춘천교대출판부.

김상섭(2006). 아리스토텔레스에 있어서 습관화로서의 도덕교육. 교육철학, 제36집. 7-25.

김선구(1999). 공동체주의와 교육. 서울: 학지사.

김수연·박승희(2003). 장애아동의 사회적 통합촉진을 위한 통한 놀이 프로그램 고안 및 실행의 구성요소. 특수교육, 2(2).

김인회(2002). 교육사교육철학 강의. 서울: 문음사.

김정래(2004). 평등이념과 그 적용원리(I): 교육기회균등의 원리. 한국교육, 31(1), 3-19.

김정임(2002). 자유 발도르프 유아교육론과 보육론. 한국보육학회, 2(1), 39-59.

______(2003). 발도르프 유아교육원리에 대한 고찰. 교육과학연구소, 34(2), 117-130.

______(2004). 발도르프 유치원의 오이리트미 교육에 관한 연구. 교육과학연구소, 35(2), 293-306.

______(2009). 발도르프유아교육의 기본원리와 교육과정에 관한 연구. 발도르프교육연구, 1(1), 45-65.

______(2012). 발도르프 영·유아교육에서 교육원리 및 교수매체. 발도르프교육연구, 4(2), 1-18.

______(2012). 발도르프 유아교육기관에서의 자유놀이. 발도르프교육연구, 4(1), 1-18.

______(2017). 숲 발도르프 영유아교육. 서울: 동문사.

______(2020). 영유아의 신체 움직임을 통한 의지 교육-슈타이너의 인간학을 중심으로. 미래유아교육학회, 27(1), 123-138.

노상우·박성자(2005). 불교사상에 나타난 탈자아중심적 교육관 고찰. 교육철학, 제33집. 191-210.

루돌프 슈타이너(2001). 교육은 치료다. 서울: 물병자리.

목영해(2007). 공동체주의 교육론에 대한 비판적 고찰. 교육철학, 제38집. 47-65.

문용린(2002). 교육의 수월성과 평등성 추구. 교육개발, 7(8). 43-49.

민천식·이애현(2005). "통합교육의 역사적 배경과 논쟁에 대한 패러다임적 고찰". 발달장애학회지, 25.

박병기 외(1996). 윤리학과 도덕교육. 서울: 인간사랑.

박의수(1995). 발도르프 교유과정과 운영방법. 교육철학, 13, 121-138.

박의수·강승규·정영수·강선보(2002). 교육의 역사와 철학. 서울: 동문사.

박준영 · 정낙찬 · 팽영일(2011). **교육의 철학 및 역사적 이해**. 서울: 교육과학사.

방정환(2013). **동화선집**. 장성유 편집. 서울: 지식을 만드는 지식.

서명석(2005). 인격(人格)과 성학(聖學)의 신-성리학적 이해. **교육철학**, 제34집. 157-172.

서상문 · 장사형(2006). Derrida의 '로고스 해체'와 그 교육학적 함의. **교육철학**, 제30집. 67-89.

성기산(1993). **서양교육사연구**. 서울: 문음사.

손정호(2005). 성리학의 사상적 연원에 관한 교육적 고찰. **교육철학**, 제27집. 67-187.

송영진(2001). **플라톤의 변증법**. 서울: 철학과 현실사.

신일철(1997). **현대의 과학철학**. 서광사.

신중섭(1992). **포퍼와 현대의 과학철학**. 서광사.

안창호(2007). **나의 사랑하는 젊은이들에게**. 서울: 지성문화사.

엄태동(1999). **교육적 인식론**. 교육과학사.

오인탁(1994). **고대 그리스의 교육사상**. 서울: 종로서적.

오인탁 외(1997). **위대한 교육사상가들**. 서울: 교육과학사.

오천석(2001). **민주교육의 본질**. 서울: 교육과학사.

원효(2010) **금강삼매경론**. 김호귀 역. 서울: 두산동아.

윤정일 · 정수현(2003). **한국 공교육의 진단**. 서울: 집문당.

이문원(2002). **한국의 교육사상가**. 서울: 동문사.

이상오(2006). 어떤 교육공백: 단절된 소크라테스의 유산: 교육철학의 열린 담론을 위하여. **교육철학**, 제37집. 59-90.

이이(2015). **격몽요결**. 김원중 역. 서울: 민음사.

이지헌(2003). **교육의 철학적 차원**. 서울: 교육과학사.

이정희(2001). 창의성 교육 관점에서의 발도로프 유아교육. 한국 루돌프 슈타이너 인지학 센터 발표자료.

이홍우 외(2003). **교육과정이론**. 서울: 교육과학사.

이황(2014). **성학십도**. 홍원식 역. 대구: 계명대학교출판부.

장사형(2005). 플라톤의 『국가론』에 나타난 정의와 행복, 그리고 도덕성. **교육철학**, 제27집. 257-274.

전일균(1996). 루돌프 슈타이너의 노작교육론. **교육학연구**, 34(5), 43-62.

정도전(2013). **삼봉집**. 심경호 역. 서울: 한국고전번역원.

정미리(1998). 슈타이너의 전기 분석을 통한 인지학 탄생 및 발전배경에 관한 연구. **열린유아교육연구**, 1(1), 88-115.

정약용(2012). 목민심서. 박일봉 역. 서울: 육문사.

정영근·정혜영·이원재·김창환(2010). 교육의 철학과 역사. 서울: 문음사.

정영수(1995). 인간교육의 탐구. 서울: 동문사.

정윤경(2000). 루돌프 슈타이너의 인지학과 발도르프 학교. 서울: 내일을 여는 책.

정혜영(1997). 발도르프 학교 교육의 사상적 이론적 기초. 슈타이너의 인지학적 교육론. 교육학 연구, 35, 1-16.

조경원 외(2004). 서양교육의 이해. 서울: 교육과학사.

조옥희·권영자(1999). 3, 4, 5세를 위한 몬테소리 유아교육. 서울: 중앙적성출판사.

주영흠(2014). 아우구스티누스의 생애와 교육. 서울: 그리심.

진단학회(1961). 한국사. 전7권.

차석기(1986). 교육사 교육철학. 서울: 집문당.

최준호(2002). 인성, 창의성 교육을 위한 예술교육의 필요성, 한국예술경영학회 학술심포지엄.

한국교육과정평가원(2008). 중학교 환경교육 선진화 연구. 서울: 한국교육과정평가원.

홍윤경(2007). 교육이론으로서의 플라톤 변증법. 교육철학, 제39집(2007년 6월). 123-140.

홍은숙(1999). 지식과 교육. 교육과학사.

Abel-Struth, S(2003). *Musik und Bildung*. Frankfurt.

Adorno, Th. W.(1952). *Zur gesellschsftlichen Lage der Musik*. Leipzig.

______________(1975). *Theorie der Halbbildung*. Frankfurt.

______________(1977). *Zur Musikpaedagogik*. Frankfurt.

______________(1989). *Aesthetische Theorie*. Frankfurt.

______________(1999). 부정변증법. 홍승용 역. 서울: 한길사.

Aquinas, Th.W.(2010). 신학대전, 7, 제1부 제50문제-제57문제. 윤종국 역. 서울: 바오로딸.

Aristoteles(2004). *Aesthetik*. Essen.

Artz, F. B.(2014). 서양 중세 교육사. 박재문·신수옥·노영실 역. 청원군: 아바벨 출판사.

Augustine(2007). 참회록. 조은화 역. 서울: 생명의 말씀사.

Bainton, R.(1998). 에라스무스의 생애(Erasmus of Christendom). 박종숙 역. 서울: 현대지성사.

Blättner, F.(1982). *Geschichte der Pädagogik*. Heidelberg: Quelle.

Bollock, E.(1991). 휴머니즘 강의(The humanist tradition in the West). 김진엽 역. 서울: 서당.

Boyd, W.(1994). 서양교육사(History of western education). 이홍우·박재문·유한구 역. 서울: 교육과학사.

Burns, E. M., Lerner, R., & Meacham, S.(2002). 서양문명의 역사 Ⅱ(Western Civilization Ⅱ). 박상익 역. 서울: 소나무.

Cantor, N. F., & Berner, S.(2000). 서양근대사(Early Modern Europe, 1500-1815). 진원숙 역. 서울: 혜안.

Comenius, J. A.(1988) 대교수학. 정확실 역. 서울: 교육과학사.

Curtis, S. J., & Boultwood, M. E. A.(1975). A short history of educational ideas. 4th. London: University Tutorial Press.

Derrida, J.(1976). *Of Grammatologie. Baltimore*: Johns Hopkins University Press.

Dewey, J.(1968). *Experience and Education*, New York.

________(2009). 민주주의와 교육; 철학의 개조. 김성숙·이귀학 역. 서울: 동서문화사.

Dilthey, W.(1979). Gesammelte Schriften Bd. VII. Stuttgart 1979.

Dilthey, W.(2008). 교육학 선집. 손승남 역. 서울: 지만지.

Ekins, P.(2000). *Economic Growth and Envoironmental Sustainability*, Routlege, New York.

Elias, N.(1989). *Ueber den Prozess der Zivilisation*. Frankfurt.

Erasmus, D.(1954). The Education of a christian prince. In Ulich, R.(1945) ed. Three thousand years of educational widsdom. Selection from Great Documents. *Harvard University Press*. pp.250-261.

__________(2007). 아동교육론*(Pueris statim ac liberaliter instituendis declamatio)*. 김성훈 역. 서울: 한국학술정보.

Foucault, M.(1991). 권력과 지식*(Power/Knowledge, Selected Interviews and Other Writings)*. 홍성민 역. 서울: 나남.

___________(2016). 감시와 처벌: 감옥의 탄생. 오생근 역. 파주: 나남.

Froebel, F.(2009). 인간의 교육. 정영근 역. 서울: 지식을 만드는 지식.

Fromm, E.(1989). 파괴란 무엇인가(The Anatomy of human Destructiveness). 유기성 역. 서울: 기린원.

Gebauer, G. Wulf, Ch.(1992). *Mimesis*. Weinheim.

Good, H. G., & Teller, J. D.(1969). *A history of western education*. 1969. 3rd. London: Macmillan.

Grunelius, E. M. *Crziehung im fruehen Kindesalter*. Freiburg. (1994)

Habermas, J.(1988). *Technik und wissenschaft als Ideologie*. Frankfurt.

Herbart, F.(2006). 일반교육학. 김영래 역. 서울: 학지사.

Heydorn, H.(1972). *Bildungspolitik*. Frankfurt.

Horkheimer/Adorno.(1989). *Dialetik der Aufklaerung*. Frankfurt.

Jeong Eim Kim(2011). Holistic Development of the Young Child through an lntegrated Curriculum: Rudolf Steiner's Anthroposophical Research. *Pecera, 5*(1), 161-170.

Kaiser, H.(1982). *Musik in der Schule*. Paderborn.

Kamper, D.(1997). *Geschichte und menschliche Natur*. Muenchen.

Kant, I.(1973). Kritik der Urteilskraft. Darmstadt 1973la Motte-Haber(2009) paedagogische Problemen der Musik. Weinheim.

Kohlberg(2000). 도덕발달이론. 문용린 역. 서울: 아카넷.

Kuhn, T.(1980). 과학혁명의 구조. 조형역. 이화여대 출판부.

Lindenberg, Ch.(1993). *Rudolf Steiner*. Hamburg.

Locke, J.(1964). *Some thoughts concerning education*. London.

Luther, M.(2010). 독일 기독교 귀족에게 고함. 원당희 역. 서울: 세창미디어.

_________(2013). 크리스챤의 자유. 김광채 역. 서울: 좋은땅.

Lyotard, J. F.(1984). *The Postmodern Condition: A Report on Knowledge*. Manchester: Manchester University Press.

Mandelbaum, M.(1982). 역사지식의 해부(The Anatomy of Historical Knowledge). 임희완 역. 서울: 집문당.

Marcuse, H.(1999). *Der eindimensionale Mensch*. Frankfurt.

Miri, R.(2016). 중세. 이종인 역. 고양: 연암서가.

Mollenhauer, K.(1976). *Theorien zum Erziehungsprozess*. München.

______________(1979). *Umwege*. Muenchen 1986.

Montaigne, M. E.(1996). 수상록. 윤지선 역. 서울: 청목.

Montessori(1965). *Dr. Montessori's Own Handbook*. New York: Shocken Books.

_________(1976). *What You Should Know about Your Child, India*: Kalakshetra Publedations.

Montesori, M.(2008). 어린이 비밀. 구경선 역. 서울: 지만지.

Nettleship, R. L.(1989). 플라톤의 교육론. 김안중 역, 서울: 서광사.

Nietsche, F, W.(2014). 비극의 탄생. 김남우 역. 파주: 열린책들.

Nietsche, F.(1988). *Also sprach Zarathustra. Werke VI*. Berlin.

Pestalozzi(2008). 겔트루드는 어떻게 그의 자녀를 가르치나. 김선양 역. 파주: 한국학술정보.

Platon(1979). 국가론. 박충현 역. 서울:서광사.

Popper, K.(1971). *The open society and its enimies*. Vol. 1, London.

Rawls, J.(1997). 정치적 자유주의(Political Liberalism). 장동진 역. 서울: 동명사.

Rousseau, J.(1973). 에밀: 교육론. 박은수 역. 서울: 성문각.

Schiller, F.(1981). *Ueber die aesthetische Erziehung des Menschen in einerReihe von Brief*. Muenchen.

Schleiermacher, F.(1983). *Paedagogische Schriften 1*. hrsg. v. E.Weniger. Stuttgart.

Seitz M. & Hallwachs, U. 몬테소리 교육학과 발도르프 교육학(Montessorie oder Waldorf). 이명환·곽노의 역. 서울: 밝은 누리.(원전은 1996에 출판)(2003)

Skinner, B.(1967). *The Design of Culture*. New York.

Steiner, R.(1995). *The kingdom of childhood*. Anthroposophic Press.

_________(1999). *Anthroposophische Menschenkunde und Paegagogik*. Dornach.

_________(2007). 인간에 대한 보편적인 앎: 루돌프슈타이너전집 제293권. 최혜경 역. 서울: 밝은누리.

Ulich, R.(1945) ed. *Three thousand years of educational widsdom*. Selection from Great Documents. Harvard University Press.

찾아보기

저자소개

- **고경화**

연세대학교 문과대학 교육학과 문학사
연세대학교 대학원 교육학과 교육학 석사
베를린 자유대학교 교육학심리학대학 일반교육전공(Ph.D.)

〈경력〉
베를린자유대학교 교육학연구소 객원연구원
연세대학교 교육학과 강사
한중대학교 교수
베를린 자유대학교 초빙교수
신한대학교 사회복지학과 교수(교직담당)
한국아동발달학회장

〈저서〉
교육학의 연구논리(공저)
위대한 교육사상가들(공저)
예술의 교육
자연과 교육
교육철학의 지평
보육교사론(공저) 등

〈논문〉
Adorno의 어설픈 교육 비판에 대하여
미메시스와 유아의 모방교육을 위한 그 의미연구
사회적 통합을 위한 교육의 길
르네상스기 인문주의 교육에 대한 양면적 해석의 비교 연구:
단절과 연속관점의 비판적 비교를 통한 인문주의 교육의 의미 규명
근대 초기 인문주의 교육의 관계구도 논의
Mimetischer Weg zur selbstbildenden Welt bei Adorno 등 다수

■ **김정임**

독일 함부르크 대학(유아교육전공) 박사학위
미국 슈타이너대학 1년 과정 수료

〈경력〉

루돌프 슈타이너 인지학 연구센터 공동대표 역임
인지학 연구센터 연구원 및 통역원 역임
한국발도르프 영유아교육학회 회장 역임
현) 울산과학대학교 유아교육과 학과장

〈저서〉

발도르프 유아교육에 대한 이해(2006, 학지사)
교육심리(2017, 동문사)
유아교육개론(2017, 동문사)
숲 발도르프 영유아교육(2017, 동문사)

〈역서〉

발도르프 교육학(2003, 공저 김정임/이정희, 아르케)
아이들과 함께 그림그리기(2004, 해오름)

〈논문〉

발도르프 유치원의 오이리트미 교육에 관한 연구
영유아의 신체 움직임을 통한 의지교육
발도르프 유아교육기관에서의 자유놀이
자연친화적 헝겊인형놀이가 유아의 사회지능 발달에 미치는 영향연구
슈타이너의 인지학을 토대로 한 자연체험활동이 예비유아교사의 자연에 대한 태도와 인식에 미치는 영향 등 다수

교신: jekim@uc.ac.kr

■ **하경표**

일본 MEISEI 대학원 박사
일본 TOKYO GAKUGEI 대학원 석사
현) 대림대학교 유아교육과 부교수

교육사 및 교육철학

초판 1쇄 인쇄 / 2022년 2월 21일
초판 1쇄 발행 / 2022년 2월 28일

•

공저자 / 고경화 · 김정임 · 하경표
발행인 / 이 중 수
발행처 / **동 문 사**

•

서울특별시 서대문구 홍제원 1길 12
(홍제동 137-8)
Tel : 02)736-3718(대), 736-3710, 3720
Fax : 02)736-3719
등록번호: 1974.04.27 제9-17호
가격 : 20,000원

•

ISBN : 979-11-6328-399-7(93370)
E-mail : dong736@naver.com
www.dongmunsa.com